值孙禄堂祖师逝世九十周年、孙存周师伯逝世六十周年、孙剑云恩师逝世二十周年之际，谨以此书以资纪念！

孙式

太极拳剑抉真

刘树春　著

人民体育出版社

图书在版编目（CIP）数据

孙式太极拳剑抉真 / 刘树春著. -- 北京 : 人民体育出版社, 2024. -- ISBN 978-7-5009-6395-0

Ⅰ. G852.11；G852.24

中国国家版本馆CIP数据核字第2024ME7780号

*

人 民 体 育 出 版 社 出 版 发 行

廊坊市蓝华印刷有限责任公司印刷

新　华　书　店　经　销

*

710×1000　16开本　20.75印张　393千字

2024年9月第1版　　2024年9月第1次印刷

印数：1—4,000册

*

ISBN 978-7-5009-6395-0

定价：90.00元

社址：北京市东城区体育馆路 8 号（天坛公园东门）

电话：67151482（发行部）　　邮编：100061

传真：67151483　　邮购：67118491

网址：www.psphpress.com

（购买本社图书，如遇有缺损页可与邮购部联系）

作者介绍

刘树春，1956年生于北京，中国武术八段，孙式太极拳北京非物质文化遗产代表性传承人，孙式太极拳名家。自幼从学于“武圣”孙禄堂先生之女孙剑云大师，专习孙式太极拳、形意拳和八卦拳及相关器械近六十年，掌握孙氏武学理论、拳械、套路最为全面，武术理论研究具有较深造诣，并深得技击精髓，是孙剑云大师当代最具代表性的弟子。

1968年，由孙剑云老师开蒙，开始跟随老师在家中系统学习孙氏拳。

1983年，正式拜孙剑云老师为师，成为其首批“十大弟子”之一（中华人民共和国成立后孙剑云老师首次收徒十人）。

1985年，作为孙剑云老师唯一助教出访日本7个城市讲学，受到普遍好评。

1986年至1988年，参加“全国太极拳剑比赛”，连年名列三甲，并于1988年取得孙式太极拳并列第一的佳绩。

1989年起，在孙剑云老师的期许和勉励下，谢绝一切武术界活动，遵师命潜心修学，从而得窥先贤堂奥。

2003 年，孙剑云老师仙逝后，为兑现与孙剑云老师的承诺，正式择徒授拳。

2004年，与孙叔容师姐一同发起成立北京孙禄堂武学文化研究中心（后更名为“北京孙禄堂武学文化发展中心”），并广泛联络国内外孙氏拳同门；多次举办全国性交流活动。

2009年12月，当选为北京市武术运动协会第七届理事会理事、学术委员会副主任。

2012年，取得中国武术段位制指导员和考评员资格，并且远赴欧美及东南亚各地，积极传播孙氏武学。

2013年，担任北京形意拳研究会会长，带领北京形意拳研究会申请形意拳为北京市非物质文化遗产。

2014年，以近花甲之年亲自参与在天津举办的“第一届全国武术运动大会”，荣获太极拳、剑一等奖。

2015年起，一直担任北京孙式太极拳研究会会长。

在传承弘扬方面，坚持严格按传统教学方式亲自教授学生和弟子，培养人才众多，多名弟子担任全国各地武协主席及孙式太极拳研究会会长。多年以来致力于探索抉发孙氏武学真谛，学术成果显著，先后有数十篇拳理文章发表于《武魂》《武当》等专业武术刊物。

为更好地传承孙氏武学，深入整理总结多年来的武学实践与研究心得，尝试利用网络新媒体面向广大武术爱好者开设孙式太极拳、剑等系列课程；多次在“武当武术大讲坛”“《直隶武林》擂台联赛”“精武讲堂”“形意拳大讲堂”等栏目及活动中宣传孙式太极拳、形意拳和八卦拳等。

序　一

我是2011年认识刘树春先生的，那时候我刚到望都政协工作，按照县委制定的工作思路，政协试图推动孙式太极拳这一本土文化的建设，而我对孙氏太极文化知之甚少，当时能够找到的、最合适的人选就是孙剑云先生的弟子——当代武术名家刘树春先生。

2013年4月3日，望都成功举办了“中国望都孙氏武学交流暨孙禄堂先生逝世80周年纪念大会”，大会盛况空前。刘树春先生作为大会顾问之一，为大会的举办出谋划策，广邀武术界各门派的朋友，为大会的圆满召开作出了重要贡献。

望都作为孙禄堂先生的故乡、孙式太极拳的祖地，刘树春先生作为孙式太极拳的传人、当代孙式太极拳的代表性人物，来望都祭拜师祖和参加武术交流活动的次数越来越多，我们交流的机会也越来越多，一来二去，就成了朋友。

树春兄大作《孙式太极拳剑抉真》即将付梓，索序于余，因能先睹为快。

作为孙式太极拳的爱好者，这么多年对太极拳只是粗知皮毛，这也正好给了我一个学习提高的机会。

纵观全书，篇幅不长，干货满满。说要点，说细节。对于初学者，是入门指南；对于练家子，是升级的云梯；对于功力相当的同道，就是推心置腹的“口谈”。

刘树春先生作为孙式太极拳的传人，凭借多年来对太极拳、剑的深入研究和实践，拥有扎实的理论功底，有个人独特的拳剑技巧，以独特的视角将其多年积累的宝贵经验浓缩于本书。

因为书后附有孙禄堂先生的原著，所以并无过多的理论阐述和发挥，而是更加注重学法、练法、打法，更多的是对动作要领、练习方法等进行细致入微的讲解。这些看似简单却直截了当的方式让读者容易上手、便于掌握。通过清晰准确的文字描述和图示，使读者能够更好地理解和掌握太极拳、剑的技巧和奥义。

无论你是熟悉太极拳和太极剑的爱好者，还是想要了解和学习这些技艺的初学者，本书将引领你在太极拳、剑的学习道路上不断进步。

本书的面世，不仅为武术习练者提供了宝贵的营养，也将丰富孙氏太极文化的宝库，对中国武术事业和武术文化的发展产生重要影响。

出版面世之际，聊书数语以为贺。

何任道
2023年8月21日

序　二

太极拳是中国武术主要拳种之一，习练太极拳具有强健体魄、防身自卫、陶冶情操、竞技娱乐、祛病延年等功能。太极拳是中华民族优秀的传统文化，内涵十分丰富，充满哲理，吸引着国内外越来越多的太极拳习练者。

为了适应国内外太极拳发展的形势，1986年国家体委决定将太极拳单独立项，列为全国正式比赛项目。1989年正式命名为“全国太极拳剑比赛”，此举推动了太极拳运动的普及与水平提高。2014年国际武联决定单独举办“世界太极拳锦标赛”。2020年12月17日，联合国教科文组织会议上通过了中国太极拳列入《人类非物质文化遗产代表作名录》。申遗的成功，扩大了太极拳的影响力，使太极拳运动在国内外得到进一步推广，提高了人们的健康意识，让更多人共享太极拳带来的好处！

我国太极拳主要流派之一的孙式太极拳，是著名武术家孙禄堂先生聚形意拳、八卦拳、太极拳三家拳术之精义，融汇一体创编而成，并于1921年出版《太极拳学》一书。

武术家孙剑云老师是孙式太极拳第二代传承人，一生潜心研习家传太极拳，并大力传承推广，深受太极拳爱好者的喜爱。1983年孙剑云老师创办了“孙式太极拳研究会”，并被选为会长；出任北京市武术协会副主席；1995年被中国武术协会评为“全国十大武术名师”。孙剑云老师一生以“习武之人最重武德”为座右铭，不以“正宗”“嫡传”自居，安贫乐道，其著书多部，在国内外建立了多个孙式太极拳研究会，多次出国表演、讲学，为孙式太极拳的传承发展作出了重大贡献。

孙剑云老师弟子、第三代孙式太极拳传人、孙式太极拳专委会主任、中国武术八段刘树春先生新作《孙式太极拳剑抉真》即将出版，这是可喜可贺之事。此书是刘树春先生习武多年实践经验的体悟，此书的面世将让更多太极拳爱好者从中受益，并有新的启示，也将进一步推动孙式太极拳的健康发展。

国家体育总局武术研究院专家委员会主任
中国武术九段
国际武术裁判
张山
2023年8月23日

自　序

我原籍河北省定兴县，孙禄堂先生早年曾在那里授徒传艺多年。受家族老人的影响，我自幼喜欢武术，孩童时期就听父母讲“孙禄堂的武术是天下第一，要学拳就得学孙氏拳”，家族中所有喜武者都练孙氏拳。表兄李梦庚、表姐祖雅谊、三哥刘树林都是孙存周先生的入门弟子。记得有一年春节，我伯母把孙剑云老师请到家中一起过年。当时两张八仙桌并在一起，把孙剑云老师请到中间就座，家里人都称呼孙剑云为“孙老师”。就是那次我认识了孙剑云老师，开始喊孙老师为“师姑”，并与孙剑云老师结下了影响我一生的师生缘，从此走上了习武的道路。由于那时学校停课，我所有的心思都在练拳上，也正是因为那个特殊的时代背景，我有充裕的时间可以专注练拳；加之离老师家近，那时每天跑三四趟都是家常便饭，又有了朝夕受教的条件，给我从武的道路打下了坚实的基础。

我习拳近60年，是孙剑云老师第一批正式递帖的入门弟子（10人）。曾有幸跟随孙剑云老师赴日本7个城市访问讲学，从1980年起，连续10年作为孙剑云老师的助教，见证和参与了孙剑云老师在北京的主要教学活动（大部分教学是孙剑云老师讲解，我演练示范）。从1989年起，在孙剑云老师的期许和勉励下，谢绝一切武术界活动，遵师命潜心修学，从而得窥先贤堂奥。

2003年，孙剑云老师驾鹤西游后，我深感有责任传承弘扬孙氏武学，于是接过老师扛过的大旗，开始尽自己的能力推广孙氏武学。

在长期的研习和教学实践中，我也积累了不少心得和体会。但由于自己天性疏懒，一直未能对这些珍贵的资料进行系统的整理，如今早年的一些笔记资料也流失了不少。近几年学生增多，问题也随之而来，很多时候，都是学生对同一个问题反复问多遍。仔细想了想，觉得还是出版一本书较为稳妥，一是许多口传心授的方法能保留下来，二是自己多年的体悟可以与更多的爱好者分享。

由于历史和社会发展等复杂因素影响，中国传统武术的发展过程中难免会有弯路与曲折，尤其近年来大有“劣币驱逐良币”的趋势。就现在太极拳的发展，大体而言，太极拳逐渐走向三个方向：一是一些假大师把太极拳吹得玄玄乎乎，似乎太极拳是技击的最高手段，学了太极拳就能打遍天下无敌手；二是健身与养生方向，成为退休老人们在公园打发空闲时光的“娱乐长寿”拳，更有甚者过于夸大太极拳的健身功能，似乎习练太极拳就能百病不生、包治百病；三是舞蹈方向，集中表现在比赛和表演上，把太极拳严重舞蹈化、体操化。严格来说，这三个方向都失之偏颇。太极拳再好，如果习练方法不正确，也对养生者起不到养生的作用；而将之舞蹈化、体操化的许多人也会因背离了人体运动规律，而造成身体的伤病；更不用说假大师挨打的新闻，成了世人茶余饭后的谈资与笑料。以上种种乱象，反映出如今的某些“太极拳”从根本上严重偏离了太极拳的本真。因此，我撰写本书的初衷，除了要保存和传承孙式太极拳的练法和体悟，也想借此纠正人们对太极拳的错误认识，让太极拳这一武术中优质的非物质文化遗产回归正确轨道。

刘树春

2023年8月8日

前 言

太极拳是中华武术的一个重要拳种，文化内涵厚重，理论体系强大且深奥，历年来备受人们的喜爱。

孙式太极拳是孙禄堂先生于1912年至1919年鼎故革新所创定型，为孙禄堂先生所独创。孙式太极拳融合了形意拳、八卦拳和太极拳之精华，是三拳合一，即孙式太极拳与孙氏形意拳、孙氏八卦拳的技术基础统一、理论基础统一。三拳既独立又互补，形意拳的内外合一、八卦拳的动静合一，融入太极拳的中和状态，极大提升了孙式太极拳的品质和效能，赋予了太极拳新的内涵。孙式太极拳的中和—内劲理论、“九要”的共同规矩、“三三”的进阶方法更是独到的太极拳入门与提高的先进技术，从而使太极拳能被看得到、摸得着，身体能起变化，自身能有感觉。

本书收录了孙式太极拳、剑的全部内容，主要有孙式太极拳基础、孙式太极拳简化套路35式、孙式太极拳传统套路98式和孙式太极拳推手；传统62式孙式太极剑、孙式太极剑对剑；太极拳理拳义的深入阐述和具体练法的一些要诀。

本书是孙剑云老师传授于我的精神财富和我近60年习拳体悟的结晶。书中从具体练法出发，到启发性用法（太极拳动作均为母式子，用法变化万千，书中所述用法均为启发），在练法中主要阐述劲力的运用、意气力的配合。这也是我在本书着力较多的一个部分，有心的读者当自识之。书中附有孙禄堂先生的经典著作《拳意述真》（1923年出版）和重要文章《详论形意八卦太极之原理》

《论拳术内外家之别》，这些著作和文章影响极为深远。在此衷心希望能借此书帮助孙式太极拳爱好者对照学习，使初学者尽快窥得门径，让入门者能尽快进阶提升。

为方便读者在练习中参照学习，本书单人拳照均为本人示范，可供学者细心揣摩与模仿。本书在编写过程中得到邢永峰、李朝、王华、王光灿等的大力支持，在出版过程中得到蔡春明、任大桥、蒋舟、王新峰、张云、董海涛、张成学、周建、金晶等的大力协助，对他们付出的辛苦在此一并感谢！另外，特别感谢保定市杜胜苏先生为本书题写书名。

刘树春

2023年8月8日

目　录

第一章 孙式太极拳基础

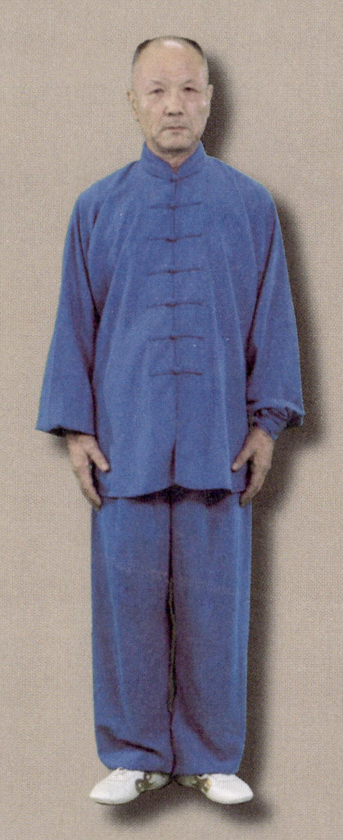

一、孙式太极拳概说

孙式太极拳是孙禄堂先生创立的孙氏武学，即“拳与道合”武学体系的三大组成部分之一。孙式太极拳是孙禄堂先生以其所习形意、八卦、太极三家拳学及其所涉猎的十多门武艺为基础，通过参照他自身的体用实践，着眼于完备技击制胜效能，并使之与道同符而创立的鼎故革新之学。

孙式太极拳是孙禄堂先生构建的以三拳合一为框架的天地人三元武学体系的三大基础之一。这个武学体系是孙禄堂先生着眼于对中国武学进行整体建构，为此建立的框架。所谓“三拳合一”，其一，将形意拳、八卦拳、太极拳构成一个基础同一、一理贯通的统一的武学体系。因为如果没有同一的基础，没有一理贯通，就谈不上合一，就构不成一个有机的统一的武学体系，这是兼习多家武艺与融合多家武艺为一体的本质区别。其二，形意拳、八卦拳、太极拳原本是不具有互补关系的，基础亦不同一，因此，要将此三拳合一，就必须对这三拳进行改造与鼎革，对原有三拳进行扬弃与重构，使得此前的形意、八卦、太极三拳升华为经孙禄堂先生融合后的孙氏形意、孙氏八卦、孙氏太极三派。因此，从这个意义上讲，不仅孙式太极拳，而且孙氏形意拳、孙氏八卦拳都具有三拳合一的特征，都是三拳合一的结晶。由此可知，孙式太极拳在立意、理论基础、技能基础、拳理拳法等各个方面都是孙禄堂先生独创的。

孙式太极拳开启与发挥的是人的本来之性体，其途径是开启和体用中和之气，亦称先天真一之气——内劲，这是孙式太极拳的体用之本。其基本法则是极还虚之道；入手方法是无极式、三体式，以无极式开启，以三体式筑基。孙式太极拳从无极式开始，通过建立混沌中的临界不平衡态引发先天的自主效能。行拳时要求外动内静，顺中用逆，感悟动静交变之机，举手投足，圜研相合，六合浑圆一体，由此培育遍体灵机，形成虚无的气势，此种虚空之势，出于自然，纯任自然，不生不灭，放之则弥六合，卷之则退藏于密。因此运用时能于不闻不见、无思无相中感而遂通、因敌制敌。练习孙式太极拳，首先要建立上述认识，否则难以入门。

孙式太极拳的基本理论是孙禄堂先生的武学著述，尤其是孙禄堂先生的“《拳意述真》自序”“太极拳之名称”和“详论形意八卦太极之原理”这三篇文章。孙式太极拳是鼎故革新之学，是孙禄堂先生独创的一派。

二、孙式太极拳的特点

①三拳合一。许多人把三拳合一与多拳兼练混为一谈，这是错误的。所谓“合”，既要有基本技术与理论的合一，又要有互补性，还要提升训练的品质和技击的效能。具体来说，就是通过“九要”求得阴阳互补、内外平衡，最终培育出至大至刚、一触即发的本能。所以，“九要”是三拳合一的技术基础，中和—内劲是理论基础。

②开合相接。孙式太极拳的转身均以开合相连接，每个开合都蕴含着圜研的道理，一动无不动，一静无不静，周身无处不开合。每动都是合中寓开，开中寓合，即调理气机，阴阳互补。

③活步。孙式太极拳的步法是迈步必跟、退步必撤。其移动方法是重心在两脚间滚动，其轴线无论是直还是斜，劲力都是一线贯穿，不是所有的步法移动都是活步，需要身法、步法及全身劲力协调配合。其劲力的要求应大于步法的比重。这也是在遵“九要”的长期训练中才能获得的。

④圆弧运动与直线运动巧妙结合。太极拳的大多数运动轨迹是圆弧，但孙式太极拳有许多圆弧运动与直线运动的巧妙结合，这是由于孙氏武学的基础是形意拳，得益于实心铁球般的劲性，这种结合大大提高了技击效能，解决了化打之间的相互促进关系，解决了刚与柔的融合运用，故曰“非柔曲不能化之灵，非刚直不能放之远”（引自陈微明为孙禄堂先生《太极拳学》所写序言）。

三、遵九要、避三害

孙式太极拳与孙氏形意拳和孙氏八卦拳的技术基础统一、理论基础统一，因此练习孙式太极拳与形意拳、八卦拳一样须遵九要、避三害。

（一）遵九要

一要塌，即塌腰、塌腕，这里主要是指劲力的塌。塌腰就是腰向下塌劲，塌腰方能使阳气上升。

二要扣，两肩、两胯、两手、两膝具有扣的意思。其作用是开胸顺气，使阴气下降。阳气上升，阴气下降，是为了让我们的气机更通畅。

三要提，谷道内提。在中国传统文化里叫“搭鹊桥”。舌顶上腭，是上边的“搭鹊桥”；谷道内提是下边的“搭鹊桥”。这两个点是在“小周天”未打通时，通过“搭鹊桥”使我们身体里的任督二脉搭桥接通，使“气”在任督二脉周流不息，气机轮转不止。其中，谷道内提涉及用意大小的问题，要用意不用力。用力后导致气上浮（这里指肺气，呼吸之气），须轻轻地用意念含住。另外，谷道内提须和塌腰、抽胯联系在一起，如果没有做到塌腰、抽胯，则不会感觉到谷道内提。

四要顶，手顶、头顶、舌顶。手顶指手往前顶住。头顶指头往上顶，下腭微微向后收，头顶不能太用力，用意念顶住，下颌不能伸出去。舌顶指舌头顶住，舌头卷回来顶住上腭。这是因为舌头卷回来后，舌头下边会生津，咽下去对身体很有好处。人体全身液体都是咸的，只有“津”不是咸的。具体做的时候有些人会觉得舌头卷回来别扭，也可以舌尖舔着上牙膛。

五要裹，裹有包裹不漏之意，两肘往里裹劲，如两手掌心向上托物，必得往里裹劲也。两肘向里裹劲，但不能两肩夹死，腋下要空。

六要松，要松开两肩如拉弓，不使膀尖外露。松开两肩的同时，两肩要下沉。

七要垂，垂（也叫坠）指两手往外翻时，两肘极力往下垂，同时肩也要垂。

八要缩，缩肩、缩胯，也叫抽肩、抽胯。缩肩时，手要向前推，肩要向后缩，相当于我们拿一根皮筋，两边拉，皮筋才能被拉开。一个固定点是缩肩，另一个点是手向前推，要把手臂拉开，前后的劲力做足。同理，抽胯即小腹与大腿相接处（腹股沟）向后抽劲。

九要起钻落翻分明。做动作时，起就是起，落就是落，要做得干净利落。这一点跟打法有关系，起是打，落也是打，起落都是打。但是动作要干净利落，分清楚，不能起落、劲力都稀里糊涂的。无论如何起钻落翻往来，总要肘不离肋，手不离心，此谓拳之要意。

另外，“九要”不能单独去理解，因为“九要”是一个综合体，是多种劲力复合在一起的，一定要在具体的动作里去讲、去体会，才能贯穿到自己的动作中。就完整性来说，每一个式子都要含“九要”，但每个人具体练习时，须一点一点、一样一样地把“九要”加进去。因为谁也不可能一下子做到，不可能把“九要”全部注意到。所以在教学生的时候，每次只告诉他一点，告诉的内容越少他记得越清楚；告诉的内容越多，反而越混乱。所以我们在练拳的时候，先注意一点，等到把这一点练成拳中的习惯了，再注意第二点、第三点……这样就能用最短的时间记住最多的东西。

“九要”是孙氏武学总的纲领，尚有很多需要展开解析的内容，为了便于读者深入理解，本书将根据需要在具体动作中加以详解。

（二）避三害

三害是拙力、努气、挺胸提腹。习者需避免“三害”。

①努气。努气的危害主要体现在对肺的影响。肺的功能主要有四个：调节呼吸运动；调节全身气机；调节血液运行；调节津液代谢。如果练拳时努气，就会人为地造成“气机”不畅。很多人不知道什么是气机，简单地说，气机就是气的运行，我们长期努着气练拳会造成身体功能的紊乱。实践证明，练拳时努着气追求发力的人心梗的发病率更高。因五行中金克木，努气也会对肝造成极大的伤害，进而破坏人体内脏的平衡。努气严重者还可能存在“炸肺”风险，使呼吸的自我调节功能紊乱，严重者走路带喘，甚至不能运动。孙禄堂先生有言：惟圣人独能参透逆运之术，揽阴阳，夺造化，转乾坤，扭气机，于后天中返先天，复初归元（孙禄堂《形意拳学》）。

②拙力。拙力减弱肌肉与大脑的信号联系，使动作变缓，造成迟滞。大多数的运动均是大脑下达指令后由肌肉执行的，而拙力减缓了信号传输速度。凡拙力常伴随努气，拙力会造成运动肌肉的反向作用，使正常的肌肉该放的放不出去，该收的收不回来，也即到不了“极处”。拙力不会改变身体本身的“质”，不改变，质就不会提升，最多就是增加了一点俗劲，不可能超越自我，久而久之，这种俗劲固化后，很难进步。所以，提倡练拳先要“一力流行”，再求“一气流行”。

③挺胸提腹。外形不正，破坏了“和”字，形不正则气不顺，无规矩不成方圆。怪气、怪力、怪形，此为三怪，习者不可犯。

四、孙式太极拳桩功

孙式太极拳非常重视桩功。孙式太极拳只有且必须站无极式、三体式两个桩功，更无其他，其他桩法均非孙氏正传，这是我从孙剑云老师那里得到的确凿无疑的结论。因为近些年看到有些声称练习孙式太极拳的人在不同场合教授或者演练其他桩法，所以感到有必要在这里重申这一点。

（一）无极式

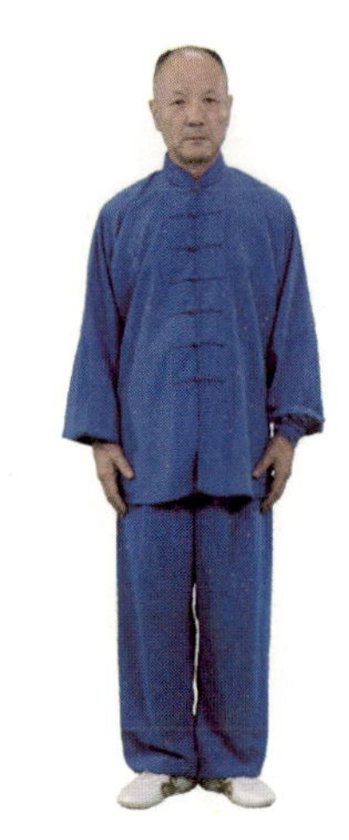

图1-1　无极式

两脚脚跟并拢，脚尖分开呈90°，姿势要自然，两腿直立，面向正前方，以面前宽阔为宜，不宜面向墙壁或障碍。两腿自然站直，膝盖既不要微屈，也不要使劲绷直，不要让膝盖受力；也不要努气，仿佛伫立在大自然中。站定后，从百会穴到会阴穴，通过我们的身体，一直到两脚脚跟相交的位置，上下是一条直线。（图1-1）

此时无思无意，没有任何动作，思想处于混混沌沌的寂静状态，无妄无住，没有一丝意念，看到什么、听到什么都可以视若无睹、充耳不闻；不能有垂肩坠肘、顶头竖项等劲力，纯任自然。如果产生思绪，不追不拒，就像下雨天房檐滴下的水线，任由风吹，随风飘摆，没有一丝强制；又如垂钓用的丝线，随曲就伸。

当无极式未站定时，会有前后左右晃动或向后仰的感觉，这些感觉都是正常的。就像是在平地立杆，我们拿一根很细的杆子，本来是很难站住的，会歪、会晃。因为杆很细，附着点很小，立住之前肯定是晃的，站桩进入状态之后就能够立住了。这是对人体“本能平衡”能力的培养，也是对思想入静能力的培养。所以感觉晃时不要管它，感觉站不住时，你的身体和肌肉自然就会紧一下，然后又放松，回来继续站。在杆即将立稳，即将能立住时，无极式的状态已经到了。

当无极式站定后，丹田会有微微发热的感觉。如果站至丹田内奔腾，就要马上收功。这种状态没有高人在身旁指导会有危害，切记！！！收功时，两腿微屈，提肛，使元气聚集于丹田，此时不可再站，使奔腾之“气”慢慢平复。平静以后，再起立随意活动，切记，切记！这就是孙禄堂先生说的“平地立杆”。杆将立定之时，心气自然平稳。心气平静后，气血运行才能平稳，此时心中自然有另外一番景象，似一泓清泉，异常空净。

（二）三体式

孙式太极拳中的三体式（图1-2）是重中之重，有“万法出于三体式”

“入门先站三年三体式”之说。笔者习练孙式太极拳多年，对此深有体悟。

图1–2　三体式

①预备势：身体直立，眼向前看，舌顶上腭，口唇虚合，下颌微收；两肩下沉，两臂自然下垂，两手五指并拢，掌心自然贴于两腿外侧；两腿直立，膝盖直，但不可绷劲，要自然，左脚脚尖朝正前方，右脚脚尖外展45°，朝斜前方，两脚脚跟并拢，左脚脚跟靠在右脚内踝处，如果地上划一条直线，这时，左脚的内侧应紧靠线的边缘，右脚脚跟踩在线上，此时右脚脚跟与左脚外缘相齐。此时，身体面向斜前方，头朝向正前方，两眼平视（如朝南站，此时身体朝向西南）。

②两臂慢慢抬起，两肩松垂，两手掌心朝下，抬至与胸平，左手食指向前，平直在下，右手中指向前，平直在上，盖于左手食指之上。手向上抬时，两腿同时缓缓下蹲，大腿与小腿的夹角以135°为宜。

要点：头往上顶，腰往下塌，抽胯，身体正直不可歪斜，心中要虚空，排除杂念，切不可有丝毫努气。此式名为“一气含四象”，即鸡腿、龙身、熊膀、虎抱头。鸡腿，有金鸡独立之形，有弹簧之力。龙身，身体三折，有龙之盘叠曲折势（髋关节折，膝关节折，踝关节折）。因这三处均是关节，有韧带、筋膜，周围有肌肉群相牵拉，且都有锁死功能。熊膀，两肩下垂与顶头竖项、颈筋拉起相呼应。虎抱头，两手相抱，有虎欲离穴之态势，警惕，沉静，精神内敛。

③左脚向前迈一步，右脚不动，重心亦不动，此时人体重心仍在右脚跟内侧踝骨处，此谓单重之式。步幅的大小，根据人的高矮和式子的高低而定。臀部后面要与后脚跟上下成一垂线，左腿膝盖前面要与左脚脚跟后面上下成一垂线，右脚脚尖与右腿膝盖成一垂线。当左脚前迈时，两手徐徐分开，左手向前推，右手向回拉，两手如同撕棉之意。左手向前伸，不可太直，亦不可不直，要伸到极处，肘至与手腕成水平状。左手食指高不过口，五指张开，虎口撑圆，拇指横平，食指直立，掌心内缩，肘尖下垂，两肘有向内裹抱之意，坐腕，大鱼际向外拧、翻、撑。右手拉至小腹处，拇指根紧靠肚脐下方，食指向上挑。眼平视左手食指尖。此式左手食指与鼻尖、身体中线、前脚尖至后脚踝骨在一个平面上，谓之三尖相照，全部劲力做足后，将神气定住。

④练太极拳要知“六合”，即心与意合，意与气合，气与力合，这是内

三合；肩与胯合，肘与膝合，手与足合，叫作外三合，内外各三合共称六合。这里的合指协调一致、劲力相合、神意相合。所以，在站三体式时，身体要正直，不可左歪右斜、前俯后仰。在伸左手、拉右手、出左腿时，三者要做到齐起齐落，上下协调，整齐合一，心气平和，稳定，呼吸顺畅自然，尤其注意不可憋气。初学站三体式，腿部会有酸、痛、热的感觉，只要坚持下去，日久腿上有了功夫，这种现象也就消失了。当三体式站立难熬的时候，不可用数数字之类的方法熬时间，而要把注意力集中在"九要"上，这样才会有好的效果。

⑤三体式的劲力。

三体式之手形与劲力。

食指与拇指撑开，食指向上挑住劲，虎口撑圆，指尖微微向里扣住劲，其他三指均自然分开向里扣劲。这里特别应指出的是：拇指与小指这时也是向外撑的劲，这样，拇指、小指与食指三指之间形成一个很圆的劲，然后手腕极力立起（孙禄堂先生第一至第三版原书中手掌是不立起来的，第四版改为立掌），掌根塌住劲，也叫塌腕，拇指一侧向外拧劲使劲力达到大鱼际，这是形意拳三体式劲力的最前端，手心向回缩劲，不可"腆手心"。腆手心容易对内脏产生伤害，切记！这时，塌、拧、扣、挑、缩五劲齐全。

三体式之脚与劲力。

全脚要落实，前脚暗含向前搓的劲，后脚暗含向上、向前的蹬劲，两膝向内扣劲，脚趾抓地，脚后跟往外拧劲。重心的分配是：前脚三分，后脚七分。这时脚的劲力应该是抓、蹬、搓、拧、扎（两脚向下扎根之力）。五劲齐全方能产生两腿的弹簧力，缺一不可。

五、孙式太极拳基本步法

孙式太极拳基本步法包括三体式步、错综八字步、斜长方、偏马步、正八字步、倒八字步、点步等。

当三体式具备一定的基础后，可以正式开步学拳。开步前可以先单独练习孙式太极拳的活步移动方法，因为孙式太极拳步法是活步，其移动有鲜明的特点与方式，所以应该做一些专项练习。

这里主要谈重心。重心放在后脚脚踝，不能全部放在后脚脚跟。在站桩过程中要时刻注意，不可把重心完全放在后面支撑脚的脚跟上，更不能前移，也不能在后脚的脚掌或趾端，位置一定要找准。

前进时的重心是如何移动的，也就是进步的步子是如何迈的？拳中的行进和平常走路形态是一样的，所以孙式太极拳是自然步，唯一不同的是：平常走路有起伏，每个人的姿态都是随意的，没有拳中的规矩；但拳中的行步是有规矩的。在拳中进退步要求塌腰抽胯、顶头竖项，平稳而有力，平稳是不能有高低起伏，就如同重物加身，或推或拖或扛，向前迈步有阻力，后腿要有蹬力。具体来讲，向前迈步时不能抬腿过高，脚尖稍微向上勾着点劲，此时重心前移，要有往前蹬的劲力。随着后脚蹬，身体重心逐渐前移，脚前掌逐渐落实，而后脚待前脚脚跟落地后，脚跟逐渐抬起跟步；前落、后抬两者是同步的，跟、尖转换，总是一虚一实。待脚前掌完全落实，身体的重心到了前脚，前进过程中须前脚用力向后扒劲。移动过程中，前后脚劲力有一个转换，先是后脚蹬劲大，后是前脚扒劲大，这时两胯都要极力抽住劲，把身体继续拉到前脚上，而后脚勾脚尖，贴地向前脚跟步，或继续向前迈去，不能抬脚过高。始终让重心在两脚间滚动。这也是孙式太极拳单重的概念之一，绝非“一轴到底”那么简单，此式的难点在于蹬和跟的时机，需要单独练习。蹬得过了，跟得晚了，都不符合孙式太极拳的规范。

向后退步时，重心先不能动，要等后脚脚尖先落地后，前脚脚尖逐渐翘起，并开始往后蹬劲，后腿重心则逐渐由脚尖到脚掌再到脚跟，待身体重心到达后脚跟踝骨处时，不可再向后移动（即不可移动到后脚跟上），就如同木工的榫卯结构，一锤子下去就要一下子插实、不留空隙，这时要靠腰胯的抽缩劲把前脚撤回，重心仍如前进步一样在两脚间滚动（此式之难点在于后移重心时往往找不准位置）。

孙式太极拳的这种前进后退的步法（就是孙剑云老师所形容的“跷跷板”）和孙氏形意拳、孙氏八卦拳是相同的。在练形意拳时，无论多大的步幅，都要等前脚落地后，后脚才能离地前跟（蹿、跃、跳的动作除外），不能两脚同时离地。形意拳的许多步法都要求前脚用力向后扒劲，典型的如劈拳，起钻之式，前手钻出时，前脚垫步，此时后脚前蹬，而前脚后蹬，前后腿要撑开，方有上起之意、弹簧之力，此为“起如挑担”之意。后脚继续蹬劲，重心一旦到了前脚掌上，前脚五趾开始向后抽拔（即孙禄堂所言“两股前节要有力”），而后脚向前跟步（此时的前后脚转换即“行如槐虫”，指的就是这种弹性劲），跟步时一定注意抽胯与塌腰，这是关键点，是孙式太极拳行拳的要领之一。

第二章

孙式太极拳简化套路35式

孙式太极拳简化套路35式是孙剑云老师在孙式太极拳传统套路98式的基础上删繁就简，为便于初学者练习而简化的。简化后，曾在小范围内推广试练。今笔者遵孙剑云老师遗愿，优化两处动作而定型，保证了演练该套路时劲力更加饱满、顺畅，更能体现孙式太极拳三拳合一的特点。

一、动作名称

第一式　起势
第二式　懒扎衣
第三式　开合
第四式　左搂膝拗步
第五式　手挥琵琶
第六式　进步搬拦捶
第七式　如封似闭
第八式　抱虎推山
第九式　开合
第十式　右搂膝拗步
第十一式　懒扎衣
第十二式　开合
第十三式　斜单鞭
第十四式　野马分鬃
第十五式　懒扎衣
第十六式　玉女穿梭
第十七式　（退步）下势
第十八式　更鸡独立
第十九式　倒撵猴
第二十式　左搂膝拗步
第二十一式　手挥琵琶
第二十二式　三通背
第二十三式　懒扎衣
第二十四式　开合
第二十五式　单鞭
第二十六式　云手
第二十七式　高探马
第二十八式　右起脚
第二十九式　转身左蹬脚
第三十式　践步打捶
第三十一式　翻身转角摆莲
第三十二式　弯弓射虎
第三十三式　双撞捶
第三十四式　阴阳混一
第三十五式　收势

二、动作图解

第一式　起势

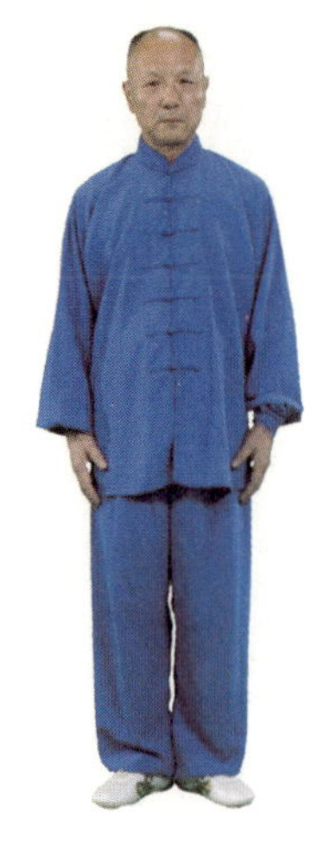

图2-1　起势（一）

①身体直立，两手下垂，脚跟并拢，两脚尖分开呈90°，心静安舒。两眼平视前方。（图2-1）

②右脚脚尖上勾、微微翘起，以脚跟为轴向左转动，转到脚尖朝向正前方，这时两脚呈45°站立，右脚徐徐落实，身体也随着转到面向左前方。目视左前方。（图2-2）

③右脚转的同时，两手掌心相对，如抱球状，徐徐向上抬起，抬到两手与两肩高度相齐，两手宽度与脸同宽即可。（图2-3）两

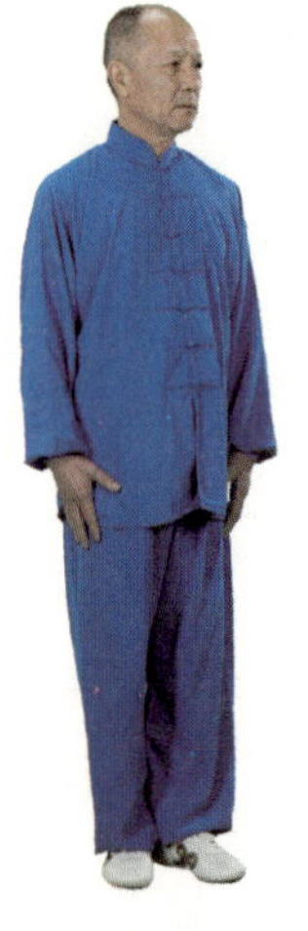

图2-2　起势（二）

图2-3　起势（三）

手掌心相对，动作不停，缓慢向下落至小腹，如划一大弧线，同时两腿慢慢向下蹲屈，蹲至大腿和小腿呈135°为宜。蹲的同时慢慢把左脚脚跟抬起，脚尖点地，脚跟不可以抬得太高，两脚虚实分明即可，重心落在右脚脚跟内侧踝骨处。（图2-4）

④上动不停，左脚向左斜前方迈出，脚跟先着地，重心慢慢向左脚移动，脚尖也随着慢慢落实；同时两手仍如抱球状从小腹处慢慢向上、向前伸至极处，与肩平，两臂略弯曲；（图2-5）右脚随两手伸出向前跟步，跟到左脚后方，离左脚脚跟约一脚的距离，脚尖着地。眼看两手。这时是虚实转换，左脚由虚变实，右脚由实变虚，步子大小随身高和式子的高低而定，以迈步不费劲、自然为宜。（图2-6）

图2-6　起势（六）

图2-5　起势（五）

图2-4　起势（四）

第二式　懒扎衣

①接上式，右脚随之落实，重心移至右脚，左脚脚尖翘起，以腰为轴，身体向右转动，同时带动两手平着（与肩同高）右转、划平圈转向正前方。随着手划平圆，两手同时翻转，翻到右手背朝下，大拇指朝外；左手朝里扣翻，翻至手背朝上，大拇指朝里。两手动作要一致，随转身随翻，右手翻转动作结束。眼看右手。随着身体右转，左脚以脚跟为轴，一同向右转动，然后落实，全脚掌着地，重心逐渐移至左脚，同时右脚脚跟微微欠起，以脚尖为轴，继续向右转，转至右脚脚尖朝正前方（西），重心随脚的起落变化而变化。（图2–7）

②动作不停，右手掌心向上，高与肩平，向外、向右后划圆弧，一直划至右肩前，随后右手翻掌，翻至掌心朝前，掌根立起；左手随着右手划弧，至右肘上方，随即往左下至胸前划一小圆，拉回左胸前（左右两手如阴阳鱼的线路相同，不同点在于右手大鱼、左手小鱼），然后左手虚扶着右腕高骨处向前推出，两臂略弯，右手推至极处为宜。（图2–8）

③随两手向前推，右脚向前迈出，步子大小随乎身高，以自然、不费劲为宜；右脚脚跟先落地，渐渐全脚落实，重心随之前移，左脚脚跟提起；当重心移动时，左脚同时跟步至右脚脚踝后侧（距右脚脚跟十二三厘米），脚尖点地，这时右脚为实步，左脚为虚步。眼看右手食指梢，稍停。自起点至此，所有动作要一气贯穿，不要间断。（图2–9）

图2–7　懒扎衣（一）

图2–8　懒扎衣（二）

图2–9　懒扎衣（三）

第三式　开合

①接上式，左脚脚跟落实，重心后移至左脚，右脚脚尖翘起，以右脚脚跟为轴向左转90°，转至面正；转身的同时，两手掌心相对、不可外翻，平着左右分开、向肩部开去，两肘也要同时开，开至两大拇指与肩窝相齐。立掌，大拇指朝向身体、距离身体5厘米左右，大拇指和食指撑开，虎口要圆，手腕极力塌住劲，两手掌心相对，如抱球状。（图2-10）

②动作不停，重心移至右脚，同时，两手掌心仍相对着向里合去，合至两手与脸同宽，稍停。（图2-11）

图2-10　开合（一）

图2-11　开合（二）

第四式　左搂膝拗步

接上式，双手随即呈抱球状翻转，翻至左手在上、右手在下，两手掌心相对；随后左手经右胸往下斜着往左胯搂去，右手则向下、向右侧划弧线至小腹下方，再向右侧斜上方划弧，圈不可太大，随之翻转至指尖与右嘴角齐。左手搂的同时，左脚向左前方迈出（面向东方），脚跟先着地。随后身体左转，重心向前移动，左脚慢慢落实，右脚脚跟随之抬起，随重心移动跟至左脚后方，右脚脚尖点地；同时，左手搂至大拇指正对左侧胯尖，大拇指与食指撑开，离胯一两厘米；右手则从右嘴角处往左（东方）平着推到极处，其高度以食指第二节与嘴角平为准，臂稍弯曲，并塌腕。眼看右手食指尖，稍停。（图2-12~图2-14）

图2-12　左搂膝拗步（一）

图2-13　左搂膝拗步（二）

图2-14　左搂膝拗步（三）

第五式　手挥琵琶

随即撤右脚，向后方迈出，脚尖先着地，重心后移，慢慢全脚落实，左脚随重心移动，脚尖抬起撤至右脚前十五六厘米处，脚尖着地。在右脚后撤的同时，两手五指伸直，向里裹至虎口朝上；在两手裹的同时，右手直着向后拉回，左手直着向前方穿出，拉、穿时要两手掌心相对，左手向前极力穿出，伸至极处，胳膊不可伸太直，右手拉回至左肘部。（图2-15）

图2-15　手挥琵琶

第六式　进步搬拦捶

接上式，左脚斜着向前垫步落地，同时两手向右侧翻转，左手在上、右手在下，两手掌心相对，随即右手从左臂下方向前穿出。右手穿至极处，此时重心前移，右脚进步至左脚前方落地，两脚成错综八字形，步子大小随乎身高，以迈步自然、不费劲为宜。两手继续翻转，翻至右手在上，左手在下，右手往回搬，左手从右臂下方向前穿出。左手穿到极处随即翻掌，翻至掌心朝下握拳；右手拉至胸前靠右侧握拳，拳眼朝上，从左拳背上方打出至极处，左手拉回停在右肘下方、拳背朝上，两手均是拳；在右拳打出的同时，右脚跟步至左脚后方，离左脚脚跟五六厘米，脚尖点地。眼看右拳。（图2-16~图2-19）

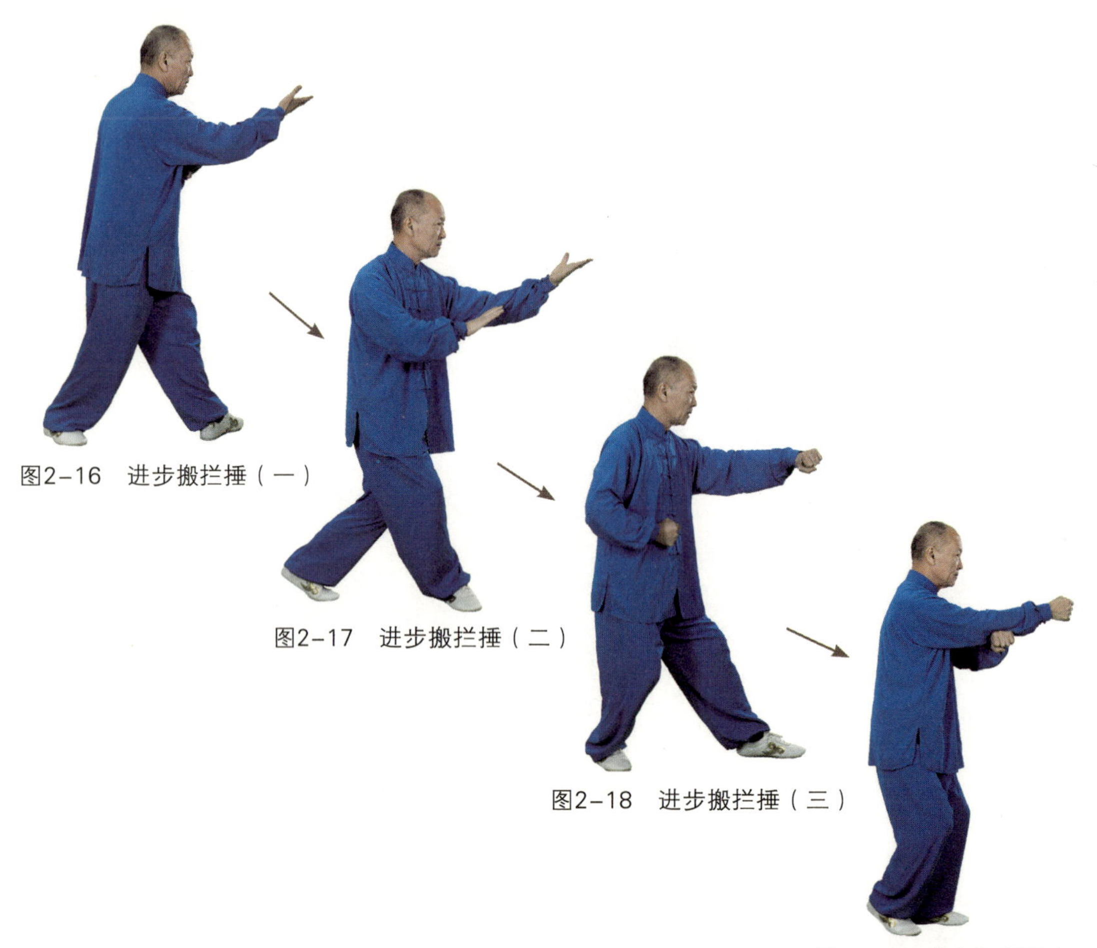

图2-16　进步搬拦捶（一）

图2-17　进步搬拦捶（二）

图2-18　进步搬拦捶（三）

图2-19　进步搬拦捶（四）

第七式　如封似闭

接上式，右脚后撤，脚尖向外斜着落地，撤步的远近以不牵动重心为宜；同时，右手向后抽，左手从右臂下方往前伸，两手腕相交时，两拳变掌，掌心向前、塌腕。随后两手与左脚同时回撤，左脚撤至右脚前五六厘米处，脚尖着地，两大拇指相距两三厘米，撤至胸前，离胸一二厘米。（图2-20）

图2-20　如封似闭

第八式　抱虎推山

图2-21　抱虎推山

接上式，两手掌心朝前，两手同时向前方推出，高与胸平，两臂微屈；同时左脚直着向前进步，脚尖朝前，脚跟先着地，重心前移，待左脚全脚落实时，左脚五趾抓地。随着左脚脚跟落地，右脚跟步，离左脚十二三厘米，脚尖着地。注意跟步不可太近，留有左脚往右转的距离，进步、推掌时手脚同步。眼看两掌。（图2-21）

第九式　开合

接上式，右脚脚跟落实，重心后移至右脚，左脚脚尖翘起，以左脚脚跟为轴向右转90°，面向正南方；转身的同时，两手掌心相对、不可外翻，平着左右分开、向肩部开去，两肘也要同时开，开至两大拇指与肩窝相齐。立掌，大拇指朝向身体，距离身体5厘米左右，大拇指和食指撑开，虎口要圆，手腕极力塌住劲，两手掌心相对，如抱球状。（图2-22）

动作不停，重心移至左脚，同时，两手掌心相对向里合，合至两手与脸同宽，稍停。（图2-23）

图2-22　开合（一）

图2-23　开合（二）

第十式　右搂膝拗步

接上式，双手随即翻转成抱球状，翻至右手在上、左手在下，两手掌心相对；随即右手经左胸斜着往右胯搂去，左手则向下、向左侧划弧线至小腹下方，再向左侧斜上方划弧，圈不可太大，随之翻转至指尖与嘴角齐；右手搂的同时，右脚向右前方迈出（面向西方），脚跟先着地。随着身体右转、重心向前移动，右脚慢慢落实，左脚脚跟随之抬起，随重心移动跟至右脚后方，左脚脚尖点地；同时，右手搂至右侧胯尖，大拇指与食指撑开，大拇指正对胯尖，离胯一二厘米；左手则从左嘴角处往右（西方）平着推至极处，其高度以食指第二节与嘴角平为准，臂稍弯曲，塌腕。眼看左手食指尖，稍停。（图2–24~图2–26）

图2–26　右搂膝拗步（三）

图2–25　右搂膝拗步（二）

图2–24　右搂膝拗步（一）

第十一式　懒扎衣

接上式，左手里裹至掌心朝上，同时右手向左手上方伸出，与肩相平，掌心朝下。

【捋】右手在上，左手在下，两手掌心相对，似抱球状，往回捋，如划一大弧线，捋至小腹处。【挤】两手随即向上、向前同时旋转，左手内旋，右手外旋，两臂略弯曲，左手扶在右手腕处往上、往前挤去，挤至极处。【掤】右手掌心向上，高与肩平，继续向外、向右后划圆弧（右手不可出肩太多），一直划至右肩前方，随着右手翻掌，翻至掌心朝外，掌根立起；左手随着右手划弧，至右肘上方即往左下至胸前划一小圆，拉回至左胸前（左右两手运行轨迹如阴阳鱼，不同点在于右手大鱼、左手小鱼），此时两手合抱于胸前。【按】左手虚扶着右腕高骨处一同向前

图2-27　懒扎衣（一）

图2-28　懒扎衣（二）

图2-29　懒扎衣（三）

推出，两臂略弯，右手推至极处，前臂与肘部水平。（图2-27~图2-33）

【捋】右手向上伸出时，左脚即向后撤步、斜着落地，脚尖先着地，逐渐全脚落实；往回捋时，重心移动至左脚，右脚撤回至左脚踝骨前方，脚尖点地（两手捋至小腹）。【挤】时右脚向前迈步，脚跟落地，左脚跟步至右脚后方，脚尖点地，右脚在左脚跟步时，渐渐全脚落实。眼看两手。【掤】时左脚再向后撤步，仍斜着落地，脚尖先着地，逐渐全脚落实，重心移至左脚；随着两手合抱于胸前，右脚脚尖翘起。【按】时重心前移，右脚逐渐落实，左脚跟步至右脚脚跟后十二三厘米处，脚尖点地。

两手推出后，眼看右手食指梢，稍停。自起点至此，所有动作要一气贯穿，不要间断。

图2-33　懒扎衣（七）

图2-32　懒扎衣（六）

图2-31　懒扎衣（五）

图2-30　懒扎衣（四）

第十二式　开合

接上式，左脚脚跟落地，重心后移至左脚，右脚脚尖翘起，以右脚脚跟为轴向左转45° 左右（面向西南斜角方向），两脚并齐。转身的同时，两手掌心相对、不可外翻，平着左右分开，向肩部开去，两肘也要同时开，开至两大拇指与肩窝相齐。立掌，大拇指朝向身体、距离身体5厘米左右，大拇指和食指撑开，虎口要圆，塌腕，两手掌心相对，如抱球状。（图2–34）

上动不停，重心移至右脚，同时，两手掌心相对向里合去，合至两手与脸同宽，稍停。（图2–35）

图2–34　开合（一）

图2–35　开合（二）

第十三式　斜单鞭

接上式，左脚往左横着迈出，脚尖偏向左前方，步子大小随式子的高矮；重心随着向左移动，重心大部分在左脚，成偏马步。左脚迈出的同时，两手在胸前平着向左右分开，两手如捋长杆，指尖高度与眼相平；两手分开后，向外翻掌，翻至两手掌心朝外、两臂平举。眼看右手食指。分手、迈步、移动重心要同时进行，配合要圆润，协调自然。（图2–36）

图2–36　斜单鞭

第十四式　野马分鬃

图2-37　野马分鬃（一）

图2-38　野马分鬃（二）

①接上式，左脚撤回与右脚并齐，脚尖点地；同时左手向下划弧落至小腹处。左手再往上经右胸前向左上划一弧线（食指与眼齐高）；同时左脚也向左前方迈出，脚尖稍向外。眼看左手。待左脚落地，重心向左移动，左手划至左前方时，右手也往下划弧落至小腹处，同时右脚也靠拢至左脚旁（脚尖点地）。接着右手再经左胸前向上、向右从眼前划弧至右前方，同时

图2-39　野马分鬃（三）

右脚向右前方迈出，此时仍是“斜单鞭”式。眼看右手。（图2-37~图2-39）

②然后重心右移，左脚向右脚前方迈出，脚尖向外斜着落地，两腿弯曲（面向西）；同时，两手往下、往前交叉（两手掌心向下，两臂微屈，左手在上）。接着两手抬起至前额，再向左右分开，同时起身，左腿微屈，右腿蹬直。目视前方。（图2-40~图2-44）

图2-43　野马分鬃（六）

图2-44　野马分鬃（六、侧面）

图2-42　野马分鬃（五）

图2-40　野马分鬃（四）

图2-41　野马分鬃（四、侧面）

第十五式　懒扎衣

【挤】接上式，两臂各向两侧划一圆圈至腹前，右手掌心翻至向上，左手掌心向下；至胸前时，两手相交，两臂略弯曲，左手扶在右手腕处往上、往前挤去，挤至极处。【掤】右手掌心向上，高与肩平，继续向外、向右后划圆弧（右手不可出肩太多），一直划至右肩前方，随着右手翻掌，翻至掌心朝外，掌根立起；左手随着右手划弧，至右肘上方即往左下至胸前划一小圆，拉回至左胸前（左右两手运行轨迹如阴阳鱼，不同点在于右手大鱼、左手小鱼），此时两手合抱于胸前。【按】左手虚扶着右腕高骨处一同向前推出，两臂略弯；右手推至极处，前臂与肘部水平。（图2-45~图2-49）

图2-45　懒扎衣（一）

图2-46　懒扎衣（二）

【挤】时右脚向前迈步，脚跟落地，左脚跟步至右脚后方，脚尖点地；右脚在左脚跟步时，渐渐全脚落实。眼看两手。【掤】时左脚再向后撤步，仍斜着落地，脚尖先着地，逐渐全脚落实，重心移至左脚，两手合抱于胸前，右脚脚尖翘起。【按】时重心前移，右脚逐渐落实；左脚跟步至右脚脚跟后十二三厘米处，脚尖点地。

图2–49　懒扎衣（五）

图2–48　懒扎衣（四）

图2–47　懒扎衣（三）

两手推出后，眼看右手食指梢，稍停。自起点至此，所有动作要一气贯穿，不要间断。

第十六式　玉女穿梭

①接上式，两手抽回至胸前，两肘靠着两肋，左手边抽回边手腕往里裹至掌心朝里、斜向上；右手抽至胸前，大拇指向里，掌心斜向下，手指与左小臂后端似挨非挨。右脚脚尖稍向外斜着垫步，左脚往左前方迈出（西南方向），右脚跟步、脚尖着地，落在距左脚脚跟6~10厘米处；同时左手内旋并往上钻翻，手背靠着前额，右手塌腕立掌，在胸前向前微推，肘部靠着右肋。（图2–50、图2–51）

图2–50　玉女穿梭（一）

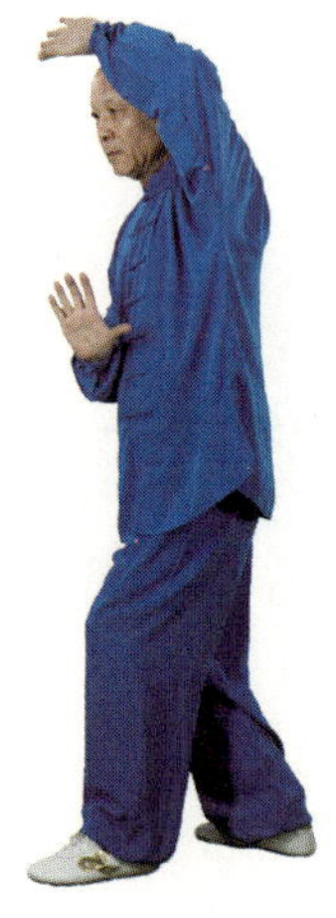

图2–51　玉女穿梭（二）

②上动不停，右脚落实，重心移至右脚，左脚往里扣，以右脚尖为轴身体向右后方转；同时，左手下落，掌心斜向下，右手裹至掌心向上，两手掌心相对于胸前，此时两肘仍靠着两肋。当转身完毕时，右脚向前迈步（正东方向），左脚跟步至右脚踝内侧，脚尖点地；同时左手塌腕立掌，在胸前向前推到极处，手臂略弯曲，右手上举，手背靠着前额。眼看左手食指。（图2-52、图2-53）

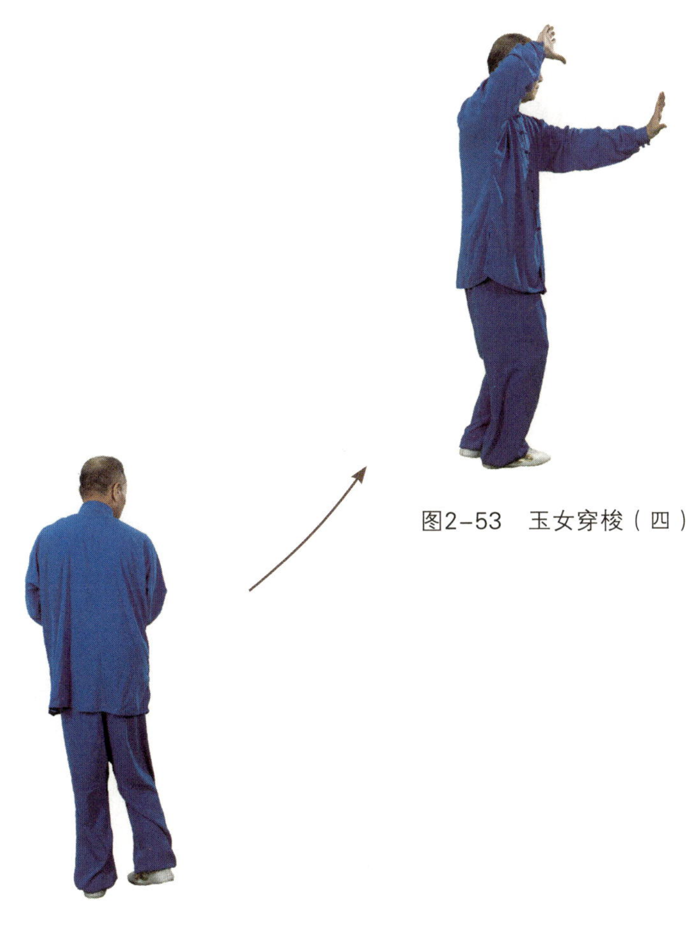

图2-53　玉女穿梭（四）

图2-52　玉女穿梭（三）

第十七式　（退步）下势

接上式，右手向前伸，左手拉回至胯侧，两手掌心都向下；同时，左脚后撤一步。接着右脚后撤一步；同时，左手向前，从右手背上方（向前）推出，塌腕，掌心斜向前，右手拉回至右胯侧，大拇指指向胯尖、掌心向下；两腿弯曲，身体重心移至右腿。眼看左手。（图2–54、图2–55）

图2–54　（退步）下势（一）

图2–55　（退步）下势（二）

第十八式　更鸡独立

①接上式，两手同时向里裹至掌心向里，重心前移至左脚，右腿向下、向前跪屈，贴着左腿向上提，提至大腿与身体成90°，脚尖上翘；左腿微屈，塌腰。同时，右手随右腿动作向下插去，然后向前、向上提起至指尖与耳同高；左手向下划弧至左胯侧，指尖向下。眼看前方，微停。（图2-56~图2-58）

②右脚向前落下，右腿微屈，左腿向下、向前跪屈，贴着右腿向上提，提至大腿与身体成90°，脚尖上翘。同时，右手往下划弧至右胯侧，指尖向下；左手从左胯侧提起向上划弧至耳侧，指尖与耳齐。眼看前方。（图2-59）

图2-59　更鸡独立（四）

图2-58　更鸡独立（三）

图2-56　更鸡独立（一）

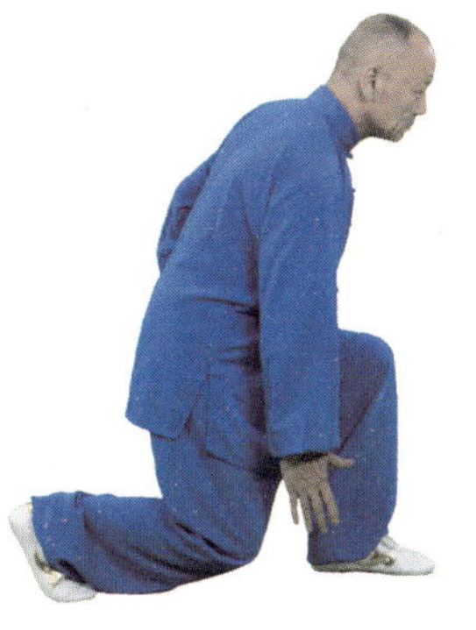

图2-57　更鸡独立（二）

第十九式　倒撵猴

①先将左手往胸前扣回来，将掌心往下扣，扣至大拇指至胸前十五六厘米处；右手于左手往胸前扣回时变掌里裹至掌心朝上，同时往右边斜着往下落。再将左手从胸口斜着往左边搂一弧线，大拇指、食指撑开如半月形，搂至大拇指离左胯一二厘米处；左手搂时身体左转，左脚也同时斜着往左后方斜角方向迈步，脚后跟落地，逐渐全脚落实（脚尖朝向正北）；同时右手掌心朝上并往上抬起，起至与右肩相平，掌心向里，五指张开，食指梢经右嘴角往前推去（斜后向迈步、正着打出）。此式的两手动作与“搂膝拗步”相似，右手往前推时，右脚也要同时往前跟步，跟至左脚后方，距离约一脚，脚尖着地。练习此式时动作要一气呵成，不可间断。（图2-60）

②动作不停，右脚落实，左脚脚尖翘起，以脚跟为轴往里扣，两脚扣成倒八字形，同时右手拉回，两手在胸腹前呈抱球状翻转至两手掌心相对（左手在下，右手在上）；随即身体向右后回转，斜着往右后方斜角方向迈步（脚尖朝向正南），右手向右搂出，左手抬起向前推出。（图2-61、图2-62）

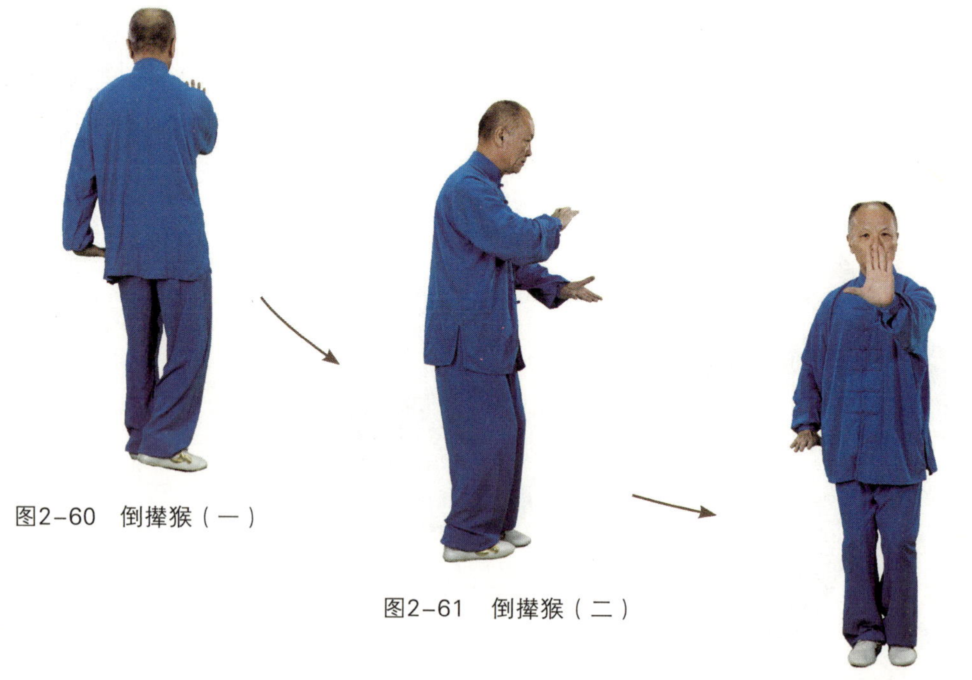

图2-60　倒撵猴（一）

图2-61　倒撵猴（二）

图2-62　倒撵猴（三）

第二十式　左搂膝拗步

接上式，左手拉回，双手随即在胸腹前呈抱球状翻转，翻至左手在上、右手在下，两手掌心相对；随即左手经右胸往下斜着往左胯搂去，右手则向下、向右侧划弧线至小腹下方，向右侧斜上方划弧，掌心随之翻转，至右嘴角齐；左手搂的同时，左脚向左前方迈出（面向东方），脚跟先着地。随着身体左转、重心向前移动，左脚慢慢落实，右脚脚跟随之抬起，随重心移动跟至左脚后方，右脚脚尖点地；同时，左手搂至左侧大胯尖，大拇指正对胯尖，大拇指与食指撑开，离胯一两厘米；右手则从右嘴角处往左（东方）平着推至极处，其高度以食指第二节与嘴角平为准，臂稍弯屈，塌腕。眼看右手食指尖，稍停。（图2-63~图2-65）

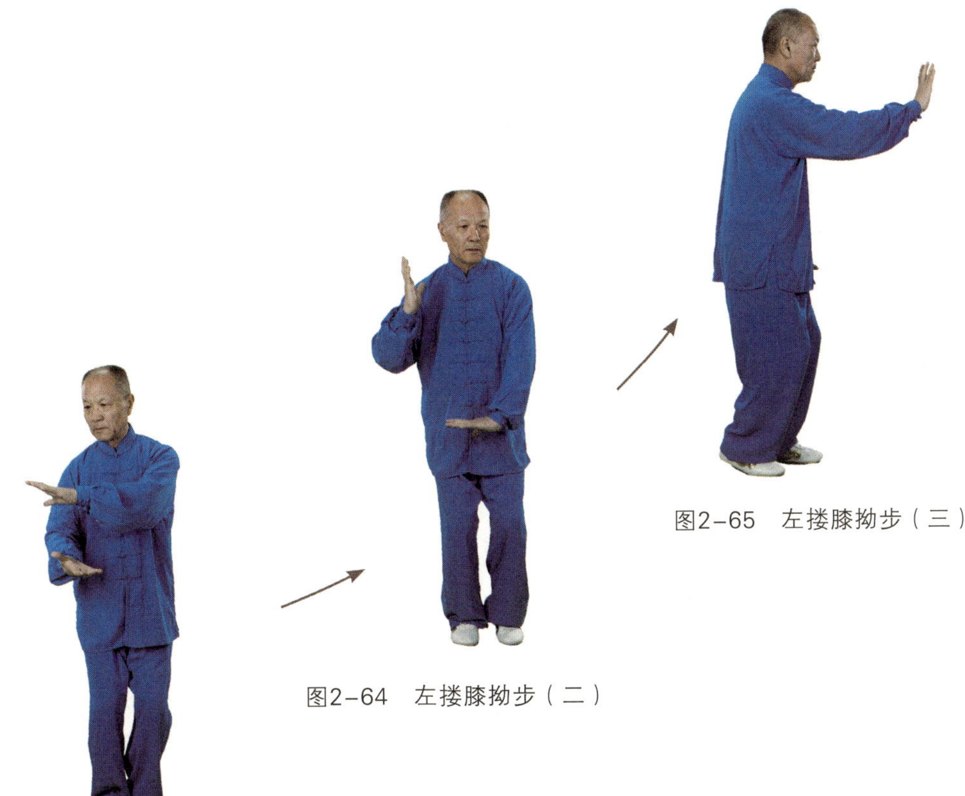

图2-65　左搂膝拗步（三）

图2-64　左搂膝拗步（二）

图2-63　左搂膝拗步（一）

第二十一式　手挥琵琶

随即撤右脚，向后方迈出，脚尖先着地，重心后移，慢慢全脚落实，左脚随重心移动，脚尖抬起撤至右脚前十五六厘米处，脚尖着地。在右脚后撤的同时，两手五指伸直，同时向里裹至虎口朝上；在两手裹的同时，右手直着向后拉回，左手直着向前方穿出，拉、穿时要两手掌心相对，左手向前极力穿出、伸到极处，手臂不可太直，右手拉回至左肘部。（图2–66）

图2–66　手挥琵琶

第二十二式　三通背

①接上式，双手在胸前呈抱球状翻转，翻至左手在上、右手在下，两手掌心相对；随后右手向下、向后、向上划一圆弧，大拇指与前额齐高时，掌心逐渐转向下方，并垂直下按，按至左小腿中间处停住。左手于右手往后划时，收回至左胯处，掌心向下；左脚与右手往下按时，同时向后撤至距右踝二三厘米处，脚尖着地，两腿微屈。眼看右手背。（图2–67~图2–69）

②接着，躯干挺直，右臂往上抬起，手背靠前额；同时带动左手从左胯处往斜上方、与胸平时往前推出，塌腕。左脚在两手动作的同时往前迈出，脚跟先落地、脚尖向前，两脚距离以不牵动重心为宜，眼看左手食指，重心放在右脚。（图2–70）

图2-67　三通背（一）

图2-68　三通背（二）

图2-69　三通背（三）

图2-70　三通背（四）

③接着以左脚跟为轴向右拧转，身体转至90°时，左脚落实，此时两脚成倒八字形；紧接着再以右脚跟为轴继续向右拧转至脚尖向前，转体完成后右脚落实。在转身时，左手向上划一弧线，至手背靠前额，同时右手自前额处向前推出，高与肩平，塌腕。此时动作与上节相同，唯方向相反。（图2-71、图2-72）

④接着身体略前倾，重心前移，左脚脚跟略往外扭，左手从前额往前伸，同时两手裹至两手掌心相对，如抱球状。接着，右脚向后撤步至左脚后方（两脚距离以不牵动重心为宜），斜着脚尖落地，随重心后移缓缓落

图2-71　三通背（五）

图2-72　三通背（六）

图2-73　三通背（七）

实。右脚后撤时，两手从前面握拳（拳眼向上）往下划弧，划至小腹处，拳眼向上；同时随重心后移，左脚往回撤至右脚前三四厘米处，脚尖点地。（图2–73、图2–74）

⑤接着两拳靠着身体往上、往前钻出，裹钻到胸口时拳心向上，钻至高与眉齐；同时左脚往前迈步，左腿稍弓，脚尖向外斜着落下，重心移至左腿。两拳继续往下划弧落至小腹处，拳眼向上；同时右脚往前跟步，迈至离左脚前三四厘米处，脚尖点地，上身正直。（图2–75、图2–76）

图2–76　三通背（十）

图2–75　三通背（九）

图2–74　三通背（八）

第二十三式　懒扎衣

【挤】接上式，两手随即向上、向前同时变掌并旋转，左手内旋，右手外旋，两臂略弯曲，左手扶在右手腕处往上、往前挤去，挤至极处。【掤】右手掌心向上，高与肩平，继续向外、向右后划圆弧（右手不可出肩太多），划至右肩前方，随着右手翻掌，翻至掌心朝外，掌根立起；左手随着右手划弧，至右肘上边即往左下至胸前划一小圆，拉回到左胸前（左右两手运行轨迹如阴阳鱼、不同点在于右手大鱼、左手小鱼），此时两手合抱于胸前。【按】左手虚扶右腕高骨处一同向前推出，两臂略弯，右手推到极处，前臂与肘部水平。（图2-77~图2-81）

图2-77　懒扎衣（一）

图2-78　懒扎衣（二）

【挤】时右脚向前迈步，脚跟落地，左脚跟步，跟至右脚后方，脚尖点地；右脚于左脚跟步时，渐渐全脚落实；眼看两手。【掤】时左脚再向后撤步，仍斜着落地，脚尖先着地，逐渐全脚落实，重心移至后脚，两手合抱于胸前，右脚脚尖翘起。【按】时重心前移，右脚逐渐落实，左脚跟步至右脚跟后十二三厘米处，脚尖点地。

两手推出后，眼看右手食指梢，稍停。自起点至此，所有动作要一气贯穿，不要间断。

图2-81　懒扎衣（五）

图2-80　懒扎衣（四）

图2-79　懒扎衣（三）

第二十四式 开合

图2-82 开合（一）

图2-83 开合（二）

①接上式，左脚脚跟落实，重心后移至左脚，右脚脚尖翘起，以右脚脚跟为轴向左转90°，转至面正；转身同时，两手仍掌心相对、不可外翻，平着左右分开、向肩部开去，两肘也要同时开，开至两大拇指与肩窝相齐。立掌，大拇指朝向身体、距离身体5厘米左右，大拇指和食指撑开，虎口要圆，手腕极力塌住劲，两手掌心相对，如抱球状。（图2-82）

②上动不停，重心移至右脚，同时，两手掌心相对向里合，合至两手与脸同宽，稍停。（图2-83）

第二十五式　单鞭

接上式，左脚往左横着迈出，脚尖偏向左前方，步子大小随式子的高矮；重心随着向左移动，重心大部分在左脚，两脚成偏马步。左脚迈出的同时，两手在胸前平着向左右分开，指尖高度与眼相平，两手如捋长杆；两手分开后，向外翻掌，翻至两手掌心朝外、两臂平举。眼看右手食指。分手、迈步、移动重心要同时进行，配合要圆润，协调自然。（图2-84）

图2-84　单鞭

第二十六式　云手

接上式，左手向下，左臂靠着身体向右划一半圆弧，至右肋处（逆时针）。同时，左脚向右脚靠拢，脚尖点地，稍停。接着左手继续向上、向左划一半圆弧，同时右手向下、向左划一半圆弧至左肋下（顺时针）；在两手动作时，左脚向左横着迈出，脚尖微向外斜。两手划至左侧时，右脚同时向左脚靠拢，两脚尖均向左微斜，似停未停。接着，右手向上划，左手向下划，在两手同时划至右侧时，左脚又横着向左迈出，接着左手再向上划，右手向下划，右脚再靠向左脚。如此循环两次。（图2–85~图2–89）

图2–85　云手（一）

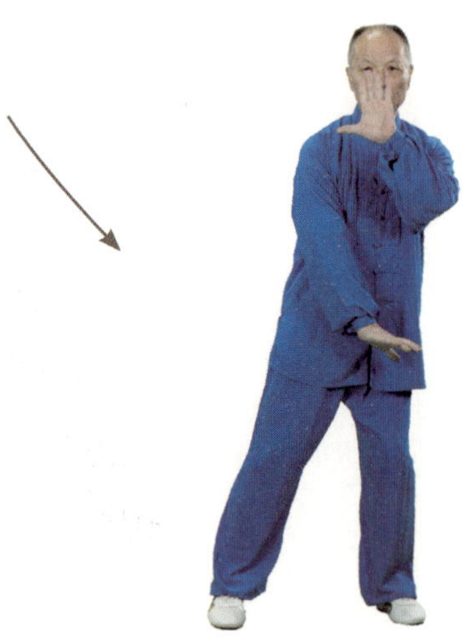

图2–86　云手（二）

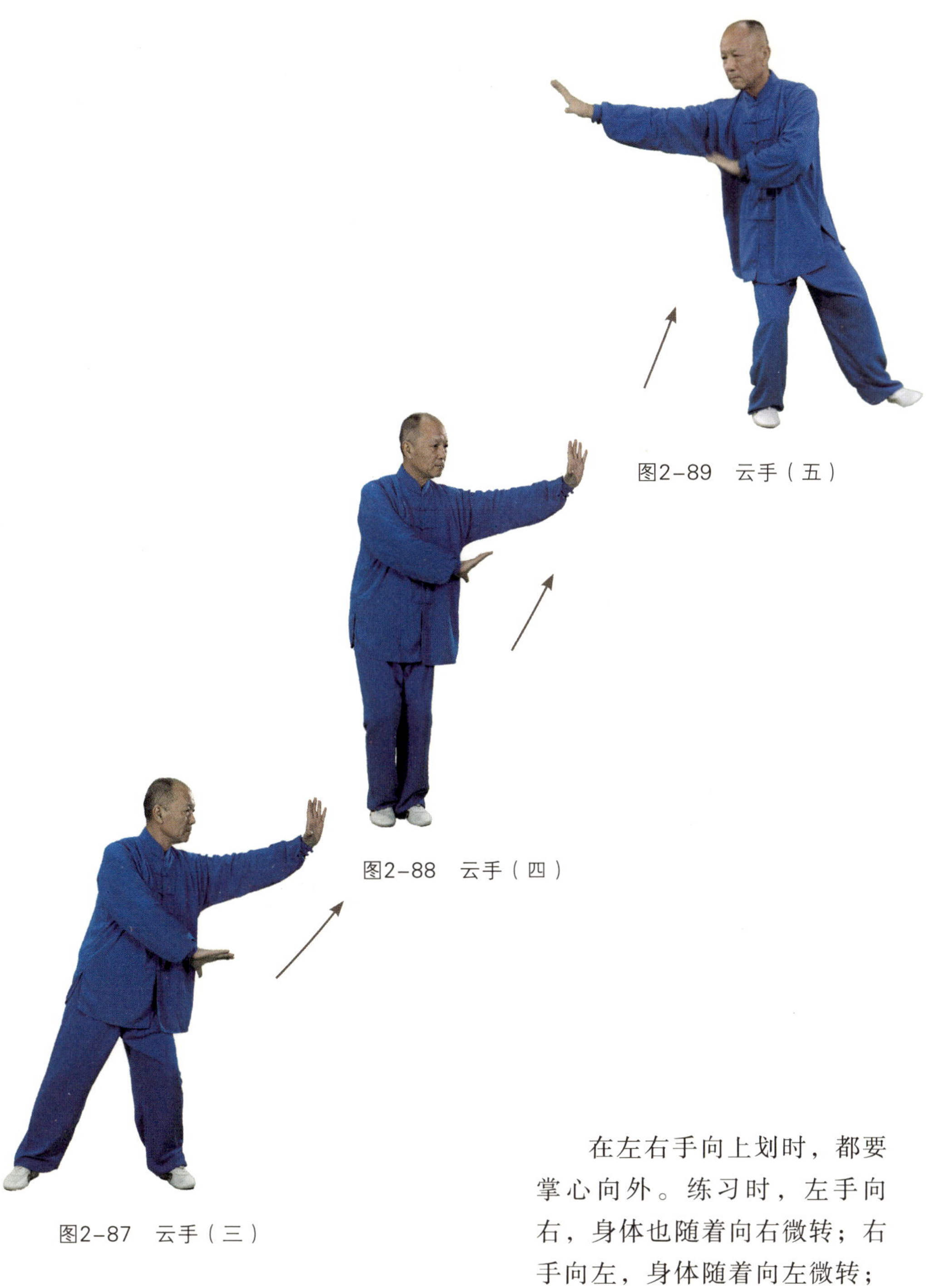

图2-89　云手（五）

图2-88　云手（四）

图2-87　云手（三）

在左右手向上划时，都要掌心向外。练习时，左手向右，身体也随着向右微转；右手向左，身体随着向左微转；眼总是看抬起一手的食指。

第二十七式　高探马

①接上式，左手云至左侧，右手云至小腹处时，右手向前伸出，左手拉回至右肘处，虎口均向上，手与胸平。同时，左脚向后撤步，右脚随着右手向前伸出，微向后撤至左脚前方，脚尖点地，离左脚约10厘米，两腿微屈。（图2-90、图2-91）

图2-90　高探马（一）

图2-91　高探马（二）

②接着右脚脚尖勾起向里扣步，与左脚尖相对（稍有距离），呈倒八字形，身体随之微左转。同时，左手往里裹成掌心向上，右手往回扣成掌心向下，停在左手上方20厘米左右处，两手掌心上下相对、距胸口约5厘米。（图2-92）

③接着两手同时拧转，扭至手指向上，虎口撑开，塌腕，姿势与“开合”中的合手相同；同时重心移至右脚，左脚跟提起，稍向里扭，与右脚相齐，稍停。（图2-93）

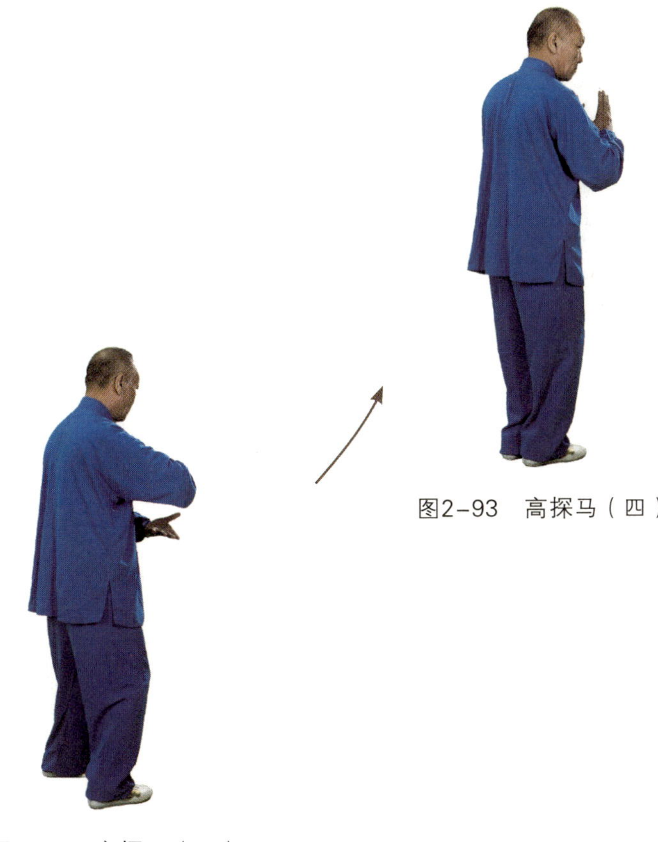

图2-93　高探马（四）

图2-92　高探马（三）

第二十八式　右起脚

接上式，左脚落实，重心移至左脚，随即两手如“单鞭式”分开，两掌心朝外，同时右腿踢起（东南方向），踢至与右手相交。眼看右手。动作不停，随即将右脚往里扣着落下，距左脚半步，然后左脚向右脚处落下，脚尖点地，同时两手收回往里合，姿势仍与“合手”相同。（图2–94、图2–95）

图2–94　右起脚（一）　　图2–95　右起脚（二）

第二十九式　转身左蹬脚

接上式，随即左脚提起，脚尖勾着劲向左前方蹬出（正西方）；两手仍如“单鞭式”分开，掌心朝外，手脚相交。眼看左手食指。（图2–96）

图2–96　转身左蹬脚

第三十式　践步打捶

接上式，左脚往前落地，脚尖稍往外斜；同时左手（掌心向下）往左胸前搂回，右手（裹至掌心向上）从后边靠右肋向前穿出。随即右脚往前迈步，脚尖稍向外斜落地，左手从左胸处往前穿出（掌心向上），右手则同时往回拉至腹前（掌心向下）；左脚再向前迈一步，脚尖稍往里扣。随即左手翻回掌心向下握拳，拉至左胯处，右手握拳自右胯向上、向后划弧，然后经前额处，向前下方打至左小腿内侧中间处，身体随着往下弯曲；同时左拳拉至左胯，拳眼朝里。在右拳动作中，眼看右拳。以上动作要一气贯穿。（图2-97~图2-99）

图2-97　践步打捶（一）

图2-98　践步打捶（二）

图2-99　践步打捶（三）

第三十一式　翻身转角摆莲

①接上式，左脚往里扣，身体随着直起往右转180°；同时，右拳向上经前额向前划弧，至拳心朝上，右拳落在右胯前方停住；随即重心移至左腿，右脚极力朝外摆去，左足随即极力扣步，身体随着往右侧扭转；左拳在身前变掌（掌心向下）横着划弧落至左胯前，同时右拳也变掌翻至掌心向下。（图2-100）

图2-100　翻身转角摆莲（一）

②随即右脚跟抬起并向右拧转，然后右脚提起向上、向右摆出；两手向上、向右划弧至右前方时，随即向左与右脚面相击（左手先击，右手后击）。眼看前方。（图2-101）

图2-101　翻身转角摆莲（二）

图2-102　翻身转角摆莲（三）

③右脚向右斜方落下，两手同时裹劲拉回至两肋侧，掌心均向上。眼看前方。（图2-102）

第三十二式　弯弓射虎

接上式，两手同时内旋至掌心向下，边旋边向斜前方伸出，高与肩平，两臂微屈；身体重心随之前移至右腿。眼看两手。（图2-103）

图2-103　弯弓射虎

第三十三式　双撞捶

接上式，左脚上步至右脚左侧，脚尖点地，两手握拳拉回至胸前，拳心向下；随即左脚向前（东北方向）迈步，两拳向前撞出，两臂微屈，拳心向下；右脚跟步，脚尖向外斜着落地，距左脚脚跟约10厘米。（图2-104~图2-106）

图2-104　双撞捶（一）　图2-105　双撞捶（二）　图2-106　双撞捶（三）

第三十四式　阴阳混一

①接上式，身体向右转135°，两拳随转体向里裹，裹至拳心向上（右拳在左腕处，两肘靠肋）；同时左脚往里扣，右脚后撤，脚尖外撇至45°；重心移至右腿，左脚尖徐徐抬起。眼看左拳。（图2–107）

②右拳不动，左腕贴着右拳向里翻转至右拳下，右拳内旋微向里，两肘下垂，两手腕相贴；两手做动作的同时，左脚脚跟微抬起，即落原处，身体重心仍在右腿，两腿微屈。眼看两拳，微停。（图2–108）

图2–107　阴阳混一（一）

图2–108　阴阳混一（二）

第三十五式　收势

接上式，两拳变掌向左右分开至胯侧；左脚撤回，两脚跟并拢，脚尖仍呈90° 分开，身体直立；眼看前方。回归无极式（仍面向正南）。所谓无极始，复归于无极。（图2–109）

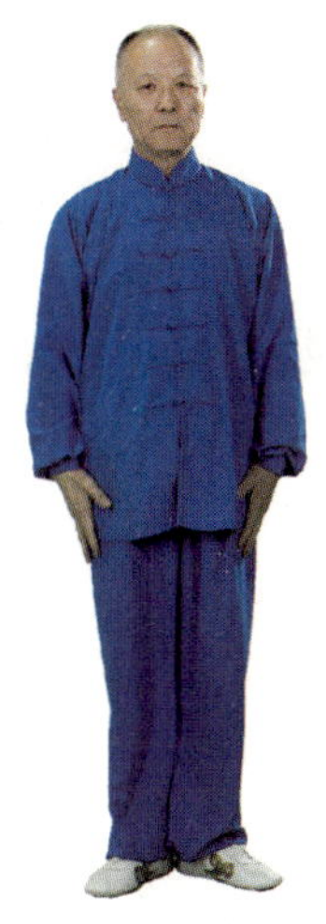

图2–109　收势

第三章

孙式太极拳传统套路98式

一、动作名称

第一式　无极学
第二式　太极学
第三式　懒扎衣学
第四式　开手学
第五式　合手学
第六式　单鞭学
第七式　提手上式学
第八式　白鹤亮翅学
第九式　开手学
第十式　合手学
第十一式　搂膝拗步学（左式）
第十二式　手挥琵琶式学（左式）
第十三式　进步搬拦捶学
第十四式　如封似闭学
第十五式　抱虎推山学
第十六式　开手学（右转）
第十七式　合手学
第十八式　搂膝拗步学（右式）
第十九式　懒扎衣学
第二十式　开手学
第二十一式　合手学
第二十二式　单鞭学
第二十三式　肘下看捶学
第二十四式　倒撵猴学（左式）
第二十五式　倒撵猴学（右式）
第二十六式　手挥琵琶式学（右式）
第二十七式　白鹤亮翅学
第二十八式　开手学
第二十九式　合手学
第三十式　搂膝拗步学（左式）
第三十一式　手挥琵琶式学（左式）
第三十二式　三通背学
第三十三式　懒扎衣学
第三十四式　开手学
第三十五式　合手学
第三十六式　单鞭学
第三十七式　云手学
第三十八式　高探马学
第三十九式　右起脚学
第四十式　左起脚学
第四十一式　转身蹬脚学
第四十二式　践步打捶学
第四十三式　翻身二起学
第四十四式　披身伏虎学
第四十五式　左起脚学
第四十六式　右蹬脚学

第四十七式　上步搬拦捶学
第四十八式　如封似闭学
第四十九式　抱虎推山学
第五十式　开手学（右转）
第五十一式　合手学
第五十二式　搂膝拗步学（右式）
第五十三式　懒扎衣学
第五十四式　开手学
第五十五式　合手学
第五十六式　斜单鞭学
第五十七式　野马分鬃学
第五十八式　懒扎衣学
第五十九式　开手学
第六十式　合手学
第六十一式　单鞭学
第六十二式　右通背掌学
第六十三式　玉女穿梭学
第六十四式　懒扎衣学
第六十五式　开手学
第六十六式　合手学
第六十七式　单鞭学
第六十八式　云手学
第六十九式　云手下势学
第七十式　更鸡独立学
第七十一式　倒撵猴学
第七十二式　手挥琵琶式学（右式）
第七十三式　白鹤亮翅学
第七十四式　开手学
第七十五式　合手学
第七十六式　搂膝拗步学
第七十七式　手挥琵琶式学
第七十八式　三通背学
第七十九式　懒扎衣学
第八十式　开手学
第八十一式　合手学
第八十二式　单鞭学
第八十三式　云手学
第八十四式　高探马学
第八十五式　十字摆莲学
第八十六式　进步指裆捶学
第八十七式　退步懒扎衣学
第八十八式　开手学
第八十九式　合手学
第九十式　单鞭学
第九十一式　单鞭下势学
第九十二式　上步七星学
第九十三式　下步跨虎学
第九十四式　转角摆莲学
第九十五式　弯弓射虎学
第九十六式　双撞捶学
第九十七式　阴阳混一学
第九十八式　无极还原学

二、动作图解

第一式　无极学

身体直立，两手下垂，脚跟并拢，两脚尖呈90°分开，心静安舒，两眼平视前方。当式子未站定时会有前后左右晃动的感觉，这时由百会穴直至两脚跟交汇点至地面，要上下一线点点贯穿。（图3-1）

（为便于学习说明，无极式面向正南方。）

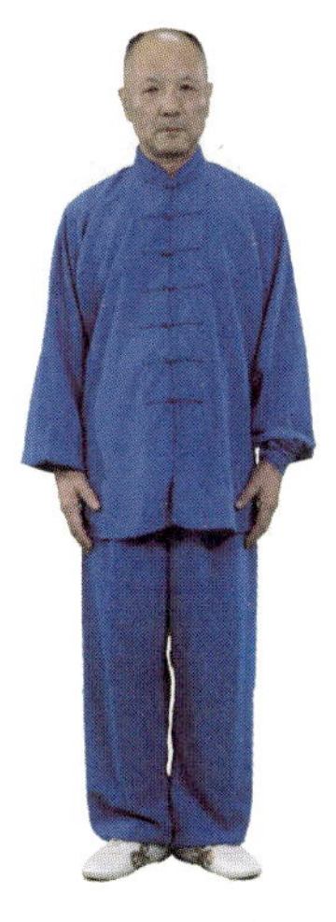

图3-1　无极学

注解：

此时无思无意，没有任何动作，思想处于混沌的平静状态，也不能有垂肩坠肘、顶头竖项等劲力，一丝心念都不能有，纯任自然。如有思绪，不追不拒，好像下雨天房檐滴下的水线，任由风吹，随风飘摆，没有一丝强制；又如垂钓之丝线，随屈就伸。

第二式　太极学

①右脚脚尖上勾、微微翘起，以脚跟为轴向左转动，转到脚尖朝向正前方，这时两脚呈45° 站立；此时右脚徐徐落实，身体也随着转到面向左前方，也是两脚呈45° 。（图3–2）

②右脚转的同时，两手掌心相对，如抱球状，徐徐向上抬起，抬至两手与两肩高度相齐，两手宽度与脸同宽即可。两手掌心相对，动作不停，随即缓慢下落至小腹处，如划一大弧线；同时两腿慢慢向下蹲屈，蹲至大腿和小腿呈135° 为宜。蹲的同时左脚脚跟轻轻抬起，脚尖点地，脚后跟不可以抬得太高，两脚虚实分明即可，重心落在右脚脚跟内侧踝骨处。（图3–3、图3–4）

③上动不停，左脚向左前方斜角方向迈出，脚跟先着地，重心慢慢向左脚移动，脚尖也随着慢慢落实；同时两手仍如抱球状从小腹处慢慢向上、向前，一定要把手伸至极处，两臂略弯曲；右脚随两手伸出向前跟步，跟到左脚后方，离左脚脚跟约一脚的距离，脚尖着地。眼看两手。这时是虚实转换，左脚由虚变实，右脚由实变虚，步子大小随身高和式子高矮，以迈步不费劲、自然为宜。（图3–5、图3–6）

注解：

由静到动，是先有意识，准备起势了，心念先动。随着垂肩、坠肘、顶头竖项、舌顶上腭、塌腰、抽胯，随之，把“九要”的规矩全部加进去，不能有丝毫懈怠，要全神贯注。

图3–2　太极学（一）　　图3–3　太极学（二）　　图3–4　太极学（三）

两手抬起时，需微微往里裹、向里合着劲，胳膊的劲力要沉肩，同时腋窝空起，切不可夹肩，两肩腋窝如同夹着一个鸡蛋，既不能夹碎，也不能掉下来。所谓沉肩，必须空腋窝，否则肩部肌肉紧张，肩关节打不开，肩就不可能做到真正的沉。过分地追求“沉”反而会更僵，两手往里裹抱，劲力由肩而肘、由肘而手渐次传递（腰催入肩，肩催入肘，肘催入手）。动力在腰，也就是在根节。食指领劲，裹至两手小指侧掌缘，劲力要圆满无缺。两手要举至与肩平，与脸同宽。举起来到似停不停时两手往下落，两手掌缘需落到小腹的位置，落到位后，要微微上提、微微地动一下再出去。这时候的动作就非常像书法里的藏锋，也就是落的时候，本来手要向上去了，先要向回落。两手自小腹再向上、向前时，需用穿的劲力伸出。

以前还有一种练法，即“起手时两腿同时下蹲”，不知道谁传下来的，我们在这里不去考证，孙存周先生和孙剑云老师都不是这种练法。笔者认为该练法整体劲力不顺遂，起码对于初学者来说，气息与劲力不合，气息会上下断开，劲力上下脱节，很容易“散”。如果劲力掌握不好，肺部容易出问题，即“炸肺”，故这里不做推荐。至于高阶阶段，出口即是文章，抬眼都是山水，则另当别论。所以，这里只介绍孙存周先生传下来的练法和孙剑云老师传授的练法。

另外，在孙禄堂先生的《太极拳学》中没有“起势”这一名称，用的是“无极学”和“太极学”，是98式。而在孙剑云老师1957年以后出版的著作中，把“无极学”和“太极学”合并为“起势”，是97式。这给很多人造成了疑惑，真实情况是由于当时出版界的要求，第一式的名称必须是“预备式”或“起势”。名称虽然不同，但动作的演练与孙禄堂先生晚年的练法是一样的。本书采用了孙禄堂先生晚年练法中的动作名称，即从“无极学”开始，到“无极还原学”止。

图3-5　太极学（四）

图3-6　太极学（五）

第三式　懒扎衣学

①接上式，右脚随之落实，重心移至右脚，左脚脚尖翘起，以腰为轴，身体向右转动，带动两手同时平着（与肩同高）右转、划平圈转向正前方。随着手划平圆，两手同时翻转，翻到右手掌心向上，大拇指朝外，左手朝里扣翻，翻到掌心向下，大拇指朝里。两手动作要一致，随转身翻转，到右手翻转动作结束，眼看右手。随着身体右转，左脚以脚跟为轴，一同向右边转动，然后落实，全脚着地，重心逐渐移至左脚，同时右脚跟微微欠起，以脚尖为轴，继续向右转，转至右脚尖朝正前方（西），重心随脚的起落变化而变化。（图3–7）

图3–7　懒扎衣学（一）

图3–8　懒扎衣学（二）

图3–9　懒扎衣学（三）

②动作不停，右手掌心向上，高与肩平，继续朝外、向右后划圆弧，一直划至右肩前方，随着右手翻掌，翻至掌心向外，掌根立起；左手随着右手划弧，至右肘上方即往左下至胸前划一小圆，拉回左胸前（左右两手与阴阳鱼的线路相同，不同点在于右手大鱼、左手小鱼），此时两手合抱于胸前，然后左手虚扶右腕高骨处向前推出，两臂微屈，右手推到极处为宜。（图3–8）

③随两手向前推，右脚向前迈出，步子大小随乎人的身高，以自然、不费劲为宜；右脚脚跟先落地，渐渐全脚落实，重心随之前移，左脚跟提起；当重心移动时，左脚同时跟步至右脚脚踝后侧（距右脚跟十二三厘米），脚尖点地，这时右脚为实脚，左脚为虚脚。眼看右手食指梢，稍停。自起点至此，所有动作要一气贯穿，不要间断。（图3–9）

注解：

“懒扎衣”在孙式太极拳中极为重要，整套拳中除了“开合”与“搂膝拗步”之外，懒扎衣最多。“懒扎衣”包含了太极拳中的“掤捋挤按”，以及最能体现孙式太极拳的活步特点。

“懒扎衣”打开时，左手划一个很小的圈，右手的动作和劲力不要太大。不出身体，如果右手出了身体，就要用左手的劲力把身体的平衡拽住，这时左手就相当于秤砣，右手相当于秤盘子，称的东西重了怎么办？秤砣就要加重。这个时候才能达到身体劲力的平衡。就像书法，写一撇时往一边偏，再写一捺的时候就要很重，起到平衡的作用，让这个字站稳，就像古代的碑帖。左右手有一个分开的动作，左手坠住了，往边上转一个小圈再合进来，在合的过程中找动态平衡。

“懒扎衣”转的时候不要把身体转得太多，不能受其他拳种影响，又转腰又转胯，甚至于把手转到外边去，这是孙式太极拳所不允许的。如果手转的时候偏离身体太多，就等于把身体交给对方了。转过来后，手腕就要向后拉，肘向下坠，手的力量这时候要向肩这个“大部队”靠拢，然后推出去，尽量立腕，左手虚扶在右手腕处，不能挨着，也不能离太远，大概一指的距离。

两手推出时，要配合紧密协调，要与重心的移动、迈步、跟步动作同步。手往前极力推出时，力的大小是关键，要用力但不用拙力，就像是要把前方无形的气球压扁，同时后背往后掤劲，头极力往上顶住劲，肘有下垂和向内合的劲力，也就是两臂的裹劲，腰要极力塌住劲，胯极力抽住劲，所有劲力要圆满，不可僵硬。

第四式　开手学

接上式，左脚脚跟落实，重心后移至左脚，右脚脚尖翘起，以右脚脚跟为轴向左转90°，转至面正；转身同时，两手仍掌心相对、不可外翻，平着左右分开、向肩部开去，两肘也要同时开，开至两大拇指与肩窝相齐。立掌，大拇指朝向身体、距离身体5厘米左右，大拇指和食指撑开，虎口要圆，手腕极力塌住劲，两手掌心相对，如抱球状。（图3–10）

图3–10　开手学

第五式　合手学

接上式，重心移至右脚，同时，两手掌心相对向里合，合到两手与脸同宽，稍停。（图3–11）

图3-11　合手学

注解：

“开、合手”是孙禄堂先生《太极拳学》中的练法：“开、合手”随开随转重心，也就是两手回收，以肘带手，以肩带肘，犹如一根绳子从肩窝把手抽回来。此时手臂肌肉松开，好像里边一根钢丝抽动，绵里裹铁，松中有弹性极大的钢丝，关节松活异常，外观松柔中带弹性。同时转重心，两臂同时开，两肘也要同时开，不可手开肘不开，亦不可肘开手不开，往后移动重心就开，待身体完全转正，开手即完成；再随着重心移动至右脚，两手往里合，重心完成移动，合手随即完成。开合都是在重心移动转换中完成，这样整体劲力浑然一体，从任意角度劲力都是完满的。开合是跟活步相配合的，所以叫“活步开合”。孙剑云老师1957年出版的《太极拳》，为了普及并适合初学者练习，把“开合手”改成先转身、转正后再开合的练法。

第六式　单鞭学

接上式，左脚往左横着迈出，脚尖偏向左前方，步子大小随式子的高矮；重心随之向左移动，重心大部分在左脚，两脚成偏马步。左脚迈出的同时，两手在胸前平着向左右分开，两手如捋长杆，指尖高度与眼相平；两手分开后，向外翻掌，翻至两手掌心朝外、两臂平举，眼看右手食指。分手、迈步、移动重心要同时进行，配合要圆润，协调自然。（图3–12）

图3–12　单鞭学

注解：

孙式太极拳的“单鞭”与其他太极拳都不同，不同在于两手同时向外分开，两手要随捋随翻，两手都向外翻推劲，气力合一。开到身前时，后背有向后靠的意思。手不能往前推出去再分开，要随开随移动重心。完全打开时，两手掌心都要朝外，推住撑住劲，能感觉到手臂酸麻胀，十个手指都有被灌气的感觉，此式不能只有左右的撑劲，还要有上下的竖拔劲，整个身体是一个“十”字支撑后的皮球劲。有些人做动作时往往手臂没有完全打开，做不到位，手掌是斜着的，手臂和身体不在一条直线上。身体就不会有如上所述的感觉，这种细微的体验做不到位就不会有。所以练的时候要细心体会。

孙式太极拳中做“单鞭”这个动作时，接上式合手时，直接就要微微向前有推的劲，一翻就往两边去了，实际上是一个支撑的劲。这时候重心是四六开，因为孙式太极拳没有这个步法的名称，我们可以暂且叫“偏马步”或者“斜马步”，不是正的马步，脚尖不是朝正前方，稍微有一点偏斜。

第七式　提手上式学

接上式不停，重心向左脚移动，右脚收至左脚旁、脚尖点地，两膝稍屈。同时，两手顺时针划圆弧，左手往上划圆至额头，手背与额头似挨非挨；右手往下划圆至小腹，指尖向下、掌心朝右。（图3–13）

图3–13　提手上式学

注解：

提手上式必须要有一个拧腰的劲。一个是左右拧，一个上下拔。这是为了练腰左右转和上下转两个圆相合的能力，让腰上的横圈和手上的立圈两个圈能合在一起，而非为了在实战中简单地挣脱，因为手臂的力是有限的。而在实战时，当对方抓住你的时候，第一，你的劲力转动一定往大拇指的方向走，往四指方向走容易被抓紧，大拇指是对方最薄弱之处；第二，有人拿你的时候，只要你的手超过头，就是八卦拳里的“穿”，对方用什么办法都拿不住，所谓“神拿怕过顶”是也。

此式含有近身格斗时形意拳猴形的拳背击打对方胸腹和下颚的技法。

第八式　白鹤亮翅学

接上式，左手掌心朝外经胸前向下落，右手由下往上提，大拇指朝向身体，右手掌心朝外；右手在外，左手在里，交叉于胸前；右手继续往上提、划至额头，左手继续往下落；左手到小腹处向外，向上划半圆至胸前，右手提至前额处即向下、向外划半圆至胸前，是左右手各划一个立圆，两手恰似阴阳鱼形状，划至双手收归合于胸前，掌心朝外，双手一起向前推出，推至极处。在两手推时往前迈右脚，脚跟着地，重心也随之向前移动，待右脚全脚落实，左脚跟步至与右脚平齐，相离五六厘米。（图3-14~图3-17）

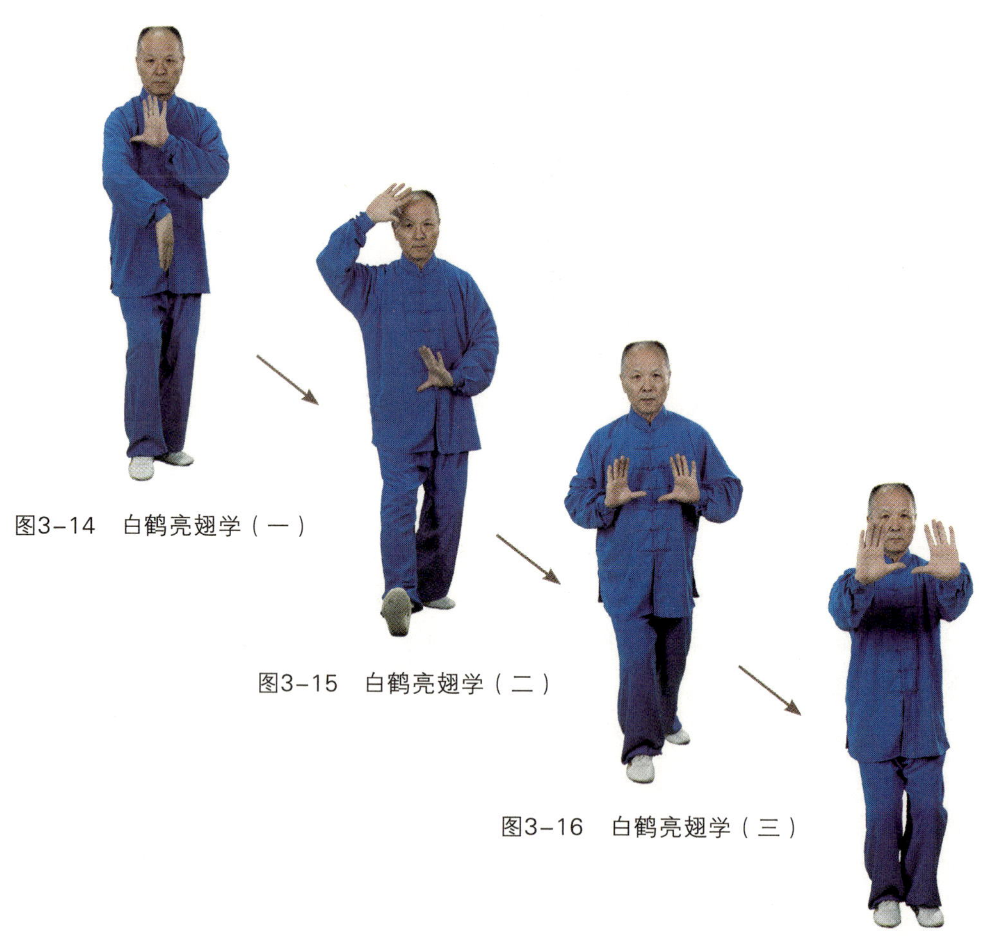

图3-14　白鹤亮翅学（一）

图3-15　白鹤亮翅学（二）

图3-16　白鹤亮翅学（三）

图3-17　白鹤亮翅学（四）

注解：

对于两手各划立圆（阴阳鱼），初学者不易掌握，左手可先放在胸前微动或不动，待双手合于胸前一起推出。双手往前推时，后背有微微向后靠的意思，是胸前空而周身向外膨胀的劲力意识。

第九式　开手学

接上式，左脚跟落实，重心移至左脚，右脚跟稍提起；同时，两手收至胸前，掌心相对、不可外翻，平着左右分开、向肩部开去，两肘也要同时开，开至两大拇指与肩窝相齐。立掌，大拇指朝向身体、距离身体5厘米左右，大拇指和食指撑开，虎口要圆，手腕极力塌住劲，两手掌心相对，如抱球状。稍停。（图3–18）

图3–18　开手学

第十式　合手学

接上式，重心移至右脚，同时，两手掌心相对向里合，合到两手与脸同宽，稍停。（图3–19）

图3–19　合手学

第十一式　搂膝拗步学（左式）

接上式，双手随即呈抱球状翻转，翻至左手在上、右手在下，两手掌心相对；随后左手经右胸往下斜着往左胯搂去，右手则向下、向右侧划弧线至小腹下方，再向右侧斜上方划弧，圈不可太大，随之翻转至指尖与右嘴角齐；左手搂的同时，左脚向左前方迈出（向东方），脚跟先着地。随着身体左转、重心向前移动，左脚慢慢落实，随之右脚脚跟提起，随重心移动跟至前脚后方，右脚尖点地；同时，左手搂至大拇指正对左侧胯尖，大拇指与食指撑开，离胯约两厘米；右手则从右嘴角处往左（东方）平着推到极处去，其高度以食指第二节与嘴角平为准，臂稍弯曲，并塌腕。眼看右手食指尖，稍停。（图3–20~图3–22）

图3-20　搂膝拗步学（一）

图3-21　搂膝拗步学（二）

图3-22　搂膝拗步学（三）

注解：

搂自己的膝，而不是搂对方的膝。因为对方要踢你的时候，你只管自己的膝盖就行了，向自己的膝搂去。两手开合合到位以后，不要停顿，两个手同时像抱着球一样，再翻转。右手过来时直接立腕，食指经过嘴角把手推出去。要注意，右手向右侧斜上方划弧时不能往远处伸，离身体不能太远，要紧凑。左手的大拇指要指向自己的大胯，也就是外胯的位置，不要太高也不要太低。左手在身前划一个小圈，劲力不能断，划一个弧线，这个弧线是随着身体的转动而转动，不是单纯地一手在划圈。这个动作一定要和身体的转动相合，转过来时身体是正对前方的。

在搂膝拗步的实际运用中，有人会错误理解成要45°侧身对敌，虽然搂膝时是侧身，但击打时则不然。击打时是正面对敌，实际上打出右手的时候，一定是右肩长于左肩，不能完全正面，更不能左面45°侧身。

第十二式 手挥琵琶式学（左式）

随即撤右脚，向后方迈出，脚尖先着地，重心后移，慢慢全脚落实，左脚随重心移动，脚尖抬起撤至右脚前十五六厘米处，脚尖着地。在右脚后撤的同时，两手五指伸直，向里裹至虎口朝上；在两手裹的同时，右手直着向后拉回，左手直着向前方穿出，拉、穿时要两手掌心相对，左手向前极力穿出、伸到极处，手臂不可太直，右手拉回至左肘部。（图3–23）

图3–23 手挥琵琶式学

注解：

后脚脚尖一沾地，就要准备移动重心。通常重心在后腿的时候，随着重心的移动，前脚脚尖要翘起。后脚全部落实以后，有一个前后相交的点，在这个相交的点上，前脚起来，随即点在后脚前方，脚尖点地。这就叫“退步必撤”。手脚配合一定要同步。

孙式太极拳动作的中间都没有停顿。有些看似停顿的地方，动静之间其实是意念的转换。就像书法中的提按，笔断意不断。提按时笔肚摁下去了，抬的时候笔尖还扎在纸里，并没有全抬起来，这样用笔才能转得圆活。

第十三式　进步搬拦捶学

接上式，左脚斜着向前垫步落地，同时两手向右侧翻转，左手在上、右手在下，两手掌心相对，随即右手从左手臂下方向前穿出，右手穿至极处，此时重心向前移动，右脚进步至左脚前方斜着落地，两脚呈错综八字形，步子大小随乎高矮，以迈步自然、不费劲为宜。两手继续翻转，翻至右手在上、左手在下，右手往回搬。左手穿至极处即翻掌，翻至掌心朝下握拳；右手拉至胸前靠右侧握拳，拳眼朝上，从左手背上面直着打出至极处。左手拉回停至右肘下方、拳面朝上，两手均是拳；在右拳打出的同时，右脚跟步至左脚后方，离左脚跟五六厘米，脚尖点地。眼看右拳。（图3-24~图3-27）

图3-24　进步搬拦捶学（一）

图3-25　进步搬拦捶学（二）

图3-26　进步搬拦捶学（三）

图3-27　进步搬拦捶学（四）

注解：

右手在左臂下方向前穿出时，左手为搬，右手为拦，即左搬右拦；反之，左手在右臂下方向前穿出，即右搬左拦。搬拦一体，一个搬一个拦，拳打出去叫捶，所以叫进步搬拦捶，相当于枪术中所说的拦、拿、扎。拦拿的目的都是为了扎，搬拦的目的都是捶打，道理一样，这里的搬拦是指两个手之间的搬拦，而非两手臂之间的搬拦，不然肩膀就锁死了。因为这时我们的身体中间有一根无形的线，相当于有一条缆绳，而且是直的，我们要用手，靠着这条缆绳把对面的船拉过来，也就是孙剑云老师所说的“只见船行，不见水流”。

此式用法为搬打和拦打，要二合一才能好用，单一使用效果不佳。

第十四式　如封似闭学

接上式，右脚后撤，脚尖向外斜着落地；撤步的远近以不牵动重心为宜。同时，右手向后抽，左手从右臂下方往前伸，两手腕相交时，两拳变掌，掌心向前、塌腕。随后两手与左脚同时回撤，左脚撤至右脚前五六厘米处，脚尖着地，两大拇指相离两三厘米，撤至胸前，离胸一二厘米。（图3–28）

图3–28　如封似闭学

注解：

从名称上来说，“如封似闭”就是要拒敌于门外。向后缩时两臂要有掤劲，这时相当于有人开着车用极慢的速度向前拱你，你一定要向前推住车往后退，推车时手不能退，但步子退的同时手一定有往前推住的劲，这个劲就叫掤劲。

第十五式　抱虎推山学

接上式，两手掌心朝前，同时向前方推出，高与胸平，两臂微屈；同时左脚向前进步，脚尖朝前，脚跟先着地，重心前移，待左脚落实，左脚五趾抓地。随着左脚脚跟落地，右脚跟步，离左脚十二三厘米，脚尖着地。注意跟步不可太近，留有左脚往右边转的距离。进步、推掌时手脚同步，眼看两掌。（图3–29）

图3–29　抱虎推山学

注解：

“抱虎推山”实际上就是形意拳的虎形，外形已经做出来了，只是不发力而已。“如封似闭”和“抱虎推山”的进退脚步与“懒扎衣”相同，主要体会手的前后圆弧形运动与推出的直线运动的相互关系，一收一放，弧形运动是化解对方的力，直线推出是打击对方的身体，可以细心体会“非柔曲不能化之灵，非刚直不能放之远”。

与“白鹤亮翅”配合使用最能体现太极拳的化与打之间的曲直关系。

第十六式　开手学（右转）

图3-30　开手学

接上式，右脚脚跟落实，重心后移至右脚，左脚脚尖翘起，以左脚脚跟为轴向右转90°，转至面正；转身同时，两手仍掌心相对、不可外翻，平着左右分开、向肩部开去，两肘也要同时开，开至两大拇指与肩窝相齐；立掌，大拇指朝向身体、距离身体5厘米左右，大拇指和食指撑开，虎口要圆，手腕极力塌住劲，两手掌心相对，呈抱球状。稍停。（图3-30）

注解：

动作同第四式，唯此式右转，第四式左转；重心变换相反。

第十七式　合手学

接上式，重心移至左脚，同时，两手掌心相对向里合，合到两手与脸同宽，稍停。（图3-31）

注解：

动作同第五式，唯重心在左脚。

图3-31　合手学

第十八式 搂膝拗步学（右式）

接上式，双手随即呈抱球状翻转，翻至右手在上、左手在下，两手掌心相对；随后右手经左胸往下斜着往右胯搂去，左手则向下、向左侧划弧线至小腹下方，向左侧斜上方划弧，圈不可太大，随之翻转至指尖与左嘴角齐；右手搂的同时，右脚向右前方迈出（面向西方），脚跟先着地。随着身体右转、重心向前移动，右脚慢慢落实，左脚脚跟随之提起，随重心移动跟至右脚后方，左脚尖点地；同时，右手搂至右侧大胯尖，大拇指正对胯尖，大拇指与食指撑开，离胯约两厘米；左手则从左嘴角处往右（西方）平着推至极处，其高度以食指第二节与嘴角平为准，臂稍弯曲，并塌腕。眼看左手食指尖。稍停。（图3-32~图3-34）

图3-32 搂膝拗步学（一）

图3-33 搂膝拗步学（二）

图3-34 搂膝拗步学（三）

注解：

动作同第十一式，唯左右相反。

第十九式　懒扎衣学

接上式，左手里裹至掌心朝上，同时右手向左手上方伸出，与肩相平，掌心朝下。

【捋】右手在上，左手在下，两手掌心相对，呈抱球状，往回捋，如划一大弧线，捋至小腹处。【挤】两手随即向上、向前同时旋转，左手内旋，右手外旋，两臂略弯曲，左手扶在右手腕处往上、往前挤去，挤至极处。【掤】右手掌心向上，高与肩平，继续向外、向右后划圆弧（右手不可出肩太多），一直划到右肩前方，随着右手翻掌，翻至掌心朝外，掌根立起；左手随着右手划弧，至右肘上方即往左下至胸前划一小圆，拉回到左胸前（左右两手运行轨迹如阴阳鱼，不同点在于右手大鱼、左手小鱼），此时两手合抱于胸前。【按】左手虚扶右腕高骨处一同向前推出，两臂略弯，右手推至极处，前臂与肘部水平。（图3–35~图3–41）

【捋】右手向上伸出时，左脚即向后撤步、斜着落地，脚尖先着地，逐渐全脚落实；往回捋时，重心移动至左脚，右脚撤回至左脚踝骨前方，脚尖点地（两手捋至小腹）。【挤】时右脚向前迈步，脚跟落地，左脚跟步至右脚后方，脚尖点地；右脚在左脚跟步时，渐渐全脚落实；眼看两手。【掤】时左脚再向后撤步、仍斜着落地，脚尖先着地，逐渐全脚落实，重心移至左脚；随着

图3–35　懒扎衣学（一）　　图3–36　懒扎衣学（二）　　图3–37　懒扎衣学（三）

两手合抱于胸前，右脚脚尖翘起。【按】时重心前移，右脚逐渐落实，左脚跟步至右脚跟后十二三厘米处，脚尖点地。

两手推出后，眼看右手食指梢，稍停。自起点至此，所有动作要一气贯穿，不要间断。

注解：

以上“懒扎衣”是孙禄堂先生晚年的练法，孙剑云老师也是沿用此练法。孙剑云老师所著《孙式太极拳剑》中也无“手挥琵琶”式名称，即用“捋”“挤”取代“手挥琵琶”归到“懒扎衣”一式中。孙禄堂先生著《太极拳学》中的“懒扎衣学”没有“捋”和“挤”，是“手挥琵琶”穿掌后直接做“懒扎衣”的“掤”和“按”，后来到了晚年演练加上了“捋”和“挤”。

孙禄堂先生《太极拳学》第十九章是“手挥琵琶势学（右势）”，即接前式“搂膝拗步学（右势）”，右手大拇指在右胯处停住，随即两手同时向内旋转合抱裹劲，裹至两手大拇指朝上，左手往回拉，右手朝前穿出，至胸前时，两手掌心相对，宽度与脸同宽；同时，左脚往后撤步，脚尖先点地，逐渐落实，重心随之后移；待左脚落实后，右脚往回撤，撤至左脚前，脚尖点地，此时右手穿至极处。然后接前述的【掤】和【按】，即《太极拳学》第二十章“懒扎衣学”：随即右手外旋，至掌心朝上，往回、向外划弧，左手内旋，至掌心朝下，往回至胸前，亦划一小圈，右手划弧至右肩处，翻掌，立腕再与左手合于胸前，两手一起往前推出；右脚随即往前进步，脚跟先着地，逐渐落实，左脚跟步至右脚后，脚尖点地。

图3-38　懒扎衣学（四）　图3-39　懒扎衣学（五）　图3-40　懒扎衣学（六）　图3-41　懒扎衣学（七）

第二十式　开手学

图3-42　开手学

接上式，左脚跟落实，重心后移至左脚，右脚尖翘起，以右脚脚跟为轴向左转90°，转至面正；转身同时，两手仍掌心相对、不可外翻，平着左右分开、向肩部开去，两肘也要同时开，开至两大拇指与肩窝相齐；立掌，大拇指朝向身体、距离身体5厘米左右，大拇指和食指撑开，虎口要圆，手腕极力塌住劲，两手掌心相对，如抱球状。稍停。（图3-42）

第二十一式　合手学

接上式，重心移至右脚，同时，两手掌心相对向里合，合至两手与脸同宽，稍停。（图3-43）

图3-43　合手学

第二十二式　单鞭学

接上式，左脚往左横着迈出，脚尖偏向左前方，步子大小随式子的高矮；重心随着向左移动，重心大部分在左脚，成偏马步。左脚迈出的同时，两手在胸前平着向左右分开，两手如捋长杆，指尖高度与眼相平；两手分开后，向外翻掌，翻至两手掌心朝外、两臂平举，眼看右手食指；分手、迈步、移动重心要同时进行，配合要圆润，协调自然。（图3-44）

图3-44　单鞭学

第二十三式　肘下看捶学

图3-45　肘下看捶学

接上式，右脚尖翘起向左转，重心移至右腿，左脚尖翘起向左转至脚尖向前；左手往里裹，裹至掌心朝里，大拇指朝上，右手变拳，屈臂向下经腹前往左肘下伸去，拳眼向上，同时腰带动右腿、右脚往前跟步至左脚后方，脚尖点地；随后右脚后撤，脚尖先着地，逐渐全脚落实，左脚撤至右脚前，脚尖点地，两手不动。眼看前方。（图3-45）

第二十四式　倒撵猴学（左式）

先将左手往胸前处扣回来，将掌心往下扣，扣至大拇指至胸前十五六厘米处；右手在左手往胸前扣回时变掌里裹至掌心朝上，同时往右边斜着下落。右脚在两手扣、裹时将脚后跟抬起，如拧螺丝之意，脚后跟往外扭转，扭至脚尖或正直、或微往里扣，脚跟落地。再将左手从胸前斜着往左边搂一弧线，大拇指、食指撑开如半月形，搂至大拇指离左胯一二厘米处；左手搂时身体左转，同时左脚也斜着往左后边斜角方向迈步，脚后跟落地，逐渐全脚落实（脚尖朝向正北）；同时右手掌心朝上抬起，抬起至与右肩相平，掌心朝内，五指张开，食指梢经右嘴角往前推去（斜后向迈步、正着打出）。（图3-46、图3-47）

此式两手动作与“搂膝拗步”相似，右手往前推时，右脚也要同时往前跟步，跟至左脚后方，距离约一脚，脚尖着地。练习时动作要一气贯穿，不可间断。

图3-46　倒撵猴学（左式、一）

图3-47　倒撵猴学（左式、二）

第二十五式　倒撵猴学（右式）

接上式，右脚落实，左脚脚尖翘起，以脚跟为轴往里扣，两脚扣成倒八字形；同时右手拉回，两手在胸腹前呈抱球状翻转至两手掌心相对（左手在下，右手在上）。随即身体向右后回转，斜着往右后边斜角方向迈步（脚尖朝向正南），右手向右搂出，左手抬起向前推出。动作与“倒撵猴（左式）”相同，唯左右相反。（图3–48、图3–49）

注解：

演练时“倒撵猴”的左式和右式各练两遍，重心要随左右脚滚动落实同步移动，动作与“左右搂膝拗步”相同。

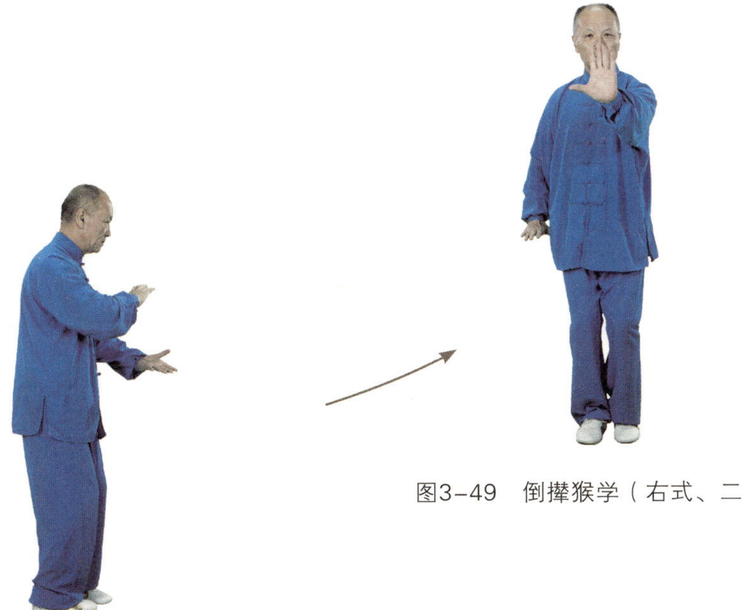

图3–49　倒撵猴学（右式、二）

图3–48　倒撵猴学（右式、一）

第二十六式　手挥琵琶式学（右式）

图3-50　手挥琵琶式学（右式）

接上式，随即撤左脚，向后方迈出，脚尖先着地，重心后移，慢慢全脚落实，右脚随重心移动，脚尖抬起撤至左脚前十五六厘米处，脚尖点地。在左脚后撤的同时，两手五指伸直，向里裹至虎口朝上；在两手裹的同时，左手直着向后拉回至右肘部，右手向前方极力穿出、伸到极处，胳膊不可太直，拉、穿时要两手掌心相对。（图3-50）

第二十七式　白鹤亮翅学

随即右手拧翻至大拇指朝向身体、掌心朝外在胸前微向下落，然后由下往上提；同时左手拧至指尖朝上，右手在外，左手在里，交叉于胸前；右手不停继续往上提、划至额头，左手也不停继续往下落；左手到小腹处向外，向上划半圆圈至胸前，右手提至前额处即向下向外划半圆圈至胸前，是左右手各划一个立圆，两手恰似阴阳鱼形状，划至双手收归合于胸前，掌心朝外，双手一起向前推出，推至极处。在两手推时，同时往前迈右脚，脚跟着地，重心也随着向前移动，待右脚全脚落实，左脚跟步至与右脚平齐，相离五六厘米。（图3-51~图3-54）

图3-51　白鹤亮翅学（一）

图3-52　白鹤亮翅学（二）

图3-53　白鹤亮翅学（三）

图3-54　白鹤亮翅学（四）

第二十八式　开手学

图3-55　开手学

接上式，左脚跟落实，重心移至左脚，右脚脚跟稍抬起；同时，两手收至胸前，仍掌心相对、不可外翻，平着左右分开、向肩部开去，两肘也要同时开，开至两大拇指与肩窝相齐；立掌，大拇指朝向身体、距离身体5厘米左右，大拇指和食指撑开，虎口要圆，手腕极力塌住劲，两手掌心相对，如抱球状。稍停。（图3-55）

第二十九式　合手学

接上式，重心移至右脚，同时，两手掌心相对向里合，合至两手与脸同宽。稍停。（图3-56）

图3-56　合手学

第三十式　搂膝拗步学（左式）

接上式，双手随即呈抱球状翻转，翻至左手在上、右手在下，两手掌心相对；随后左手经右胸前往下斜着往左胯搂去，右手则向下、向右侧划弧线至小腹下方，向右侧斜上方划弧，圈不可太大，随之翻转至指尖与右嘴角齐；左手搂的同时，左脚向左前方迈出（向东方），脚跟先着地。随着身体左转、重心向前移动，左脚慢慢落实，随之右脚脚跟提起，随重心移动跟至左脚后方，右脚尖点地；同时，左手搂至大拇指正对左侧胯尖，大拇指与食指撑开，离胯约两厘米；右手则从右嘴角处往左（东方）平着推至极处，其高度以食指第二节与嘴角平为准，手臂稍弯曲，塌腕。眼看右手食指尖，稍停。（图3-57~图3-59）

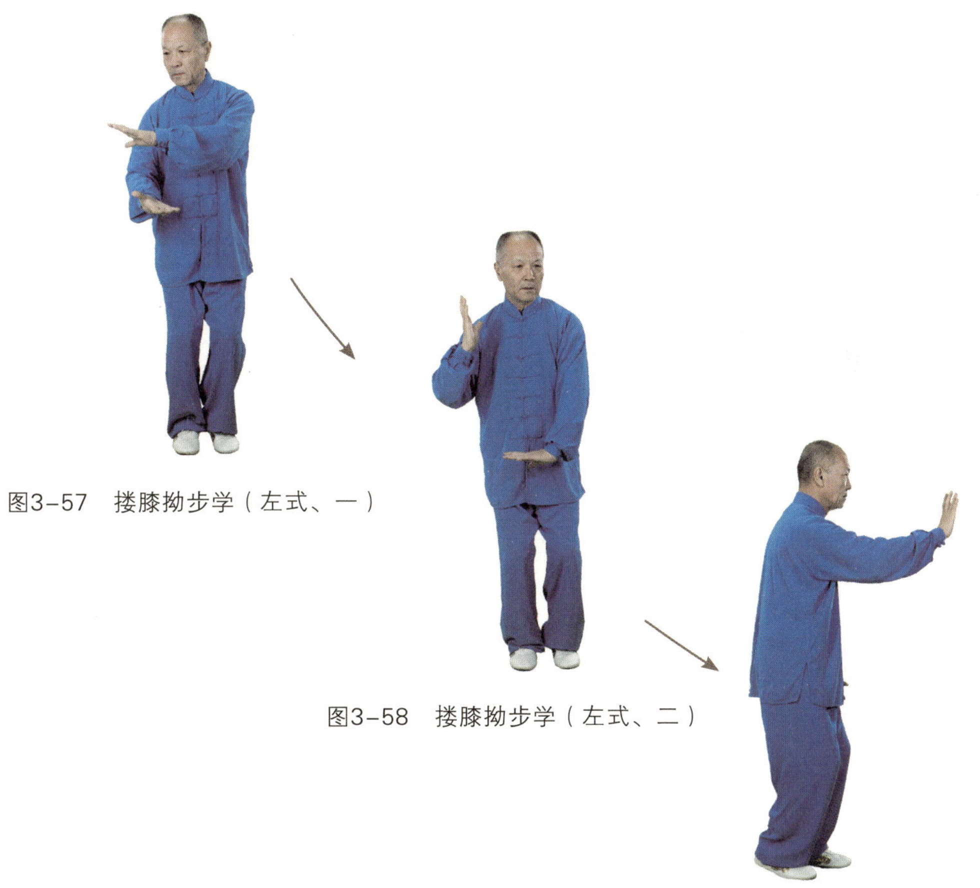

图3-57　搂膝拗步学（左式、一）

图3-58　搂膝拗步学（左式、二）

图3-59　搂膝拗步学（左式、三）

第三十一式　手挥琵琶式学（左式）

随即撤右脚，向后方迈出，脚尖先着地，重心后移，慢慢全脚落实，左脚随重心移动，脚尖抬起撤至右脚前十五六厘米处，脚尖着地。在右脚后撤的同时，两手五指伸直，向里裹至虎口朝上；在两手裹的同时，右手直着向后拉回，左手直着向前方穿出，拉、穿时两手掌心相对，左手向前极力穿出、伸到极处，手臂不可太直，右手拉回至左肘部。（图3–60）

图3–60　手挥琵琶式学

第三十二式　三通背学

①接上式，双手在胸前呈抱球状翻转，翻至左手在上、右手在下，两手掌心相对；随后右手向下、向后、向上划一圆弧，大拇指与前额齐高时，逐渐转至掌心朝下，并垂直下按，按至左小腿中间处停住。左手在右手往后划时收回至左胯处，掌心朝下；左脚在右手往下按时向后撤至距右踝二三厘米处，脚尖着地，两腿微屈。眼看右手背。（图3–61~图3–63）

②接着慢慢起身，右臂往上抬起，手背靠前额；同时带动左手从左胯处往斜上方、与胸平时往前推出，塌腕。两手做动作的同时，左脚往前迈出，脚跟先落地、脚尖向前，两脚距离以不牵动重心为宜，眼看左手食指，重心放在右脚。此为一通背。（图3–64）

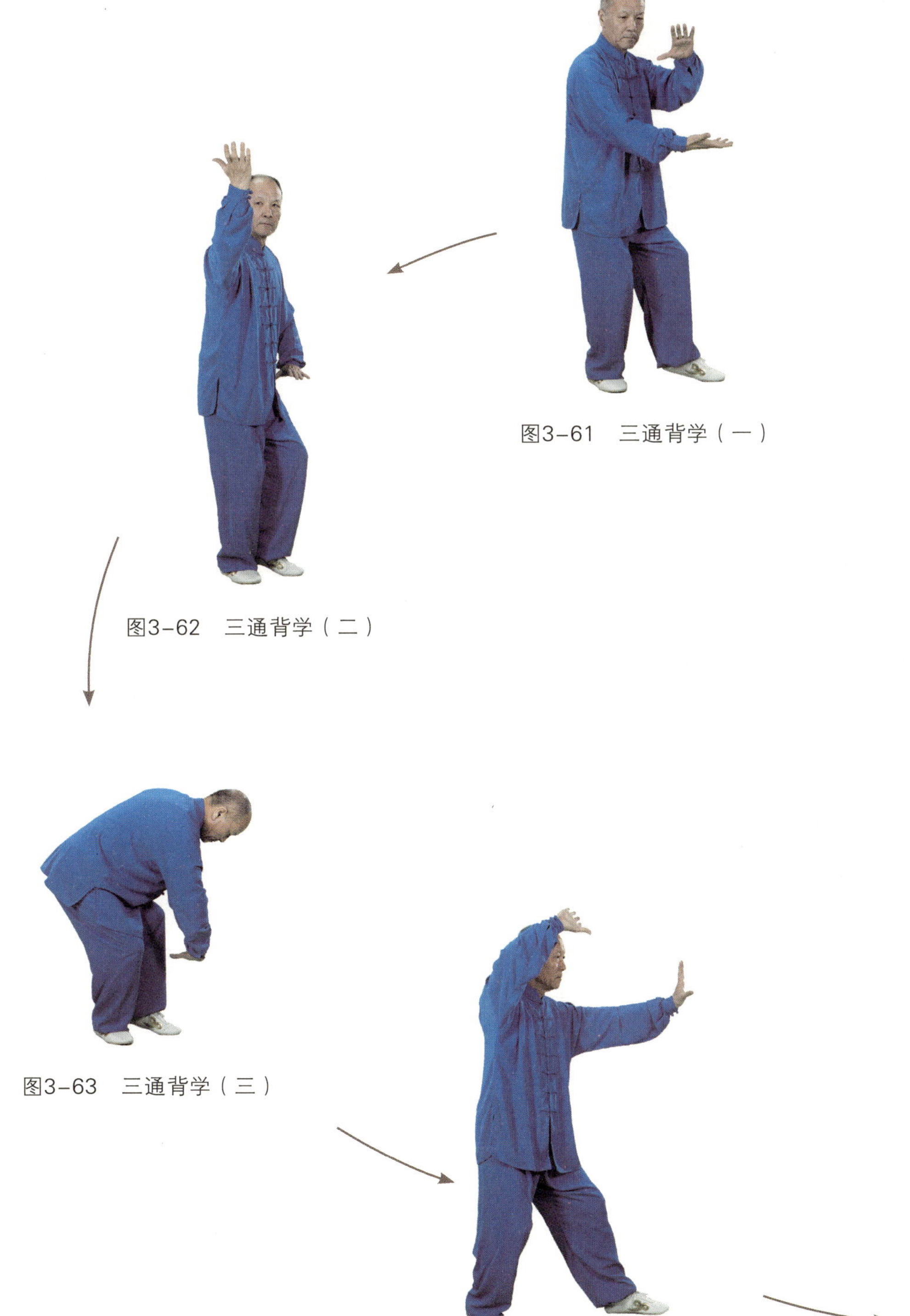

图3-61　三通背学（一）

图3-62　三通背学（二）

图3-63　三通背学（三）

图3-64　三通背学（四）

③接着以左脚跟为轴向右拧转，向右后转体，身体转至90° 时，左脚落实，此时两脚成倒八字；紧接着再以右脚跟为轴继续向右拧转至脚尖向前，转体完成后右脚落实。在转身时，左手向上划一弧线，至手背靠前额，同时右手自前额处向前推出，高与肩平，塌腕。此时动作与上节相同，唯方向相反。此为二通背。（图3-65、图3-66）

④接着身体略前倾，重心前移，左脚跟略往外扭，左手从前额往前伸，两手同时往里裹劲，裹至两手掌心相对，如抱球状；接着，右脚向后撤步至左脚后方（两脚距离以不牵动重心为宜），斜着脚尖落地，随重心后移缓缓落实。右脚后撤时，两手从前面握拳（拳眼向上）往下划弧，划至小腹处，拳眼向上；随后重心后移，左脚往回撤至右脚前三四厘米处，脚尖点地。（图3-67、图3-68）

⑤接着两拳靠着身体往上、往前钻出，裹钻到胸口时拳心向上，钻至与眉齐；同时左脚往前迈步，左腿稍弓，脚尖向外斜着落下，重心移至左腿。两拳继续往下划弧落至小腹处，拳眼向上；同时右脚往前跟步，迈至离左脚前三四厘米处，脚尖点地，上身正直。此为三通背。（图3-69、图3-70）

图3-65　三通背学（五）

图3-66　三通背学（六）

图3-70　三通背学（十）

图3-69　三通背学（九）

图3-68　三通背学（八）

图3-67　三通背学（七）

注解：

双拳向前出的时候，要有裹钻翻的复合劲，劲力要和全身配合，不能僵，也不能没有劲力。既要有放，又要有松。松紧和收放要适度，要和全身劲力的大小配合。

第三十三式　懒扎衣学

【挤】接上式，随即两手向上、向前同时变掌并旋转，左手内旋，右手外旋，两臂略弯曲，左手扶在右手腕处往上、往前挤去，挤至极处。【掤】右手掌心向上，高与肩平，继续向外、向右后划圆弧（右手不可出肩太多），划至右肩前方，随着右手翻掌，翻至掌心朝外，掌根立起；左手随着右手划弧，至右肘上方即往左下至胸前划一小圆，拉回到左胸前（左右两手运行轨迹如阴阳鱼，不同点在于右手大鱼、左手小鱼），此时两手合抱于胸前。【按】左手虚扶着右腕高骨处一同向前推出，两臂略弯，右手推到极处，前臂与肘部水平。（图3-71~图3-75）

【挤】时右脚向前迈步，脚跟落地，左脚跟步至右脚后方，脚尖点地；右脚于左脚跟步时，渐渐全脚落实；眼看两手。【掤】时左脚再向后撤步，仍斜着落地，脚尖先着地，逐渐全脚落实，重心移至后脚；随着两手合抱于胸前，

图3-71　懒扎衣学（一）

图3-72　懒扎衣学（二）

图3-75　懒扎衣学（五）

图3-74　懒扎衣学（四）

图3-73　懒扎衣学（三）

右脚脚尖翘起。【按】时重心前移，右脚逐渐落实，左脚跟步至右脚跟后十二三厘米处，脚尖点地。

两手推出后，眼看右手食指梢，稍停。自起点至此，所有动作要一气贯穿，不要间断。

注解：

孙禄堂先生《太极拳学》中是“三通背学”后接“开合手”。此式是孙剑云老师把原“三通背学”最后一个动作（与“懒扎衣学”同）提炼出来并命名的，练法无改变。

第三十四式　开手学

接上式，左脚跟落实，重心后移至左脚，右脚尖抬起，以右脚脚跟为轴向左转90°，转至面正；转身同时，两手仍掌心相对、不可外翻，平着左右分开、向肩部开去，两肘也要同时开，开至两大拇指与肩窝相齐；立掌，大拇指朝向身体、距离身体5厘米左右，大拇指和食指撑开，虎口要圆，手腕极力塌住劲，两手掌心相对，如抱球状。稍停。（图3-76）

图3-76　开手学

第三十五式　合手学

接上式，重心移至右脚，同时，两手掌心相对向里合，合至两手与脸同宽，稍停。（图3-77）

图3–77　合手学

第三十六式　单鞭学

接上式，左脚往左横着迈出，脚尖偏向左前方，步子大小随式子的高矮；重心随之向左移动，重心大部分在左脚，成偏马步。左脚迈出的同时，两手在胸前平着向左右分开，两手如捋长杆，指尖高度与眼相平；两手分开后，向外翻掌，翻至两手掌心朝外、两臂平举，眼看右手食指；分手、迈步、移动重心要同时进行，配合要圆润，协调自然。（图3–78）

图3–78　单鞭学

第三十七式　云手学

接上式，左手向下，左臂靠着身体向右划一半圆弧，至右肋处（逆时针）。同时，左脚向右脚靠拢，脚尖点地，稍停。接着左手继续向上、向左划一半圆弧，同时右手向下、向左划一半圆弧至左肋下（顺时针）；同时，左脚向左横着迈出，脚尖微向外斜。两手划至左侧时，右脚同时向左脚靠拢，两脚尖均向左微斜，似停未停。接着，右手向上划，左手向下划，在两手同时划至右侧时，左脚又横着向左迈出，接着左手再向上划，右手向下划，右脚再靠向左脚。如此循环两次。（图3–79~图3–83）

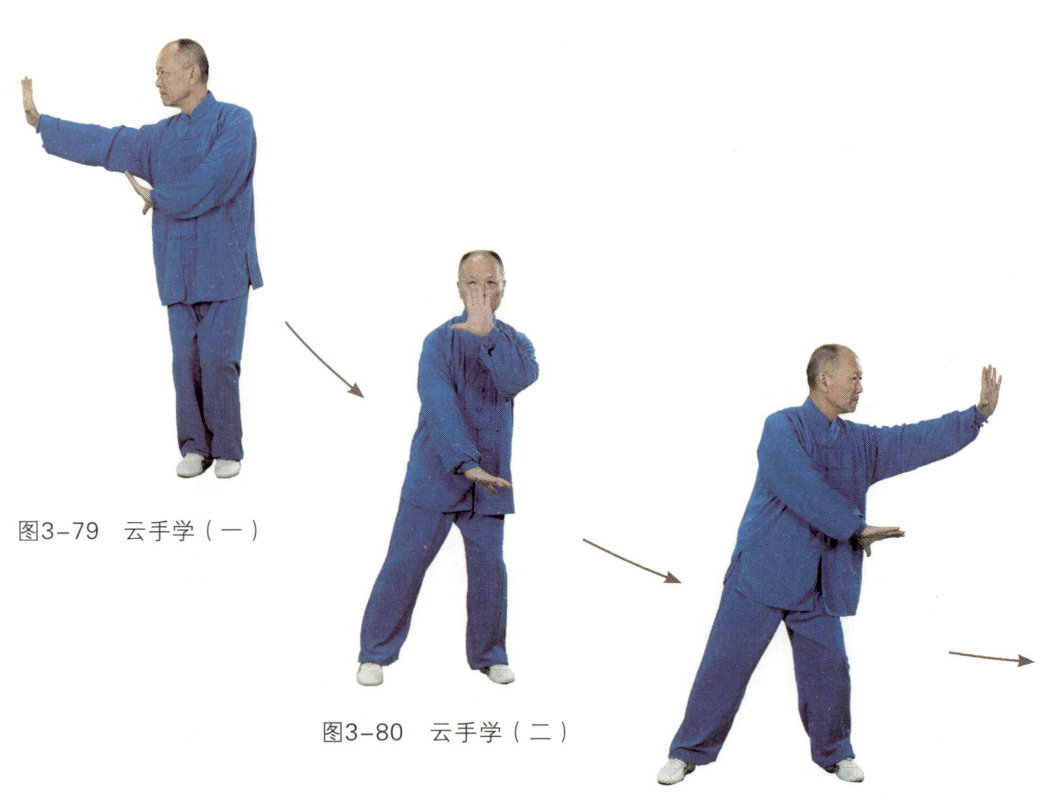

图3–79　云手学（一）

图3–80　云手学（二）

图3–81　云手学（三）

注解：

练习时，左手向右，身体也随着向右微转；右手向左，身体随着向左微转。眼总是看抬起一手的食指。

孙式太极拳云手时，都是掌心朝外，即使下来的时候也是塌腕掌心朝外的。常见错误为做的时候两手分开得太远了，或者完全上下运动显得太紧了。注意要紧凑，两手斜向成一手上一手下，同时移动着，分别划两个圈。另外，云手的手指最高不要超过眼睛，不能挡住眼睛，最低到脐下10厘米左右。

图3-83　云手学（五）

图3-82　云手学（四）

第三十八式　高探马学

①接上式，左手云至左边，右手云至小腹处时，右手向前伸出，左手拉回至右肘处，虎口均向上，手与胸平。同时，左脚向后撤步，右脚随着右手向前伸出，微向后撤至左脚前方，脚尖点地，离左脚约10厘米，两腿微屈。（图3-84、图3-85）

图3-84　高探马学（一）

图3-85　高探马学（二）

②接着右脚稍微提起、向里扣步，与左脚尖相对（稍有距离），呈倒八字形，身体随之微左转。同时，左手往里裹成掌心向上，右手往回扣成掌心向下，停在左手上方约20厘米处，两手掌心上下相对、距胸口约5厘米。（图3–86）

③接着两手同时拧转，扭至手指向上，虎口撑开，塌腕，姿势与“开合手”中的合手相同；同时重心移至右脚，左脚跟提起，稍向里扭，与右脚相齐。稍停。（图3–87）

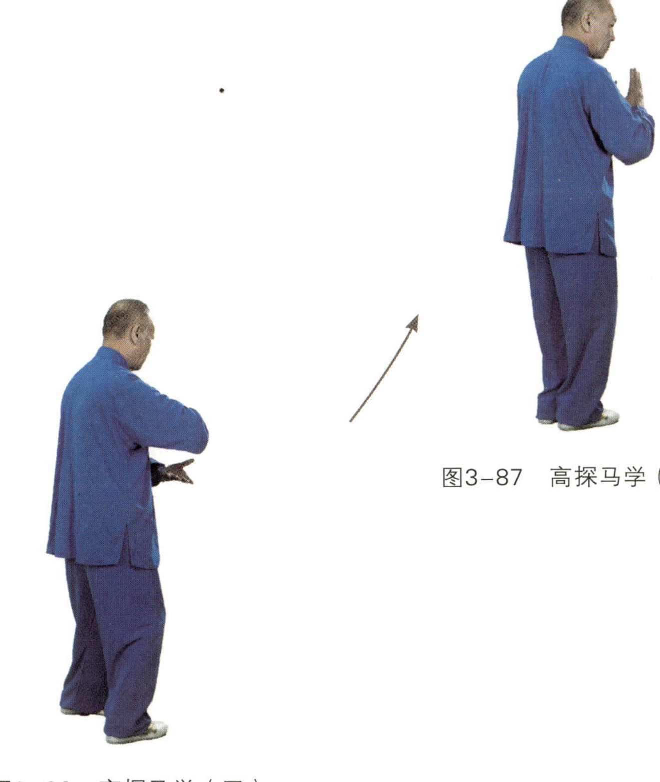

图3–87 高探马学（四）

图3–86 高探马学（三）

注解：

左脚向后撤、右手从腋下向前时，有一个斜向劈砍的劲，然后两手还有向里合抱的劲。右臂是劈砍，然后两手是合抱，主要还是一个裹抱的劲。左脚后撤时，要在不改变身体形态的情况下尽量向后迈。定势后和“手挥琵琶”是相似的，但是运行的路线和劲力是不同的。

第三十九式　右起脚学

图3-88　右起脚学

接上式，左脚落实，重心移至左脚，随即两手如“单鞭学”分开，两手掌心朝外，同时右腿踢起，踢至与右手相交，眼看右手（东南方向），腰微往下塌。动作不停，随即将右脚往里扣着落下，距左脚半步，然后左脚向右脚落下，脚尖点地；同时两手收回往里合，姿势仍与“合手学”相同。（图3-88）

第四十式　左起脚学

接上式，两手仍如“单鞭学”分开，两手掌心朝外，同时左腿踢起，踢至与左手相交，眼看左手（西北方向），腰微往下塌。动作不停，随即将左脚顺势落下，脚尖着地同时两手往一处合，姿势仍与“合手学”相同。（图3-89、图3-90）

图3-89　左起脚学（一）　　图3-90　左起脚学（二）

第四十一式　转身蹬脚学

接上式，左脚落实，右脚以脚跟为轴微向里扣，同时身体微向左转，随即左脚提起，脚尖勾着劲向左前方蹬出（正西方）；两手仍如“单鞭学”分开，掌心朝外，手脚相交。眼看左手食指。（图3–91、图3–92）

图3–91　转身蹬脚学（一）　　图3–92　转身蹬脚学（二）

注解：

起脚时注意踢脚和蹬脚的区别。踢脚时不能屈膝，不能把脚直接抬起来再踢上去，手脚要同时。踢的时候用脚尖的力量往上起，起到极处后，从脚尖到脚跟有一个变化。两手伸出去时，也不可跟着踢脚的惯性往上抬，手的动作应和单鞭开合是一样的，两臂和肩是一条线。“右起脚”后右脚落的时候要稍向右后方，然后把左脚收回来。“左蹬脚”前右脚是一个斜向的而非正向的（约45°），这时候左脚蹬出去才能蹬出一个正的方向；蹬脚要有力、力在脚跟。

起脚的高度不必太高，传统武术从技击出发，和现在表演比赛的太极拳不同。过去的拳起脚是为了技击而设计，而不是为了表演，所以不必太高。要把传统的练法和表演区分开。

第四十二式　践步打捶学

接上式，左脚往前落地，脚尖稍往外斜；同时左手（掌心向下）往左胸前搂回，右手（裹至掌心向上）从后方靠右肋向前穿出。随即右脚往前迈步，脚尖稍向外斜落地，左手从左胸处往前穿出（掌心向上），右手则同时往回拉至腹前（掌心向下）；左脚再向前迈一步，脚尖稍往里扣，随即左手翻回掌心向下握拳，拉至左胯处，右手握拳自右胯向上、向后划弧，然后经前额处，向前下方打至左小腿内侧中间处，身体随着往下弯曲；同时左拳拉至左胯，拳眼朝里。在右拳动作中，眼看右拳。以上动作要一气呵成。（图3–93~图3–95）

图3–93　践步打捶学（一）

图3–94　践步打捶学（二）

图3–95　践步打捶学（三）

注解：

此式是近身格斗用法，手可以向下打，也可以平打，总之都是“栽捶”的用法，即拳心朝下，辐射面积是身前180° 各个方向。能否用得好，要点在于脚步的位置迈得如何，以及自己的手臂是否能拦住对方的手，这两点缺一不可。

第四十三式　翻身二起学

①接上式，左脚往里扣，身体随着直起往右转180°；同时，右拳向上经前额向前划弧，至拳心朝上；随即重心移至左腿，右脚微外摆。（图3–96、图3–97）

②右拳随即向下、向后拉至右胯前，左拳变掌由左胯侧向上经面前往胸前下搂至外侧（左掌心朝下）；同时左脚往前上步，脚尖略向外斜；右拳拳心朝上向前伸出至左掌上方，伸至极处；然后，右脚提起往上踢出，右手向里裹至掌心向下变掌，向右脚面拍击，高与胸平。眼看右手（图3–98、图3–99）。

图3–96　翻身二起学（一）

注解：

翻身二起一定要跳起。拍脚不是为了出声音，而是为了增加踢出时的力度。这种在滞空时二次发力的方法，也是一种能力的培养。

此式可变化出许多滞空以及全身都在空中的用法，比如，可以向前跨步跳起用膝盖顶击对方的胸腹部，在格斗中这种技法是比较有效的，如果运用得当可以使对手瞬间失去抵抗能力。我也可在倒地瞬间，用腿攻击对手下盘。若对方自右后方对我袭击，我即向右转身用右手背直接击打对方面门，也可截打对方的手，这要视对方与我的距离而定，怎么合适怎么打。随即左脚向对方踢去，于左脚未落地时，速起右脚踢击，所以称为“二起”。

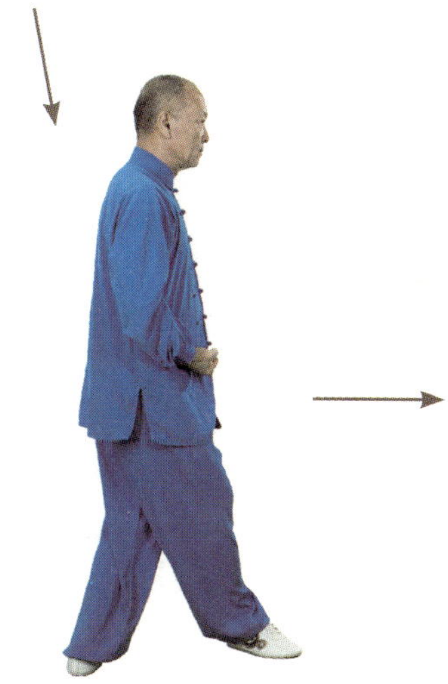

图3–97　翻身二起学（二）

图3–98　翻身二起学（三）

图3–99　翻身二起学（四）

第四十四式　披身伏虎学

①接上式，右脚撤步至左脚后，微斜着落地，同时左手向前伸出，两手掌心相对，如抱球状，大拇指朝上，虎口撑开，腰往下塌。微停。（图3-100）

②随着重心缓慢后移，左脚后撤到右脚后方，斜横着落地，两掌变拳往下往回拉，经左胯侧往后、往上、往前、往下划落至腹前（在身体左侧顺时针圆弧），微停；随着双拳圆弧运动时，右脚尖翘起向左微扣，然后左脚稍内扣。（图3-101~图3-103）

注解：

这个“披”字，就是中国式摔跤“保定跤”，也是“沾衣十八跌”的一种叫法。是己方一手抓小袖，另一手抓直门或偏门（双手抓叫披）转腰、进身，把对方背起来从身上扔出去的一种技法。披身伏虎就是把对方“披”在自己身上，然后扔出去，这个名称非常形象，是典型的摔法。

图3-100　披身伏虎学（一）

图3-101　披身伏虎学（二）　图3-102　披身伏虎学（三）　图3-103　披身伏虎学（四）

第四十五式　左起脚学

①接上式，两拳变掌，上提至胸前如“合手学”式；同时，右腿略抬起，脚尖往外摆，斜着落地，身体微右转，左膝微屈，靠近右腿内侧，脚尖点地，两腿屈曲成剪子股。眼看前方。微停。（图3-104）

②两手如“单鞭学”式分开，掌心朝外，同时左脚向左侧踢起与手相触（向东）。眼看左手食指。（图3-105）

图3-105　左起脚学（二）

图3-104　左起脚学（一）

第四十六式　右蹬脚学

①接上式，左脚收回成提膝，身体向右转270°，随即左脚下落至右脚外侧，右脚跟提起扭转与左脚尖相对，同时两手相合，如“合手学”式。

②接着，身体微向右转，两手如“单鞭学”式左右分开；同时右脚微外摆，脚尖勾着劲向右前方蹬出（仍向东），眼看右手食指。（图3–106）

图3–106　右蹬脚学

第四十七式　上步搬拦捶学

①接上式，右脚下落至左脚前，脚尖外摆，同时左手往里裹至掌心朝上，边裹边往下、往前穿出，右手往回搂至右肋前，掌心朝下。（图3–107、图3–108）

②左脚向前迈步（脚尖向前），同时两手变拳，左拳翻至拳心向下，右拳（拳眼向上）直着从左拳上方往前打出；左拳收至右肘下，拳心仍向下，手背与右肘似挨非挨着；右脚跟步至左脚后，脚尖点地。眼看右拳。（图3–109、图3–110）

图3-107　上步搬拦捶学（一）

图3-108　上步搬拦捶学（二）

图3-109　上步搬拦捶学（三）

图3-110　上步搬拦捶学（四）

第四十八式　如封似闭学

接上式，右脚后撤，脚尖向外斜着落地；撤步的远近以不牵动重心为宜。同时，右手向后抽，左手从右臂下方往前伸，两手腕相交时，两拳变掌，掌心朝前、塌腕。随后两手与左脚同时回撤，左脚撤至右脚前五六厘米处，脚尖着地，两大拇指相离两三厘米，撤至胸前，离胸一二厘米。（图3–111）

图3–111　如封似闭学

第四十九式　抱虎推山学

接上式，两手掌心向外，两手同时向前方推出，高与胸平，两臂微屈；同时左脚向前进步，脚尖朝前，脚跟先着地，重心前移，待左脚落实时，左脚五趾抓地。随着左脚脚跟落地，右脚跟步，离左脚十二三厘米，脚尖着地。注意跟步不可太近，留有左脚往右边转的距离。进步、推掌时手脚同步，眼看两掌。（图3–112）

图3-112　抱虎推山学

第五十式　开手学（右转）

接上式，右脚跟落实，重心后移至右脚，左脚尖翘起，以左脚脚跟为轴向右转90°，转至面正；转身同时，两手仍掌心相对、不可外翻，平着左右分开、向肩部开去，两肘也要同时开，开至两大拇指与肩窝相齐；立掌，四指朝上立起，大拇指朝向身体、距离身体5厘米左右，大拇指和食指撑开，虎口要圆，手腕极力塌住劲，两手掌心相对，如抱球状。稍停。（图3-113）

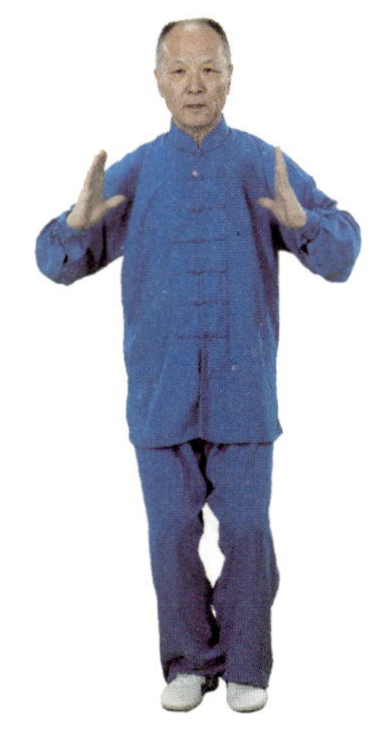

图3-113　开手学（右转）

第五十一式　合手学

接上式，重心移至左脚，同时，两手掌心相对向里合，合至两手与脸同宽。稍停。（图3-114）

图3-114　合手学

第五十二式　搂膝拗步学（右式）

接上式，双手随即呈抱球状翻转，翻至右手在上、左手在下，两手掌心相对；随即右手经左胸往下斜着往右胯搂去，左手则向下、向左侧划弧线至小腹下方，向左侧斜上方划弧，圈不可太大，随之翻转至指尖与左嘴角齐；右手搂的同时，右脚向右前方迈出（面向西方），脚跟先着地。随着身体右转、重心向前移动，右脚慢慢落实，左脚脚跟随之抬起，随重心移动跟至右脚后方，左脚尖点地；同时，右手搂至右侧大胯尖，大拇指正对胯尖，大拇指与食指撑开，离胯一二厘米；左手则从左嘴角处往右（西方）平着推至极处，其高度以食指第二节与嘴角平为准，臂稍弯曲，塌腕。眼看左手食指尖。稍停。（图3-115~图3-117）

图3-115　搂膝拗步学（右式、一）

图3-116　搂膝拗步学（右式、二）

图3-117　搂膝拗步学（右式、三）

第五十三式　懒扎衣学

接上式，左手里裹至掌心朝上，同时右手向左手上方伸出，与肩平，掌心朝下；【捋】右手在上，左手在下，两手掌心相对，似抱球状，往回捋，如划一大弧线，捋至小腹处。【挤】两手随即向上、向前同时旋转，左手内旋，右手外旋，两臂略弯曲，左手扶在右手腕处往上、往前挤去，挤至极处。【掤】右手掌心向上，与肩平，继续向外、向右后划圆弧（右手不可出肩太多），划至右肩前方，随着右手翻掌，翻至掌心朝外，掌根立起；左手随着右手划弧，至右肘上方即往左下至胸前划一小圆，拉回到左胸前（左右两手运行轨迹如阴阳鱼，不同点在于右手大鱼、左手小鱼），此时两手合抱于胸前。【按】左手虚扶右腕高骨处一同向前推出，两臂微屈，右手推至极处，前臂与肘部水平。（图3-118~图3-124）

图3-118　懒扎衣学（一）

图3-119　懒扎衣学（二）

图3-120　懒扎衣学（三）

【捋】右手向上伸出时，左脚即向后撤步、斜着落地，脚尖先着地，逐渐全脚落实；往回捋时，重心移至后脚，右脚撤回至左脚踝骨前方，脚尖点地（两手捋至小腹）。【挤】时右脚向前迈步，脚跟落地，左脚跟步至右脚后方，脚尖点地；右脚在左脚跟步时，渐渐全脚落实；眼看两手。【掤】时左脚再向后撤步，仍斜着落地，脚尖先着地，逐渐全脚落实，重心移至后脚；随着两手合抱于胸前，右脚脚尖翘起。【按】时重心前移，右脚逐渐落实，左脚跟步至右脚跟后十二三厘米处，脚尖点地。

两手推出后，眼看右手食指梢，稍停。自起点至此，所有动作要一气贯穿，不要间断。

注解：

孙禄堂先生《太极拳学》中此处为“手挥琵琶”接“懒扎衣”，晚年把“手挥琵琶”式改为“捋”“挤”，取代“手挥琵琶”，归到“懒扎衣学”一式中。故用“懒扎衣学”这一名称。

图3-124　懒扎衣学（七）

图3-123　懒扎衣学（六）

图3-122　懒扎衣学（五）

图3-121　懒扎衣学（四）

第五十四式　开手学

接上式，左脚脚跟落实，重心后移至左脚，右脚脚尖翘起，以右脚脚跟为轴向左转45°左右（面向西南斜角方向），两脚并齐。转身同时，两手仍掌心相对、不可外翻，平着左右分开、向肩部开去，两肘也要同时开，开至两大拇指与肩窝相齐；立掌，大拇指朝向身体、距离身体5厘米左右，大拇指和食指撑开，虎口要圆，手腕极力塌住劲，两手掌心相对，如抱球状。稍停。（图3–125）

同第四式，唯此式面向斜角方向。

图3–125　开手学

第五十五式　合手学

接上式，重心移至右脚，同时，两手掌心相对向里合，合至两手与脸同宽，稍停。（图3–126）

图3-126　合手学

第五十六式　斜单鞭学

接上式，左脚往左横着迈出，脚尖偏向左前方，步子大小随式子的高矮；重心随着向左移动，重心大部分在左脚，成偏马步。左脚迈出的同时，两手在胸前平着向左右分开，两手如捋长杆，指尖高度与眼相平；两手分开后，向外翻掌，翻至两手掌心朝外、两臂平举，眼看右手食指；分手、迈步、移动重心要同时，配合要圆润，协调自然。（图3-127）

图3-127　斜单鞭学

注解：

同第六式，唯此式面向斜角方向。

第五十七式　野马分鬃学

①接上式，左脚撤回与右脚并齐，脚尖点地；同时左手向下划弧落至小腹处。左手再往上经右胸前向左上划一弧线（食指与眼齐高），一直划到原起点处；同时左脚也向左侧迈出（回到原起点），脚尖稍向外，眼看左手。待左脚落地，重心向左移动，左手划至左前方时，右手也往下划弧落至小腹处，同时右脚也靠拢至左脚旁（脚尖点地）。接着右手再经左胸前向上、向右从眼前划弧至右前方，同时右脚向右侧迈出（回到原起点），此时仍是"斜单鞭学"式，眼看右手。（图3-128~图3-130）

②然后重心右移，左脚向右脚前迈出，脚尖向外斜着落地，两腿弯曲（面向西）；同时，两手往下、往前交叉（两手掌心向下，两臂微屈，左手在上），接着两手抬起至前额、再向左右分开，各向两侧划一圆圈至腹前，右手掌心翻至向上，左手掌心仍向下；至胸前时，两手相交。（图3-131~图3-135）

注解：

此式是孙式太极拳的特色招式。

两手分开时要有一种意念，就是要用头把两只手冲开，用头顶的劲，切记不要只用两只手分，要借着身体的力，头向前冲，这时重心

图3-128　野马分鬃学（一）

图3-129　野马分鬃学（二）

图3-130　野马分鬃学（三）

逐渐向前。冲开以后，身体的力量是完整的，主要的力量在腰腿的蹬劲上，而不在两只手上。两手分开的时候，可以感觉一下此时好像在托着一定的重量。为什么要把手顶开呢？因为这时是一个头打，我们用头打人。这时候要把对方的手拨开，用头去打。但是在太极拳里，就要求动作轻，如拨云见日一样，拨开后，要用头向前探，去冲他，这样“野马分鬃”的意思就出来了。有人做这一式时手分开，头上下起。如果整个身体没有向前，只有上下的力，孙式太极拳里“野马分鬃”的意思就没有了。

在用法中有单手分开与双手分开对方的两臂，单手分开单掌打，双手分开头打与脚打。

单手分开时另一手即可任意击打对方，还可变化为脚蹬、膝打、脚尖点等用法，变化之法非常多，学者可自行领悟。

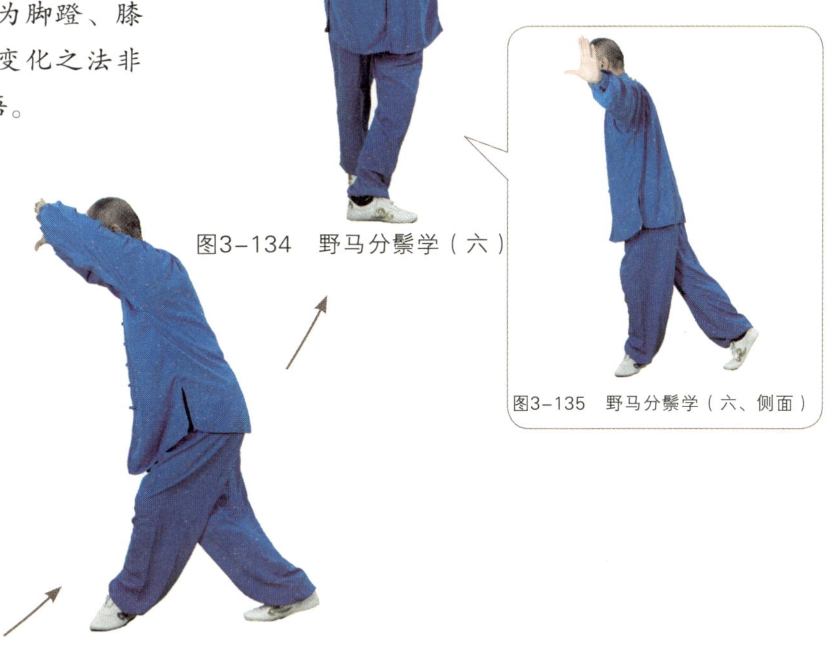

图3-134　野马分鬃学（六）

图3-135　野马分鬃学（六、侧面）

图3-133　野马分鬃学（五）

图3-131　野马分鬃学（四）

图3-132　野马分鬃学（四、侧面）

第五十八式　懒扎衣学

【挤】接上式，两臂微屈，左手扶在右手腕处往上、往前挤去，挤至极处。【掤】右手掌心向上，与肩平，继续向外、向右后划圆弧（右手不可出肩太多），划至右肩前方，随着右手翻掌，翻至掌心朝外，掌根立起；左手随着右手划弧，至右肘上方即往左下至胸前划一小圆，拉回到左胸前（左右两手运行轨迹如阴阳鱼，不同点在于右手大鱼、左手小鱼），此时两手合抱于胸前。【按】左手虚扶右腕高骨处一同向前推出，两臂略弯，右手推至极处，前臂与肘部水平。（图3-136~图3-140）

图3-136　懒扎衣学（一）

图3-137　懒扎衣学（二）

图3-138 懒扎衣学（三）

图3-139 懒扎衣学（四）

图3-140 懒扎衣学（五）

【挤】时右脚向前迈步，脚跟落地，左脚跟步至右脚后方，脚尖点地；右脚在左脚跟步时，渐渐全脚落实；眼看两手。【掤】时左脚再向后撤步、仍斜着落地，脚尖先着地，逐渐全脚落实，重心移至后脚；随着两手合抱于胸前，右脚脚尖翘起。【按】时重心前移，右脚逐渐落实，左脚跟步至右脚跟后十二三厘米处，脚尖点地。

两手推出后，眼看右手食指梢，稍停。自起点至此，所有动作要一气贯穿，不要间断。

注解：

孙禄堂先生的《太极拳学》中无此名称，但练法无改变（此式含在“野马分鬃学”中）。孙剑云老师从“野马分鬃学”中单提出“懒扎衣学”作为一式。

第五十九式　开手学

接上式，左脚脚跟落实，重心后移至左脚，右脚尖翘起，以右脚脚跟为轴向左转90°，转至面正；转身同时，两手仍掌心相对、不可外翻，平着左右分开、向肩部开去，两肘也要同时开，开至两大拇指与肩窝相齐；立掌，大拇指朝向身体、距离身体5厘米左右，大拇指和食指撑开，虎口要圆，手腕极力塌住劲，两手掌心相对，如抱球状。（图3-141）

图3-141　开手学

第六十式　合手学

图3-142　合手学

接上式，重心移至右脚，同时，两手掌心相对向里合，合至两手与脸同宽，稍停。（图3-142）

第六十一式　单鞭学

接上式，左脚往左横着迈出，脚尖偏向左前方，步子大小随式子的高矮；重心随着向左移动，重心大部分在左脚，成偏马步。左脚迈出的同时，两手在胸前平着向左右分开，两手如捋长杆，指尖高度与眼相平；两手分开后，向外翻掌，翻至两掌心朝外、两臂平举，眼看右手食指；分手、迈步、移动重心要同时，配合要圆润，协调自然。（图3–143）

图3–143　单鞭学

第六十二式　右通背掌学

接上式，重心右移，左脚脚尖翘起随着往右（扣）转，同时左手往上、往右划弧至手背贴住前额；身体往右转，重心移至左脚，同时右脚向外摆，摆至脚尖向前；右手塌腕不动，眼看右手食指。（图3–144~图3–146）

图3–144　右通背掌学（一）

图3–145　右通背掌学（二）

图3–146　右通背掌学（二、正面）

第六十三式　玉女穿梭学

①接上式，两手抽回至胸前，两肘靠着两肋，左手边抽回边手腕往里裹至掌心朝里、斜向上；右手抽至胸前，大拇指向里，掌心斜向下，手指与左前臂后端似挨非挨着。同时，右脚脚尖稍向外斜着垫步。（图3–147）

②接着，左手腕再外转并往上钻翻，手背靠着前额；左脚往左前方迈出（西南方向），右脚跟步、脚尖着地，落在距左脚跟6~10厘米处，同时右手塌腕立掌，在胸前向前微推，肘部靠着右肋。（图3–148）

③动作不停，右脚落实，左脚往里扣，重心移至左脚，以右脚脚尖为轴向右转，同时身体向右后转（约转270°），左手下落，掌心斜向下；同时，右手裹至掌心向上，此时两肘仍靠着两肋，两手掌心相对于胸前。当转身完毕，右手上举，手腕外转往上钻翻着起，手背靠着前额；同时右脚向右前方迈步（东南方向），左脚跟步至右脚后6~10厘米处，脚尖着地；左手塌腕立掌，在胸前向前微推，肘部靠着左肋。（图3–149、图3–150）

④上动不停，左脚落实，右脚提起，脚尖微扣着向前方迈出（正东方向）；右手下落，掌心斜向下；同时，左手裹至掌心向上，此时两肘仍靠

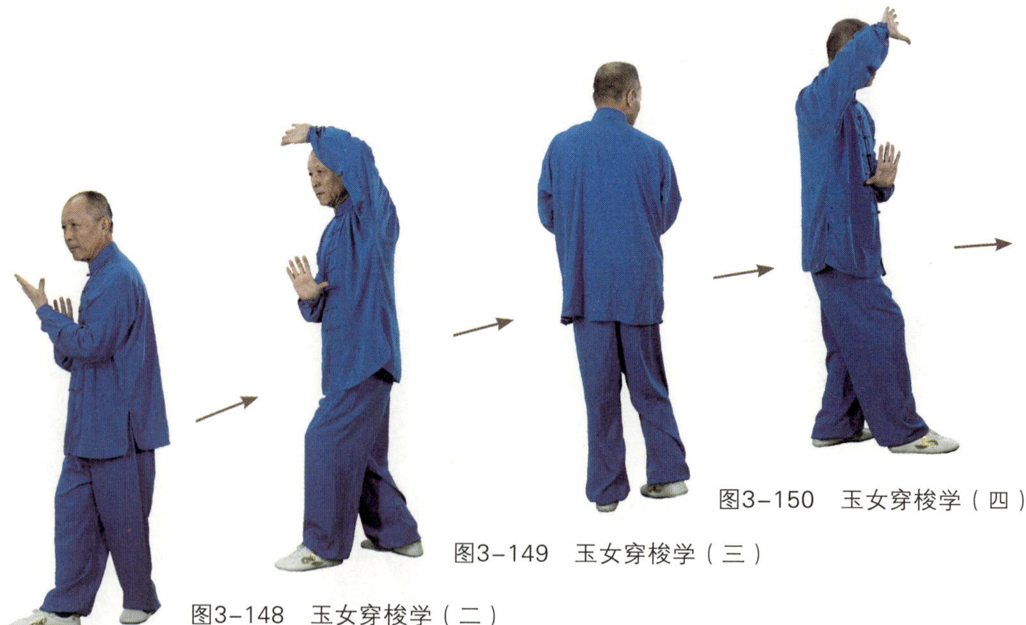

图3–147　玉女穿梭学（一）

图3–148　玉女穿梭学（二）

图3–149　玉女穿梭学（三）

图3–150　玉女穿梭学（四）

着两肋，两手掌心相对于胸前。接着，左手上举，手腕外转往上钻翻着起，手背靠着前额；同时左脚继续向前迈步（东北方向），右脚跟步至左脚后6~10厘米处，脚尖着地；右手塌腕立掌，在胸前向前微推，肘部靠着右肋。（图3-151、图3-152）

⑤上动不停，右脚落实，重心移至右脚，左脚往里扣，重心移至左脚以右脚尖为轴向右转，同时身体向右后转，左手下落，掌心斜向下；同时，右手翻至掌心向上，两手掌心相对于胸前，此时两肘仍靠着两肋。当转身完毕，右手上举，手腕外转往上钻翻着起，手背靠着前额；同时右脚向前迈步（正西方向），左脚跟步至右脚脚踝内侧，脚尖点地；左手塌腕立掌，在胸前向前推至极处，手臂略弯曲。眼看左手食指。（图3-153、图3-154）

注解：

玉女穿梭的练法，需要注意的有两点：一是角度，前三个都是斜角方向，最后一个是正方向；二是拳劲，即研劲。玉女穿梭身法步法的配合均与八卦拳相似，其转身的灵活巧变，在八卦拳里这种劲很多。

此式要求重心的移动非常灵巧、灵动，体现出孙式太极拳活步的特点。此式的灵魂在脚步的灵活、腰的拧转，左旋右转，要如水上行舟，活泼无碍，越平稳轻灵越好。一如八卦掌的步法，再配合上手法，演绎了八卦掌的灵活巧变。有了玉女穿梭的步法做基础，对太极拳推手的大捋有很大帮助。

图3-151　玉女穿梭学（五）

图3-152　玉女穿梭学（六）

图3-153　玉女穿梭学（七）

图3-154　玉女穿梭学（八）

第六十四式　懒扎衣学

接上式，左手里裹至掌心朝上，同时右手向左手上方伸出，与肩相平，掌心朝下。

【捋】右手在上，左手在下，两手掌心相对，似抱球状，往回捋，如划一大弧线，捋至小腹处。【挤】两手随即向上、向前同时旋转，左手内旋，右手外旋，两臂略弯曲，左手扶在右手腕处往上、往前挤去，挤至极处。【掤】右手掌心向上，高与肩平，继续朝外、向右后划圆弧（右手不可出肩太多），划至右肩前方，随着右手翻掌，翻至掌心朝外，掌根立起；左手随着右手划弧，至右肘上方即往左下至胸前划一小圆，拉回到左胸前（左右两手运行轨迹如阴阳鱼，不同点在于右手大鱼、左手小鱼），此时两手合抱于胸前。【按】左手虚扶右腕高骨处一同向前推出，两臂略弯，右手推至极处，前臂与肘部水平。（图3-155~图3-161）

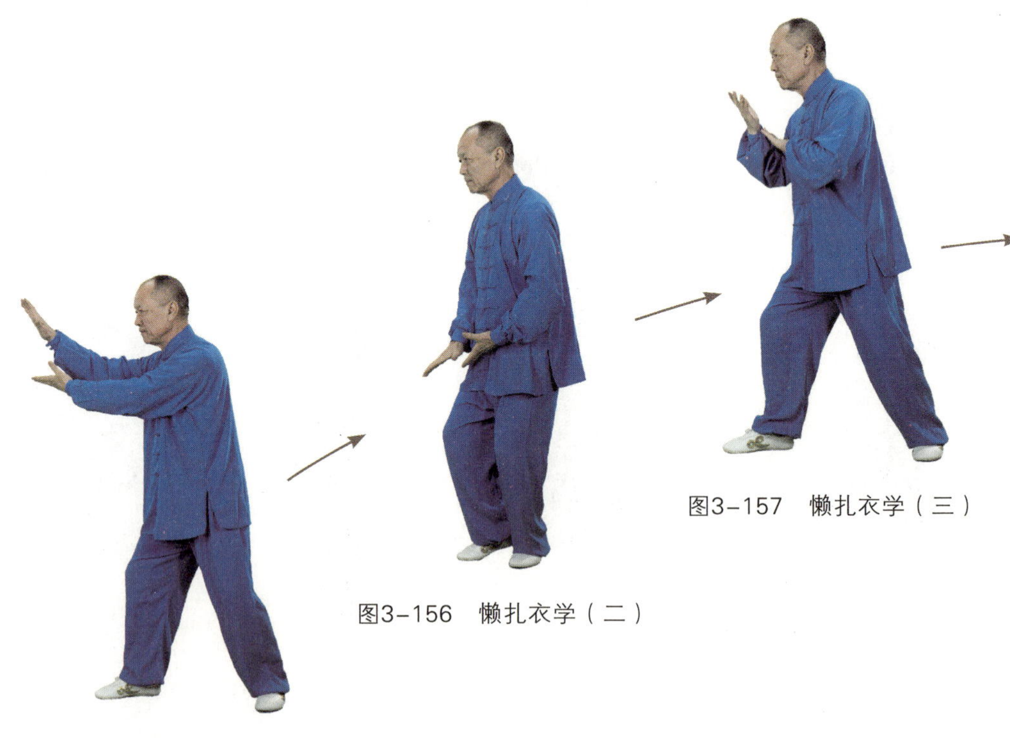

图3-157　懒扎衣学（三）

图3-156　懒扎衣学（二）

图3-155　懒扎衣学（一）

【捋】右手向上伸出时，左脚即向后撤步、斜着落地，脚尖先着地，逐渐全脚落实；往回捋时，重心移动至后脚，右脚撤回至左脚踝骨前方，脚尖点地（两手捋至小腹）。【挤】时右脚向前迈步，脚跟落地，左脚跟步至右脚后方，脚尖点地；右脚在左脚跟步时，渐渐全脚落实；眼看两手。【掤】时左脚再向后撤步，仍斜着落地，脚尖先着地，逐渐全脚落实，重心移至后脚；随着两手合抱于胸前，右脚脚尖翘起。【按】时重心前移，右脚逐渐落实，左脚跟步至右脚跟后十二三厘米处，脚尖点地。

两手推出后，眼看右手食指梢，稍停。自起点至此，所有动作要一气贯穿，不要间断。

图3-158　懒扎衣学（四）

图3-159　懒扎衣学（五）

图3-160　懒扎衣学（六）

图3-161　懒扎衣学（七）

第六十五式　开手学

接上式，左脚脚跟落实，重心后移至左脚，右脚尖翘起，以右脚脚跟为轴向左转90°，转至面正；转身同时，两手仍掌心相对、不可外翻，平着左右分开、向肩部开去，两肘也要同时开，开至两大拇指与肩窝相齐；立掌，大拇指朝向身体、距离身体5厘米左右，大拇指和食指撑开，虎口要圆，手腕极力塌住劲，两手掌心相对，如抱球状。稍停。（图3-162）

图3-162　开手学

第六十六式　合手学

接上式，重心移至右脚，同时，两手掌心相对向里合，合至两手与脸同宽，稍停。（图3-163）

图3-163　合手学

第六十七式　单鞭学

接上式，左脚往左横着迈出，脚尖偏向左前方，步子大小随式子的高矮；重心随着向左移动，重心大部分在左脚，成偏马步。左脚迈出的同时，两手在胸前平着向左右分开，两手如捋长杆，指尖高度与眼相平；两手分开后，向外翻掌，翻至两手掌心朝外、两臂平举，眼看右手食指；分手、迈步、移动重心要同时，配合要圆润，协调自然。（图3-164）

图3-164　单鞭学

第六十八式　云手学

接上式，左手向下，左臂靠着身体，向右划一半圆弧，至右肋处（逆时针）。同时，左脚向右脚靠拢，脚尖点地，稍停。接着左手继续向上、向左划一半圆弧，同时右手向下、向左划一半圆弧至左肋下（顺时针）；同时，左脚向左横着迈出，脚尖微向外斜。两手划至左侧时，右脚同时向左脚靠拢，两脚脚尖均向左微斜，似停未停。接着，右手向上划，左手向下划，在两手同时划至右侧时，左脚又横着向左迈出，接着左手再向上划，右手向下划，右脚再靠向左脚。如此循环两次。（图3–165~图3–169）

图3–165　云手学（一）

图3–166　云手学（二）

注解：

练习时，左手向右，身体也随着向右微转；右手向左，身体随着向左微转。眼总是看抬起一手的食指。

图3-169　云手学（五）

图3-168　云手学（四）

图3-167　云手学（三）

第六十九式　云手下势学

接上式，待两手云至右边时，左脚向左迈出后，将脚尖外摆指向左前方，左手继续向左云手，即向上、向左、向下划弧，然后左手掌心向下搂至左胯前；同时，右手掌心翻转向上，从嘴角处平着向前（左）推出，腕要塌，身体左转；同时，右脚跟至左脚后。然后，左手向前，从右手背上（向前）推出，塌腕，掌心斜向前，右手拉回至右胯侧，大拇指指向胯尖、掌心向下；同时，左脚向前迈步，两腿微屈，身体重心移至右腿。眼看左手。（图3-170~图3-173）

图3-170　云手下势学（一）

图3-171　云手下势学（二）

图3-172　云手下势学（三）

图3-173　云手下势学（四）

图3–178　云手下势学（五）

图3–177　云手下势学（四）

注解：

以上是孙剑云老师的练法。

孙禄堂先生和孙剑云老师对此式的练法略有不同，孙禄堂先生的练法是：云手到左侧时（左手到了极处，右手到胸口左侧），身体左转，左手搂回至小腹再贴着身子向上，同时右手向前微探，左手再从右手的上方推出去；出左脚，右手拉至右胯旁，定势与三体式相似，整个动作与形意拳劈拳的第一式相似。孙禄堂先生的练法劲力沉实，气势雄伟，有凛然不可犯之气势，而孙剑云老师的练法更圆活，此处推荐孙禄堂先生的练法。（图3–174~图3–178）

图3–176　云手下势学（三）

图3–175　云手下势学（二）

图3–174　云手下势学（一）

第七十式　更鸡独立学

①接上式，两手同时向里裹至掌心向里，同时重心前移至左脚，右腿如打千儿般向下、向前跪屈，贴着左腿向上提，提至大腿与身体成90°，脚尖上翘；左腿微屈，塌腰。右手随右腿动作向下插去，然后向前、向上提起至指尖与耳同高；同时左手向下划弧至左胯侧，指尖向下。眼看前方，微停。（图3–179~图3–181）

②右脚向前落下，腿仍弯曲，同时右手往下划弧至右胯侧，（掌心向里）指尖向下；左腿如打千儿般向下、向前跪屈，贴着右腿向上提，提至大腿与身体成90°，脚尖上翘；左手从左胯侧提起向上划弧至耳侧，（掌心向里）指尖与耳齐。（图3–182）

注解：

手随腿下插时，后腿要有用力下跪的弹性劲。因这种劲力本身就是用法。膝往上起时，脚有挂打对方迎面骨与膝的用法，再往上起有类似搏击里的膝打含义，这是近身格斗的用法。也可跳起攻击对方胸腹，也可变化出踢、蹬、截等腿法，这时就要求抽胯，脚尖向上勾住劲。另外，支撑腿的脚趾、脚踝、韧带都得到了锻炼，久而久之会增加韧带的厚度和弹性，能起到保护脚踝的作用。

图3–179　更鸡独立学（一）

图3–180　更鸡独立学（二）

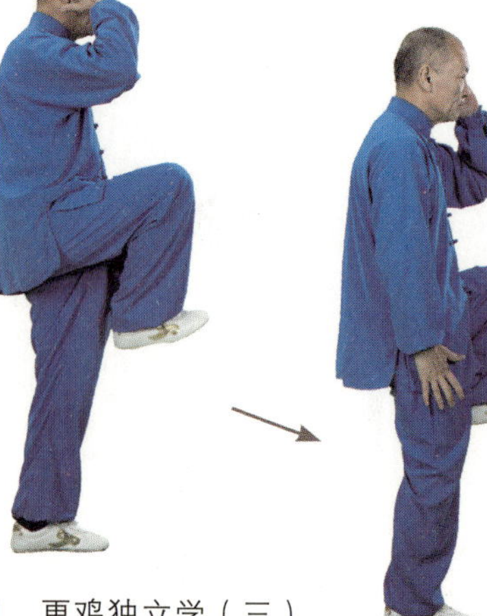

图3–181　更鸡独立学（三）

图3–182　更鸡独立学（四）

第七十一式　倒撵猴学

①先将左手往胸前处扣回来，将掌心往下扣，扣至大拇指至胸前十五六厘米处；右手于左手往胸前扣回时变掌往里裹至掌心朝上，同时往右边斜着下落。再将左手从心口处斜着往左边搂一弧线，大拇指、食指撑开如半月形，搂至大拇指离左胯一二厘米；左手搂时身体左转，左脚同时斜着往左后边斜角方向迈步，脚后跟落地，逐渐全脚落实（脚尖朝向正北）；同时右手掌心朝上抬起，起至与右肩平，掌心向里，五指张开，食指梢经右嘴角往前推去（斜后向迈步、正着打出）。此式的两手动作与“搂膝拗步”相似，右手往前推时，右脚同时往前跟步，跟至左脚后方，距离约一脚，脚尖着地。练此式时动作要一气呵成，不可间断。（图3–183）

②上动不停，右脚落实，左脚尖翘起，以脚跟为轴往里扣，两脚扣成倒八字形，同时右手拉回，两手在胸腹前呈抱球状翻转至两手掌心相对（左手在下，右手在上）；随即身体向右后回转，斜着往右后方斜角方向迈步（脚尖朝向正南），右手向右搂出，左手抬起向前推出。（图3–184、图3–185）

注解：

演练时“倒撵猴学”的左式和右式各练两遍，重心要随左右脚滚动落实时同步移动，动作全与左右“搂膝拗步”相同。

图3–183　倒撵猴学（一）

图3–184　倒撵猴学（二）

图3–185　倒撵猴学（三）

第七十二式　手挥琵琶式学（右式）

接上式，随即撤左脚，向后方迈出，脚尖着地，重心后移，慢慢全脚落实；右脚随重心移动，脚尖抬起撤至左脚前十五六厘米处，脚尖点地。在左脚后撤的同时，两手五指伸直，向里裹至虎口朝上；在两手裹的同时，左手直着向后拉回至右肘部，右手向前方极力穿出、伸至极处，手臂不可太直，拉、穿时要两手掌心相对。（图3–186）

图3–186　手挥琵琶式学（右式）

第七十三式　白鹤亮翅学

随即右手拧翻至大拇指朝向身体、掌心朝外在胸前微向下落，然后由下往上提；同时左手拧至指尖朝上，右手在外，左手在里，交叉于胸前；右手不停继续往上提、划至额头，左手也不停继续往下落；左手到小腹处向外，向上划半圆至胸前，右手提至前额处即向下、向外划半圆至胸前，左右手各划一个立圆，两手恰似阴阳鱼形状，划至双手收归合于胸前，掌心朝外，双手一起向前推出，推至极处。在两手推时，往前迈右脚，脚跟着地，重心也随着向前移动，待右脚全脚落实，左脚跟步至与右脚平齐，相距五六厘米。（图3–187~图3–190）

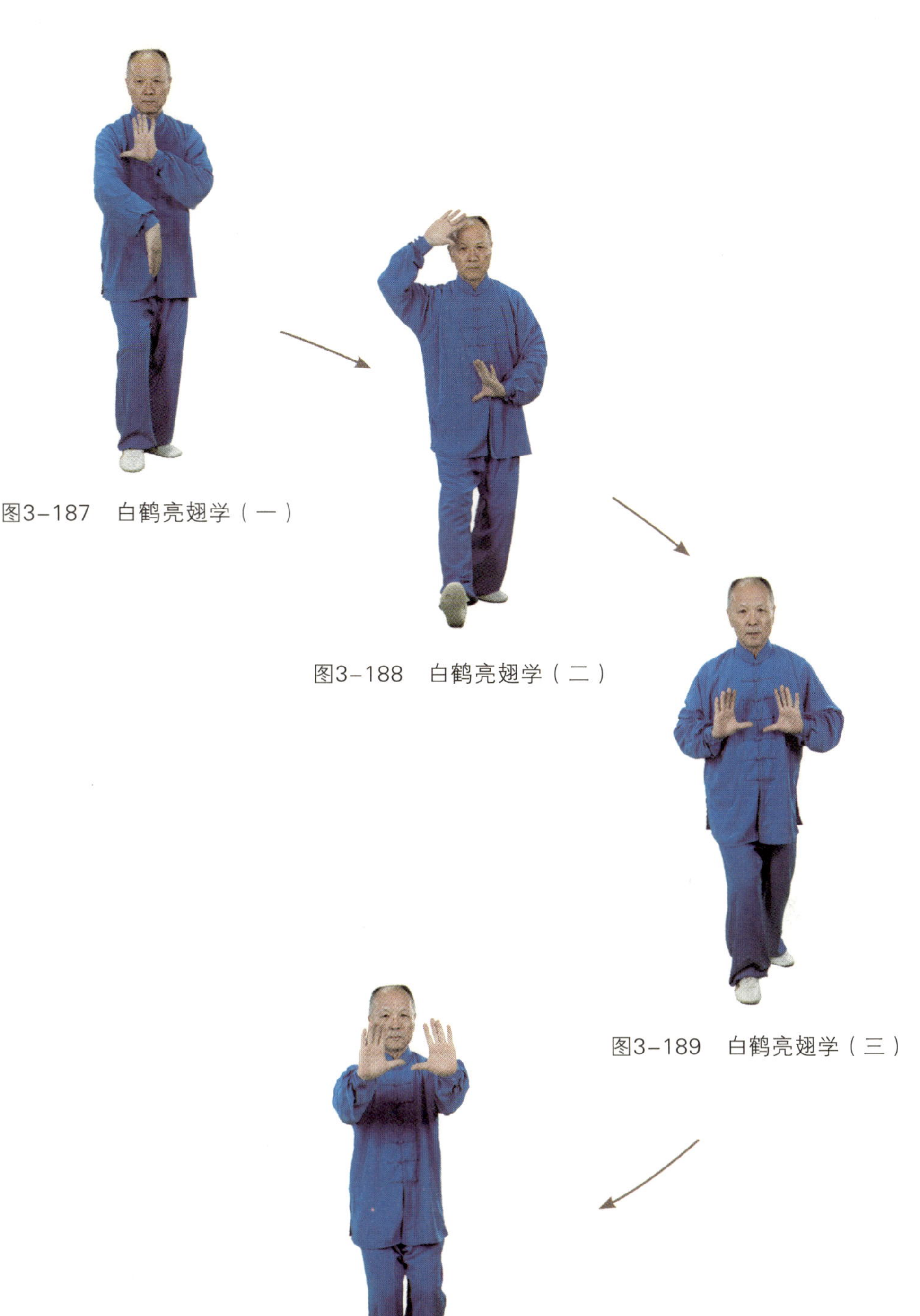

图3-187　白鹤亮翅学（一）

图3-188　白鹤亮翅学（二）

图3-189　白鹤亮翅学（三）

图3-190　白鹤亮翅学（四）

第七十四式　开手学

图3-191　开手学

接上式，左脚脚跟落实，重心移至左脚，右脚脚跟稍提起；同时，两手收至胸前，仍掌心相对、不可外翻，平着左右分开、向肩部开去，两肘也要同时开，开至两大拇指与肩窝相齐；立掌，四指朝上立起，大拇指朝向身体、距离身体5厘米左右，大拇指和食指撑开，虎口要圆，手腕极力塌住劲，两手掌心相对，如抱球状。稍停。（图3-191）

第七十五式　合手学

接上式，重心移至右脚，同时，两手掌心相对向里合，合至两手与脸同宽。稍停。（图3-192）

图3-192　合手学

第七十六式　搂膝拗步学

接上式，双手随即呈抱球状翻转，翻至左手在上、右手在下，两手掌心相对；随后左手经右胸往下斜着往左胯搂去，右手则向下、向右侧划弧线至小腹下方，向右侧斜上方划弧，圈不可太大，掌心随之翻转至与右嘴角齐；左手搂的同时，左脚向左前方迈出（向东方），脚跟先着地。随着身体左转、重心向前移动，左脚慢慢落实，随之右脚脚跟提起，随重心移动至左脚后方，右脚尖点地；同时，左手搂至大拇指正对左侧胯尖，大拇指与食指撑开，离胯一二厘米；右手则从右嘴角处往左（东方）平着推至极处，其高度以食指第二节与嘴角平为准，臂稍弯曲，塌腕。眼看右手食指尖。稍停。（图3-193~图3-195）

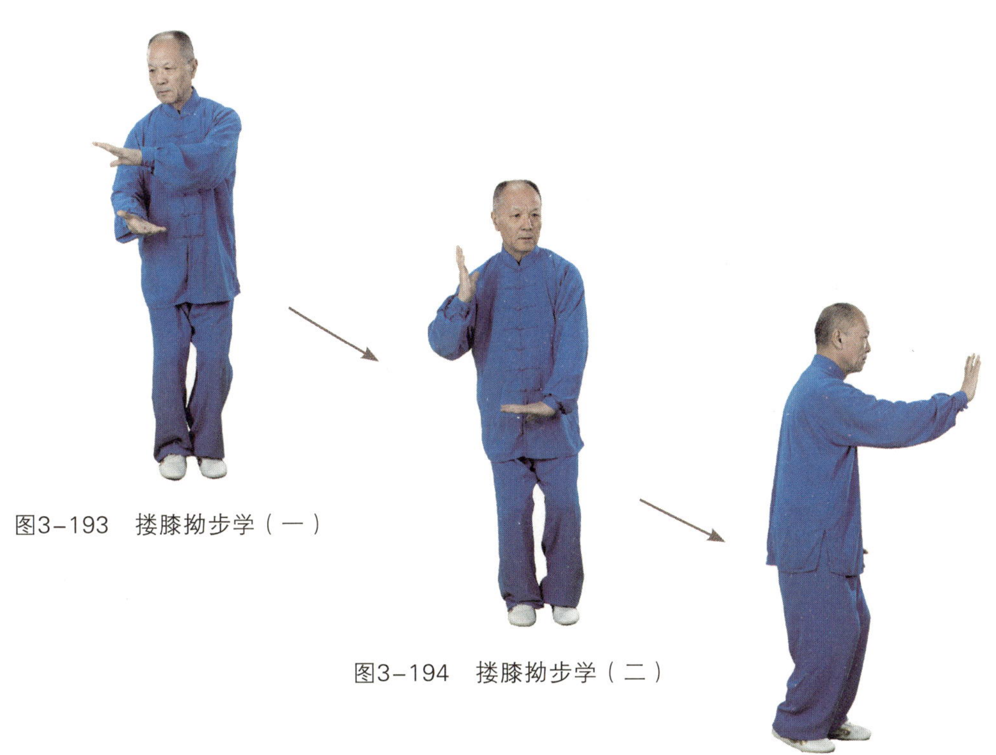

图3-193　搂膝拗步学（一）

图3-194　搂膝拗步学（二）

图3-195　搂膝拗步学（三）

第七十七式　手挥琵琶式学

随即撤右脚，向后方迈出，脚尖着地，重心后移，慢慢全脚落实，左脚随重心移动，脚尖抬起撤至右脚前十五六厘米处，脚尖着地。在右脚后撤的同时，两手五指伸直，同时向里裹至虎口朝上；在两手裹的同时，右手直着向后拉回，左手直着向前方穿出，拉、穿时要两手掌心相对，左手向前极力穿出、伸至极处，手臂不可太直，右手拉回至左肘部。（图3-196）

图3-196　手挥琵琶式学

第七十八式　三通背学

①接上式，双手在胸前呈抱球状翻转，翻至左手在上、右手在下，两手掌心相对；随后右手向下、向后、向上划一圆弧，大拇指与前额齐高时，掌心逐渐转向下方，并垂直下按，按至左小腿中间处停住。左手在右手往后划时收回至左胯处，掌心朝下；左脚在右手往下按时向后撤至距右踝二三厘米处，脚尖着地，两腿微屈。眼看右手背。（图3-197~图3-199）

②接着身体直立，右臂往上抬起，手背靠前额；同时带动左手从左胯处往斜上方、与胸平时往前推出，塌腕。左脚于两手动作的同时往前迈出，脚跟先落地、脚尖向前，两脚距离以不牵动重心为宜，眼看左手食指，重心放在右脚。此为一通背。（图3-200）

图3-197　三通背学（一）

图3-198　三通背学（二）

图3-199　三通背学（三）

图3-200　三通背学（四）

③接着以左脚跟为轴向右拧转，向右后转体，身体转至90° 时，左脚落实，此时两脚呈倒八字；紧接着再以右脚脚跟为轴继续向右拧转至脚尖向前，转体完成后右脚落实。在转身时，左手向上划一弧线，至手背靠前额，同时右手自前额处向前推出，高与肩平，塌腕。此时动作与上节相同，唯方向相反。此为二通背。（图3-201、图3-202）

④接着身体略前倾，重心前移，左脚脚跟略往外扭，左手从前额往前伸，两手同时往里裹劲，裹至两手掌心相对，如抱球状；接着，右脚向后撤步至左脚后方（两脚距离以不牵动重心为宜），斜着脚尖落地，随重心

图3-201　三通背学（五）

图3-202　三通背学（六）

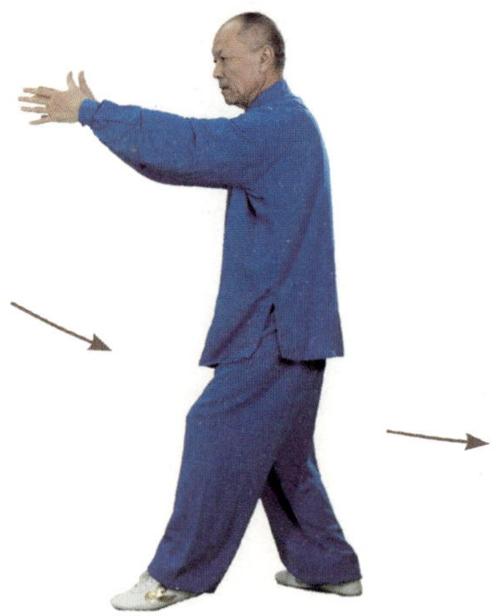

图3-203　三通背学（七）

后移缓缓落实。右脚后撤时，两手从前面握拳（拳眼向上）往下划弧，划至小腹处，拳眼向上；随后重心后移，左脚往回撤至右脚前三四厘米处，脚尖点地。（图3-203、图3-204）

⑤接着两拳靠着身体往上、往前钻出，裹钻到胸口时拳心向上，钻至高与眉齐；同时左脚往前迈步，左腿稍弓，脚尖向外斜着落下，重心移至左腿。两拳继续往下划弧落至小腹处，拳眼向上；同时右脚直着往前跟步，迈至离左脚前三四厘米处，脚尖点地，上身正直。此为三通背。（图3-205、图3-206）

图3-206　三通背学（十）

图3-205　三通背学（九）

图3-204　三通背学（八）

第七十九式　懒扎衣学

【挤】接上式，两手随即向上、向前同时变掌并旋转，左手内旋，右手外旋，两臂微屈，左手扶在右手腕处往上、往前挤去，挤至极处。【掤】右手掌心向上，高与肩平，继续向外、向右后划圆弧（右手不可出肩太多），划至右肩前方，随着右手翻掌，翻至掌心朝外，掌根立起；左手随着右手划弧，至右肘上边即往左下至胸前划一小圆，拉回到左胸前（左右两手运行轨迹如阴阳鱼，不同点在于右手大鱼、左手小鱼），此时两手合抱于胸前。【按】左手虚扶着右腕高骨处一同向前推出，两臂略弯，右手推至极处，前臂与肘部水平。（图3-207~图3-211）

图3-207　懒扎衣学（一）

图3-208　懒扎衣学（二）

【挤】时右脚向前迈步，脚跟落地，左脚跟步至右脚后方，脚尖点地；右脚于左脚跟步时，渐渐全脚落实。眼看两手。【掤】时左脚再向后撤步，仍斜着落地，脚尖先着地，逐渐全脚落实，重心移至后脚；随着两手合抱于胸前，右脚脚尖翘起。【按】时重心前移，右脚逐渐落实，左脚跟步至右脚脚跟后十二三厘米处，脚尖点地。

两手推出后，眼看右手食指梢，稍停。自起点至此，所有动作要一气贯穿，不要间断。

注解：

孙禄堂先生《太极拳学》中是“三通背学”后接“开合手”。此式是孙剑云先生将原“三通背学”最后一个动作（与“懒扎衣学”同）提炼出来的名称，练法无改变。

图3–209　懒扎衣学（三）

图3–210　懒扎衣学（四）

图3–211　懒扎衣学（五）

第八十式　开手学

接上式，左脚脚跟落实，重心后移至左脚，右脚脚尖翘起，以右脚脚跟为轴向左转90°，转至面正；转身同时，两手仍掌心相对、不可外翻，平着左右分开、向肩部开去，两肘也要同时开，开至两大拇指与肩窝相齐；立掌，大拇指朝向身体、距离身体5厘米左右，大拇指和食指撑开，虎口要圆，手腕极力塌住劲，两手掌心相对，如抱球状。稍停。（图3–212）

图3–212　开手学

第八十一式　合手学

接上式，重心移至右脚，同时，两手掌心相对向里合，合至两手与脸同宽，稍停。（图3–213）

图3-213　合手学

第八十二式　单鞭学

接上式，左脚往左横着迈出，脚尖偏向左前方，步子大小随式子的高矮；重心随着向左移动，重心大部分在左脚，成偏马步。左脚迈出的同时，两手在胸前平着向左右分开，两手如捋长杆，指尖高度与眼相平；两手分开后，向外翻掌，翻至两手掌心朝外、两臂平举，眼看右手食指；分手、迈步、移动重心要同步，配合要圆润，协调自然。（图3-214）

图3-214　单鞭学

第八十三式　云手学

接上式，左手向下，左臂靠着身体向右划一半圆弧，至右肋处（逆时针）。同时，左脚向右脚靠拢，脚尖点地，稍停。接着左手继续向上、向左划一半圆弧，同时右手向下、向左划一半圆弧至左肋下（顺时针）；同时，左脚向左横着迈出，脚尖微向外斜。两手划至左侧时，右脚同时向左脚靠拢，两脚脚尖均向左微斜，似停未停。接着，右手向上划，左手向下划，在两手同时划至右侧时，左脚又横着向左迈出，接着左手再向上划，右手向下划，右脚再靠向左脚。如此循环两次。（图3-215~图3-219）

图3-215　云手学（一）

图3-216　云手学（二）

图3-219　云手学（五）

图3-218　云手学（四）

图3-217　云手学（三）

注解：

练习时，左手向右，身体随着向右微转；右手向左，身体随着向左微转。眼总是看抬起一手的食指。

第八十四式　高探马学

接上式，左手云至左边，右手云至小腹处时，右手向前伸出，左手拉回至右肘处，虎口均向上，手与胸平。同时，左脚向后撤步，右脚随右手向前伸出，微向后撤至左脚前方，脚尖点地，离左脚约10厘米，两腿微屈。（图3-220、图3-221）

图3-220　高探马学（一）　　图3-221　高探马学（二）

第八十五式　十字摆莲学

①接上式，右脚脚尖外摆至脚跟与左脚脚尖相齐，同时左手向里裹至胸前，掌心向上；右手内旋向里至胸前，掌心向下，两手掌心相对，相距约20厘米。眼看右手。（图3-223）

②左脚向前上步，脚尖里扣与右脚形成倒八字步，身体右转90°；两手在胸前翻转互换位置，两手掌心仍相对，右手在下、左手在上；随即两腿微屈，两手变成立掌、手腕交叉，距胸前约30厘米，右手在外，左手在

里。（图3-223、图3-224）

③上动不停，两手左右分开时，右脚抬起向外摆，左手拍右脚脚面。眼看前方。（图3-225、图3-226）

图3-222　十字摆莲学（一）

图3-223　十字摆莲学（二）

图3-224　十字摆莲学（三）

图3-225　十字摆莲学（四）

图3-226　十字摆莲学（五）

注解：

摆莲腿就是现代搏击中常见的鞭腿，可转身摆莲，也可正面“摆莲”，主要攻击对方头部及肋部，可里摆也可外摆。其攻击力度很大，具有较强杀伤力。平时训练主要是加强腰腹的发力及支撑腿的稳固。

第八十六式　进步指裆捶学

接上式，右脚往前落步，左脚往前迈步，接着右脚再往前迈一步，左脚也再往前跟步至右脚后，脚尖着地；同时两臂随迈步徐徐下落，下一步时右手变拳，两手同时前伸，左手扶在右手手腕上，右拳拳眼向上；身体成三折叠形。眼看右手。（图3-227~图3-230）

图3-228　进步指裆捶学（二）

图3-227　进步指裆捶学（一）

图3-229　进步指裆捶学（三）

图3-230　进步指裆捶学（四）

注解：

在迈步时，身体像飞鸟从树上束翅斜往下飞落之势。其用法为乘胜追击法，在敌方失去重心、身体不受控制时给予其致命一击。如正面对敌且势均力敌时，则不好用。

第八十七式　退步懒扎衣学

【掤】接上式，右拳变掌、掌心向上，高与肩平，继续朝外、向右后划圆弧（右手不可出肩太多），划至右肩前方，随右手翻掌，翻至掌心朝外，掌根立起；左手随右手划弧，至右肘上边即往左下至胸前划一小圆，拉回至左胸前（左右两手运行轨迹如阴阳鱼，不同点在于右手大鱼、左手小鱼），此时两手合抱于胸前。【按】左手虚扶着右腕高骨处一同向前推出，两臂微屈，右手推至极处，前臂与肘部水平。（图3–231~图3–233）

图3–231　退步懒扎衣学（一）

图3–232　退步懒扎衣学（二）

图3–233　退步懒扎衣学（三）

【掤】时左脚再向后撤步，仍斜着落地，脚尖先着地，逐渐全脚落实，重心移至左脚，两手合抱于胸前，右脚脚尖翘起。【按】时重心前移，右脚逐渐落实，左脚跟步至右脚脚跟后十二三厘米处，脚尖点地。

两手推出后，眼看右手食指梢，稍停。自起点至此，所有动作要一气贯穿，不要间断。

第八十八式　开手学

接上式，左脚脚跟落实，重心后移至左脚，右脚脚尖翘起，以右脚脚跟为轴向左转90°，转至面正；转身同时，两手仍掌心相对、不可外翻，平着左右分开、向肩部开去，两肘也要同时开，开至两大拇指与肩窝相齐；立掌，四指朝上立起，大拇指朝向身体、距离身体5厘米左右，大拇指和食指撑开，虎口要圆，手腕极力塌住劲，两手掌心相对，如抱球状。（图3–234）

图3–234　开手学

第八十九式　合手学

图3–235　合手学

接上式，重心移至右脚，同时，两手掌心相对向里合，合至两手与脸同宽，稍停。（图3–235）

第九十式　单鞭学

图3-236　单鞭学

接上式，左脚往左横着迈出，脚尖偏向左前方，步子大小随式子的高矮；重心随着向左移动，且大部分在左脚，成偏马步。左脚迈出的同时，两手在胸前平着向左右分开，两手如捋长杆，指尖高度与眼相平；两手分开后，向外翻掌，翻至两手掌心朝外、两臂平举，眼看右手食指；分手、迈步、移动重心要同时，配合要圆润，协调自然。（图3-236）

第九十一式　单鞭下势学

接上式，右脚脚尖微向里扣，右手往下划弧，屈臂至右胯侧，掌心向下；同时左手略往下落，掌心斜向前；重心移至右腿，左脚微提、摆正（正东方）。眼看左手食指。（图3-237）

图3-237　单鞭下势学

第九十二式　上步七星学

接上式，右手从右胯侧往前、往上划弧，经左手手腕下伸出，两腕交叉，并收至胸前距胸约30厘米，右手在外，指尖均斜向上；在手伸出时，左脚向前微移，右脚脚跟至左脚后，脚尖点地。（图3-238、图3-239）

图3-238　上步七星学（一）

图3-239　上步七星学（二）

第九十三式　下步跨虎学

接上式，两手分开，右手外旋向下、再向上，经额前内旋向下按至腹前，掌心向下；左手向下搂至左胯侧，掌心也向下。同时右脚后撤一步，脚尖向外微斜；左脚撤至右脚前，脚尖点地；接着右手上抬，掌心仍向下，同时左腿提膝，翘脚尖。（图3-240~图3-243）

图3-240　下步跨虎学（一）

图3-241　下步跨虎学（二）

图3-242　下步跨虎学（二、右侧）

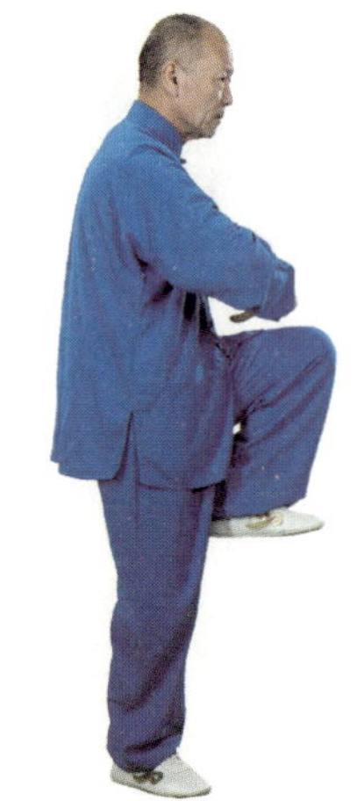

图3-243　下步跨虎学（三）

注解：

此式右手上抬与左腿提膝要同步。当对方连续用脚进攻时，可用连环退步闪避，同时用手拍击阻截对方的脚。当我方退到得机得势时，可跳起用膝盖迎击，主要攻击部位是对方胸腹。难点是后退中找到自己能控制重心退转攻的点，突然跳起迎击对方。也可在搂抱中拢住对方的头下按，退步提膝用膝盖顶击对方面门。

第九十四式　转角摆莲学

①接上式，以右脚脚掌为轴，身体右转约270°，随转左脚落地，两脚脚尖相对；转身的同时，右手下按至脐下五六厘米处，大拇指指向小腹、掌心向下，左手大拇指指向左胯，掌心也向下。随即右脚脚跟抬起并向右拧转，然后右脚提起向右、向上摆出；两手向右、向上划弧至右前方时，随即向左与右脚面相击（左手先击，右手后击）；眼看右脚。（图3-244、图3-245）

②右脚向右斜方落下，两手同时裹劲拉回至两肋侧，掌心均向上；眼看前方。（图3-246）

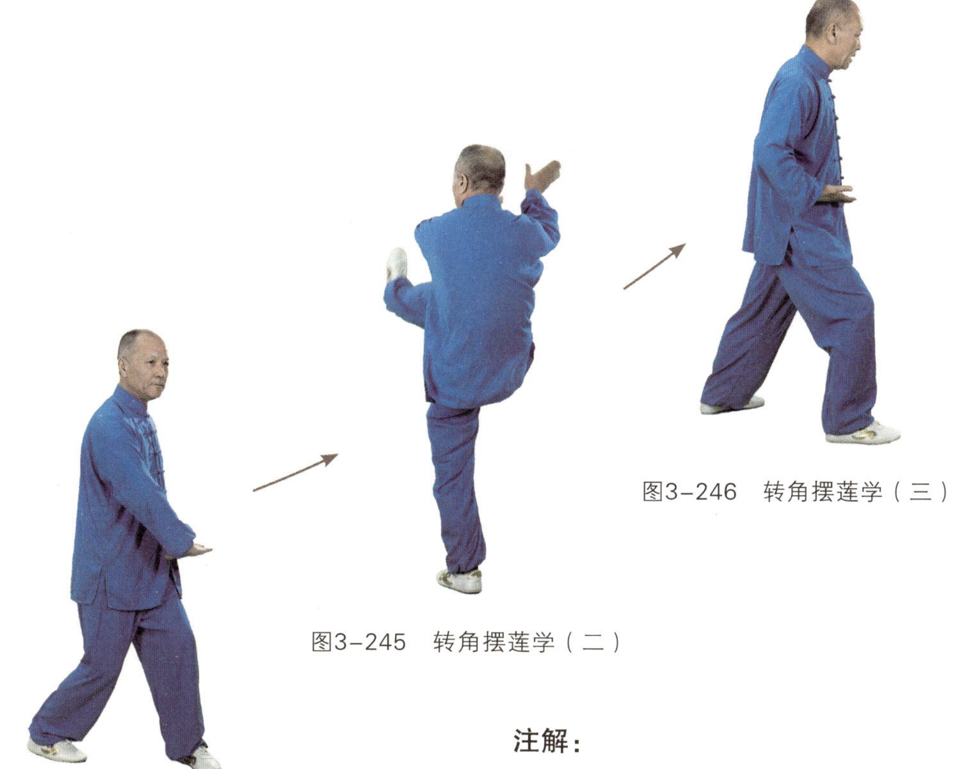

图3-246　转角摆莲学（三）

图3-245　转角摆莲学（二）

图3-244　转角摆莲学（一）

注解：

此式是后摆腿打击对方，以打击头部为主，其后摆腿具有出其不意的突然性，但把控距离是关键，主要是腰身的碾转能力及与起腿的爆发力的合力。与八卦拳的反背捶用法一上一下，虽用法不一，但有异曲同工之妙。

第九十五式　弯弓射虎学

接上式，两手同时内旋至掌心向下，边旋边向斜前方伸出，高与肩平，两臂微屈；身体重心前移至右腿。眼看两手。（图3–247）

图3–247　弯弓射虎学

第九十六式　双撞捶学

接上式，左脚上步至右脚侧，脚尖点地，两手握拳拉回至胸前，拳心向下；随即左脚向前（东北方向）迈步，两拳向前撞出，两臂微屈，拳心向下；右脚跟步，脚尖向外斜着落地，距左脚跟约10厘米。（图3–248~图3–250）

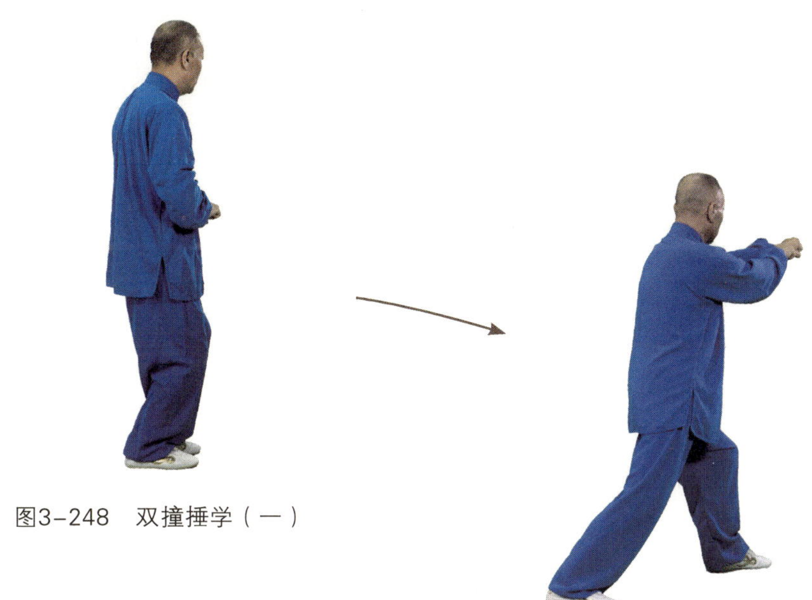

图3-248　双撞捶学（一）

图3-249　双撞捶学（二）

图3-250　双撞捶学（三）

注解：

与形意拳马形用法相似，翻手用法即是马形。练习时两拳平行，用时可变化成拧身、下腰、拳变上下，一拳击面门，一拳击胃脘，也可裹手用，直击对方双肋，即是形意拳的跆形用法，亦可裹翻连环合并使用，如起脚可变成狸猫上树的用法，熟练后各种变化的用法可信手拈来。无论如何，总是要吃住对方的手臂才行。生打硬撞，则效果不佳。

第九十七式　阴阳混一学

①接上式，身体向右转135°，两拳随转体向里裹，裹至拳心向上（右拳在左腕处，两肘靠肋）；同时左脚往里扣，右脚后撤，脚尖外撇45°；重心移至右腿，左脚脚尖徐徐抬起。眼看左拳。（图3-251）

②右拳不动，左腕贴着右拳向里翻转至右拳下，右拳内旋微向里，两肘下垂，两手腕相贴；两手动作的同时，左脚脚跟微抬起，即落原处，身体重心仍在右腿，两腿微屈。眼看两拳，稍停。（图3-252）

图3-251　阴阳混一学（一）

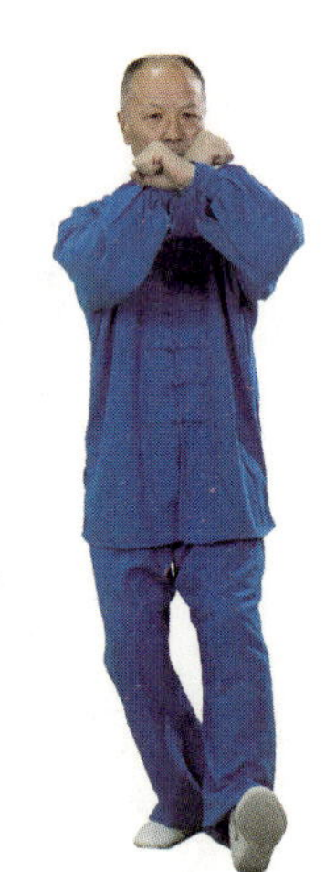

图3-252　阴阳混一学（二）

第九十八式　无极还原学

接上式，两手变掌向左右分开至胯侧；左脚撤回，两脚脚跟并拢，脚尖仍呈90° 分开，身体直立。眼平视前方。回归无极式（仍面向正南）。所谓无极始，复归于无极。（图3-253）

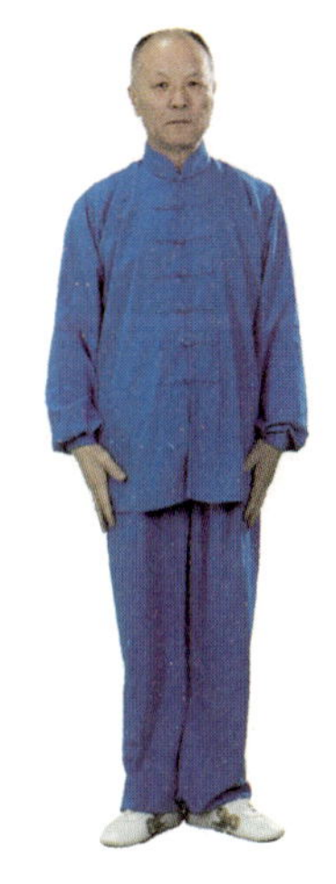

图3-253　无极还原学

注解：

此三式用法暗含拧、转、擒、拿等多种用途，与八卦拳的"猴形掌"相似，学者可深究。无极还原后，需静站一会儿，待呼吸平稳，即可收势。

第四章

孙式太极拳推手

一、孙式太极拳推手概说

推手是太极拳学以致用的一个门径，首先推手不是为争胜负设计，而是要体会和检验自己拳练习的对错、缺陷与不足的一个方法，体验粘连黏随的劲力特征与状态，初习不可存胜负之心。推手是练习弱对抗逐渐过渡到强对抗的一种方法，熟练后可达到“人不知我，我独知人”的境界，久之即可达到通体虚灵，圆活无碍，千变万化，一气流行，即孙禄堂所言“不求胜于人，而神行机圆，人亦莫能胜之”，其妙境不可言表。

太极拳套路练习是知己功夫，是体；推手是知人功夫，是用。所有拳术都分为体和用两部分，太极拳的套路练习目的就是要通过无极、太极、五行、阴阳等的操练，把神气收敛于内，混融为一。神和气只有收敛后才能得到混融，混融后即是太极的“体”；而推手即是通过掤、捋、挤、按、採、挒、肘、靠八法含五行等使神气宣布于外，使太极拳的“体”化而为八法，即是太极之用，太极拳有变化则有用，无变化则无用。“有体无用，弊在无变化，有用无体，弊在无根本，所以体用兼赅乃得万全。”（孙禄堂先生《太极拳学》）

推手是一门实践的艺术，二人每天勤奋练习，日久功纯，自然能引进落空，四两拨千斤。推手是八法含五行等使神气宣布于外而为十三式，使气血之力渐渐消散，神妙自至，对手的动静变化，诚伪虚实，意念一动，我即可预知，无论对方如何暗动心思，也总逃不出我的掌控。

孙式太极拳推手有掤、捋、挤、按、採、挒、肘、靠八法，总要以掤、捋、挤、按四手为根基正法，其他诸法都是根据掤、捋、挤、按四正手变化而来。

孙式太极拳推手需“向不丢不顶中求玄妙，不即不离处讨消息”，日久自然能纯熟，自己好比是秤砣，对方好比是秤盘，对方几斤几两尽在我掌握之中，前进后退之长短距离分毫不差，丝丝入扣，处处恰合。劲力之轻重，斤两不亏，至于后面的採、挒、肘、靠及千法万法，都是从四正手变化而来，学者务必在四正手上多多练习，切不可急于求成，更不可热衷于手法的多变而忽视基本法练习。

孙式太极拳推手的特点如下：

第一是中，这个“中”本身有三层意思。第一层意思是守中（把握自己的中），就是不论自己如何腾挪变化，重心要不偏不倚，虚实转换都在自身的稳定范围之内，不能失中，重心不被对方控制。第二层意思是取中（掌控对方的中），就是双方一搭手，就要马上掌控住对方的重心，把对方的重心掌握在自己的手里，在不即不离当中，随意变化。第三层意思是空中，无论是进是退，是化还是发，都要适度。机会的把握、劲力的大小等处处都要恰合。对方发力时，使对方感觉虚无缥缈，无处借力，处处为虚。而对方不发力时，又感觉我处处为实，即“有无并立”。

第二是敷，也有三层意思。第一个是聚神，把自己的神聚在对方的重心上，使自己能够始终掌握对方的重心变化。第二个是摄神于对方的精神，这时，即使对方的重心没有动，但只要对方心念一动，我也能察之。第三个是附身于对方的周身，使对方顿感呆滞不灵。然而此等用法，非需我神气合一，内功精纯不可。

第三是整，有两个方面的意思。第一是要周身协调一致，混融一体。推手时，要一动无有不动，一静无有不静，气势鼓荡。第二是周身始终不能离开六合之要，虽然是在柔化运动之中，自己的周身内外也不要失去六合之要，而是要曲中寓直。所以，孙式太极拳推手中是通过塌腰、抽肩、抽胯等来主宰自身虚实阴阳变化的。

第四是活，孙式太极拳推手练至高阶段有大捋法，这个方法就是活步大捋。这个大捋，不同于由原来的採、挒、肘、靠组合而成的四隅推手的练法，而是活步大捋，是两个人一搭手就走、就捋，另一个人一搭手就被捋、就跟。孙式太极拳活步大捋，必须得有形意拳的下盘坚实基础，同时又具备八卦拳的技巧活变。这种练法，是动中求静，虽然是在移动当中，但是两脚的虚实变化要灵活自然，搭手就要不即不离，不丢不顶。周身内外六合不散，才能异常灵活多变。

第五是空，太极拳的特点是“空中”，所谓的引进落空，要想引进落空就要使对方觉得能取我中。然而一经周身发动，始终觉着走空，如把对方陷在泥潭当中一样，无处借力，且无处发力。所以太极拳的变化需要隐蔽。如果习练者练到神气合一，内劲精纯则可以身体不动，而重心已动，所谓周身无处不是重心，到此才可称得上是“空中”的精义。

推手时切记不要用拙力，务必于掤、捋、挤、按这四字上探求奥秘。此四字包含了无穷的变化，学者必须认真练习、深刻体验。

比如掤有直掤、横掤、上掤、下掤的分别，掤的时候要黏住对方的手，随即变化方向，划一个弧线，使对方的劲不能发出来，或发出来也被我化解去。

捋有向上、向下及平着捋等变化。捋的时候要一手按住对方的手腕，另一个手按住对方的肘，让对方手臂没有变化的余地。这时候顺势捋出，同时也防止对方趁我捋的时候，进步横肘或者进步用“靠”将计就计地取我中。捋里边又有一个撅劲，是一个反关节的技法（拿法），容易伤人。这个方法不可以轻易使用。

挤也有正挤、斜挤、加肘挤等许多种方法，如果用小臂以曲线来挤，则随时随式都可以变化。只要找到对方着力点，处处都可以发放。

按包括轻灵的按法和沉实的按法，左实右虚或右实左虚，左右双虚或左右双实，两个手或开或合。总之，要依对方之势而变。得机得势，随时可发放。

推手之步法有四种：静步，即站步；动步，即活步；合步，即对步，甲乙皆左皆右均是；顺步，甲右乙左、甲左乙右皆是也。初学推手，先以静步为根，以后手法习熟，再练动步为宜。合步、顺步、静步、动步皆可用，勿拘。若熟练之后，动静合顺之步，随时所变，并起点之手法，左右随便所出，左右之势，亦随便所换，均无可无不可矣。古人云：头头是道，面面皆真，此之谓也。

（推手示范者为李朝、张成学，黄衣为甲、蓝衣为乙）

二、单推手（单手掤按法）

单推手

甲乙二人无极式相对而立，相距约两步距离，甲向前迈右腿，乙也向前迈右腿，二人脚心部位相对。甲出右手，掌心朝上，高与胸齐；乙亦出右手，掌心朝上，手腕搭于甲手腕上，二人手腕相挨。劲力均直指对方胸部，二人左手均下按撑住劲，大拇指尖指向左腿胯尖。（图4-1、图4-2）

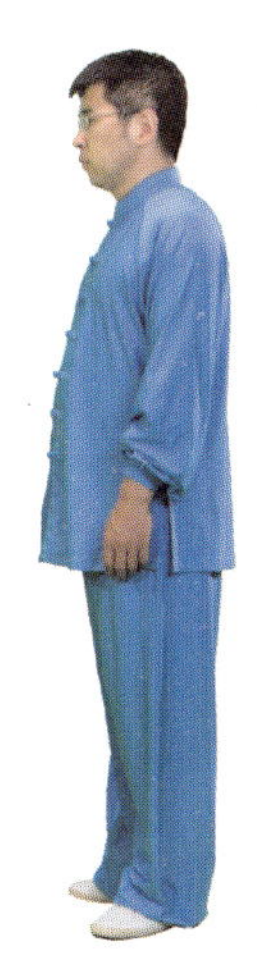

图4-1　（甲）（乙）无极式

图4-2　（甲）（乙）搭手

二人不可过于用拙力，要黏住对方的劲力，不顶、不丢。甲即翻掌旋拧着朝乙的胸前推（按）去，同时弓步，重心不超出脚尖5厘米；乙即掌心朝上用大拇指侧腕部朝自己右后方挂化（掤），把对方劲力引开，并重心后移，移至后脚脚踝处。当把甲劲力与重心挂至将要失中时，甲方前力已用到头，甲即回撤；乙即顺着对方回撤的劲力旋腕顺势朝甲胸部推（按）去。循环往复，二人手的运行路线均呈一平圆。二人劲力要圆活自然，不可顶抗，推手不是较力，以力轻柔、能称得出对方力之斤两、掌控对方为妙。在不丢不顶中求得“听劲”的轻重缓急与斤两。（图4–3~图4–5）

图4–3　（甲）按手（乙）掤手

图4–4　（甲）掤手（乙）按手（一）

图4-5　（甲）掤手（乙）按手（二）

如此循环往复，右式累了以后，可换手变成左式，即左手左脚在前，右腿在后。

需要注意的是，此法虽为单手，要取单手护住自己的中心之意，虽有手离中之形，但要做到手不离中、肘不离肋、形不可散、意不可丢。

三、定步四正推手（掤捋挤按）

定步推手

起手以合步（即对步）为例。

①甲乙无极式相对而立，距离两步。（图4-6）

图4-6　（甲）（乙）无极式

②甲乙同时迈出右脚，以不牵动重心为宜，同时钻出右臂，右手在前，掌心朝内，两手腕大拇指侧相交，左掌心扣在右前臂偏肘部位置，左手腕离胸口30厘米左右，如左单阴阳鱼形势，双方均掤住劲。（图4-7）

③甲右手外翻至掌心向外，左手同时盖敷在对方右肘上，并往下、往前按乙的右臂，以腰为力源、以手为触点推动重心往前（重心可略超脚尖）；乙小臂掤住甲的劲力往回撤，把甲的右手引至左肘处，同时把左手按在自己的右小臂下节处，用手背及指部接住甲的左手（甲按，乙掤），以腰带手微转，重心后移至后脚踝处，前脚脚尖勾起。（图4-8）

图4-7　（甲）（乙）搭手

图4-8　（甲）按手（乙）掤手

④乙后移动作中，双臂经小腹处往外、往上划圆，达到乙身体中心线时，甲顺势右手搭在左小臂下节处，向乙挤去；乙则右手盖敷在甲左肘尖处，左手翻至掌心朝外，两手同时往左后方捋甲右臂。（图4-9）

图4-9 （甲）挤手（乙）捋手

⑤甲即将失中时，随即往回撤，乙即顺势跟随甲的劲力，双手往甲身体按去，甲掤着乙的劲力将左小臂曲回，把乙的左手引至右肘处，同时把右手按在自己的左小臂下节处，用手背及指部接住乙的右手（乙按，甲掤）；甲双臂经小腹处向外、向上划圆，达到甲身体中心线时，乙顺势左手搭在右小臂下节处，向甲挤去，甲即捋乙之右臂（乙挤，甲捋）。如此循环往复。（图4-10、图4-11）

图4-10 （乙）按手（甲）掤手

图4-11 （乙）挤手（甲）捋手

如需定步换式，任何一方在按手后，不待对方向外、向上划圆，即反方向按向对方，随后甲乙动作互换，循环往复。

如需动步换式，任何一方在按手同时，后脚向前迈步，不待对方向外、向上划圆，即反方向按向对方；挒手方则前脚后撤一步，并顺着对方按劲与对方动作互换，循环往复。

需要注意的是，一手控制对方手腕，另一手始终用掌心盖敷于对方肘部之上，切不可转腕使用掌背，这是孙式太极拳推手之法。

四、活步四正推手

活步推手与定步推手手法相同，唯一不同处是需要进步和退步，进步要先进前脚，第一步进半步；退步要先退后脚，第一步退半步。进步是按、挤两式，退步是挒、捋两式。如需换式，甲在需要进步时把按手变为捋手，把进步变为退步；然后甲再按手，前脚向前迈步，如此循环，不必停式。

甲乙无极式相对而立，距离两步。甲乙同时迈出右脚，以不牵动重心为宜，同时钻出右臂，右手在前，掌心朝内，两手腕大拇指侧相交，左手掌心扣在右前臂偏肘部位置，左手腕离胸口30厘米左右，如左单阴阳鱼形势，双方均挒住劲。

①第一步（甲按，乙掤）：甲两手同时按乙右肘和右手，且右脚向前进半步，此时仍是右脚在前；乙小臂掤着甲的劲力往回撤，往左后领带甲之双手，同时左脚撤半步，也是右脚在前。

②第二步（甲挤，乙捋）：乙右脚再撤一步，同时双臂经小腹处向外、向上划圆，经面前划至身体左侧，达到乙身体中心线时，甲迈步即用挤法，乙则顺势往右后方捋甲右臂。

③第三步（甲挤，乙捋）：甲继续进步向乙挤去，乙则继续撤左脚向右后方捋甲右臂。

当甲将要失中时，即曲回右臂并撤后脚；乙则顺势进前脚，向甲按去（乙按，甲掤）。甲乙如此循环往复。

五、四隅活步推手（採挒肘靠）

四隅活步推手也称“四隅大捋推手法”，与四正推手法不同的是，四隅推手多为两手合一使用，且为斜角，步法也是斜角方向；四正多为单技法使用，且为正方向，迈步也是前后正方向。

①甲乙无极式相对而立，距离两步。

②甲乙同时迈出右脚，以不牵动重心为宜，并同时钻出右臂，右手在前，掌心朝内，两手腕大拇指侧相交，左手扣在右前臂偏肘部位置，左手腕离胸口30厘米左右，如左单阴阳鱼形势，双方均掤住劲。

③甲右手翻掌按乙右腕，左手按乙右肘，往乙左侧採按，右脚往乙右脚跟外侧迈步斜着落地；乙左脚往左后侧撤半步，撤步同时右臂向左、向上、向右转一圆圈，化解开甲的採挒。

④甲用挒法随乙的双臂劲力同时再进左脚，乙用採法引採甲的右臂，甲进右脚，用肘攻击乙的中心，甲身靠、肘靠一体；乙在后撤的同时化开甲的肘靠，随即採挒甲之右臂。甲乙动作互换，如此循环往复。

如需换式，如甲右脚在前，原应往乙左侧採按，右脚往乙右脚跟外侧迈步斜着落地；甲右脚继续向后撤一步，左右式互换，再进左脚，同时挒手，循环往复。

大捋

六、活步大捋

活步大捋为孙式太极拳所独有，孙禄堂先生所创，也称“孙氏活步大捋”。活步大捋是把掤、捋、挤、按、採、挒、肘、靠以及千法万法融含于一捋之中，沾手即捋，被捋即跟，变化无穷，此法吸收并融合了形意拳的桩功基础和八卦拳的身法、步法以及手法巧变，五行八法各种技法及机巧，尽在一捋一跟之中。其中奥妙，非语言和文字所能描述。

①甲乙二人无极式相对而立，相距约两步。甲出右脚、右手，手臂朝里裹着劲，向乙的咽喉插去，手要随出随翻，掌心翻至朝上；乙也出右脚、右手，手也朝里裹着劲，向甲的右手腕穿去，掌心亦朝上；此时二人手腕大拇指侧相交，二臂相接；甲乙二人右脚内侧相对。

②当二人手腕相接触后，甲右手翻掌，掌心按在乙手腕上，同时出左手，用掌心盖敷在乙右肘处，同时迈右脚朝自己的右后方捋去，步法多寡要随乎对方的身法、步法与劲力变化，可一步亦可十步，总之使对方变化不了，我则走之不停。

③乙不丢不顶，随着甲的捋跟进，意思如同吃住甲的劲力，以右臂管住甲的双手，貌似被动，实则寻找甲之破绽。乙左手随身体的走转合住劲。

换手式一：（乙右式）乙用右臂朝前上方引领甲之右手，随之自己身体变步，掩肘，整个手臂如从身前划一大圆圈，引领甲之双手，当划至身体正前方时，出左手拿住甲之右肘，朝自己的右前方捋去。

换手式二：（甲左式）甲捋乙时，乙出左手从右肘下穿出，接在甲左手腕部，迅即抽回右手，右手敷于甲左胳膊肘上，顺甲方身势劲力与方向反捋甲左臂。

第五章

孙式太极剑简介

孙式太极剑是孙禄堂先生根据孙式太极拳原理所独创。孙禄堂先生融三派拳术于一炉，创孙式太极拳，进而纳三派剑法为一体而创孙式太极剑，所以，形意剑、八卦剑之风格剑式在孙式太极剑中均有所展现。孙禄堂先生传其女孙剑云老师,孙剑云老师深得其父孙禄堂先生剑术之精髓，民国时期曾任镇江国术馆女子班教授，剑术精湛名于一时。

笔者自幼从学于孙剑云老师，有幸得到孙剑云老师数十年之精心传授，学得孙氏形意拳、孙氏八卦拳、孙式太极拳、孙式太极剑、孙氏纯阳剑、孙氏八卦剑以及刀、枪、双钩等技艺。现今得剑云老师一手一式口传心授者已不多，能得老师用竹剑亲授对剑与击刺技艺者更是寥寥无几。

剑出于拳，需以拳为基础（器械是手臂的延长）。拳、剑在习练要求中有共性，如头、手、足、身、目、呼吸及意气力之锻炼，但又各具个性。谚云：拳有拳法，剑有剑道。剑法解决的是如何尽力发挥剑在攻防中的作用和威力的问题，由此也增加了习练的难度。剑法的练习又称“舞剑”，要求身体各部位紧密配合，高度协调。

孙式太极剑分上下两路,合二为一可单练，上、下剑分面练之可互为攻防，为对剑，剑之用法尽在其中。

一、剑的起源与种类

剑是短兵的一种，脱胎于矛形刺兵及短匕首，始于殷商以前，形极为短小，可割可刺。到了周代，尤其是春秋战国时期，剑已成为主要短兵器。中国古代著名的剑有干将、莫邪、龙泉、太阿、纯钧、湛卢、鱼肠、巨阙等。春秋时的龙泉剑，仍有一把藏于故宫，至今仍很锋利，证明我国在剑的制造和使用上有着悠久的历史和精湛的冶炼技术。后期由于舍弃了战车，改成大规模步兵作战，剑逐渐被刀代替，到唐宋时期，多用作文人雅士的佩戴装饰和防身应急的短兵器。现在的龙泉剑过去叫作龙渊剑，为唐朝时李渊所佩戴，传说因为重了李渊的名讳，后来改称龙泉剑。

到了春秋时期，随着青铜冶炼技术的发展，剑的材质大多改为青铜（如越王勾践剑，由于青铜的特性，一般都比较短且宽，越王勾践剑长度大约55.7厘米，重875克，握手部分8.4厘米），开始用于战争。

三尺——剑的别称，因通体长三尺，故以之为剑的代称。三尺剑即剑的泛称。

七尺——古代长剑的代称。

古代的剑是由金属材料制成，长条形，前端尖，后端安装有短柄。早期是匕首式短剑，剑和刀一类区别只在于单刃和双刃。剑两面开刃，只开到剑尖至剑刃前部三寸，所以有剑用三寸锋之说，剑身平直，头部尖，击刺时可透甲，有着笔直的剑身和尖锐的剑尖。剑舞动时向正反两边施展都具有杀伤力，用剑尖攻击可以轻易穿透甲衣，是非常锋利的武器。春秋末年，开始流行长剑。长剑出，短剑也不废。长剑便于战斗，短剑利于护身，还可以用于刺杀。图穷匕见的故事，也就是荆轲刺秦王的故事，所用即是短剑。

剑各部的名称包括剑首、剑身、剑尖、剑锋、剑刃、剑脊、护手（吞口）、手柄（剑把、剑柄）、剑袍（穗）、剑鞘。其中剑穗起装饰作用，非实用，不像某些人解释的："剑穗是晃人眼目的"，古代是拴皮绳，套在手腕上防止拼杀时脱落，后演变成佩剑的装饰。（图5-1）

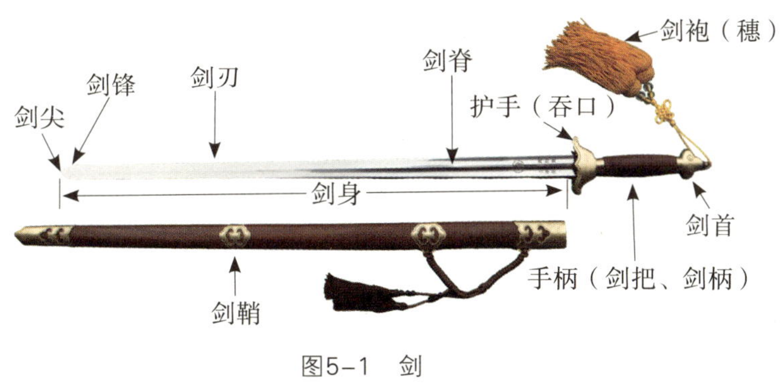

图5-1　剑

二、练习用太极剑的挑选

由于传统用剑技法的流失，现在的剑大部分配重不合适（剑法的灵活运用与配重关系极大）。太极剑配重的中心点应该在剑身的吞口往上16~20厘米处，因此挑选合适的太极剑时应当慎重。目前市场上的剑，不是剑尖部位太软，就是剑把部分太重、剑尖太轻，所以建议大家选择时一定上手试一下。适合你的才是最好的，剑不合手，对练剑极为不利，练不出应有的剑法。选剑时千万不要只看漂亮的装饰和剑身的花纹，因为剑身的花纹大部分都是成品花纹——钢锭的纹路特征，不是折叠锻打的纹路特征。

三、持剑方法与礼仪

（一）持剑方法

左手持剑又称背剑（剑背于臂后）。孙式太极剑左手持剑（背剑），是左手虎口对着剑柄，大拇指、无名指及小指由剑柄两侧握住剑柄吞口处，食指、中指伸直贴于剑柄上（也可仅食指贴于剑柄），剑身平贴于左臂后。此持剑法与书法中的执笔一样。所谓“执剑无定法”，三勾四勾均可，看个人习惯，接剑时顺畅、无滞即可。

右手持剑法也称握剑把法。无论何种剑法，往往都要在把法（握剑法）的变化操纵下才能做得灵活、有力，因此握剑法是随着不同剑法的变化而变化的。孙式太极剑右手握剑，是虎口对向剑刃，以大拇指、中指、无名指松握剑柄，食指及小指可随运剑而灵活移动，这种握剑法被称为“活剑把握剑法”，如此运剑方能灵活多变。

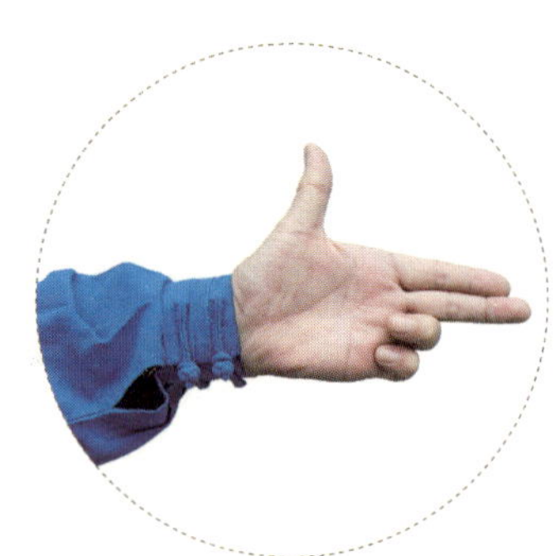
图5–2　剑诀

孙氏剑法左手剑诀为：大拇指、食指、中指俱伸直撑起，食指、中指并拢，虎口撑开；无名指和小指屈回。此种剑诀为孙氏剑所独有，在练习中随剑的轻重变化亦有五指都撑开之法。（图5–2）

（二）阴阳把之分

图5–3　中阴中阳

练剑时，随剑势变化，握剑手的右手腕和小臂不时里裹外翻，其裹翻之内外角度，孙式太极剑是依据太极图的变化来命名的，如中阴中阳、少阳、太阳、老阳、少阴、太阴、老阴等。其说明如下：

中阴中阳：指右手握剑，手心朝左，虎口朝上或朝前，手背朝右。剑尖朝前，或朝上，或朝前上方，或朝前下方。（图5–3）

图5-4　少阳

少阳：指右手握剑，手腕自中阴中阳向里裹45°，手心半面朝上，虎口朝右上方。剑刃呈45°。（图5-4）

太阳：指右手握剑，手腕自中阴中阳向里裹90°，手心朝上。剑脊与地面平行。（图5-5）

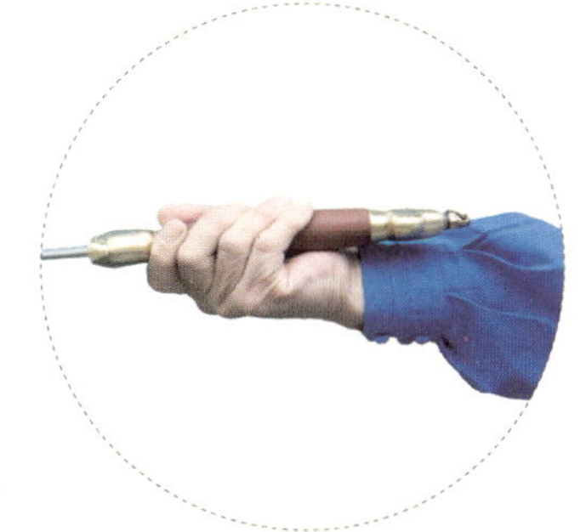

图5-5　太阳

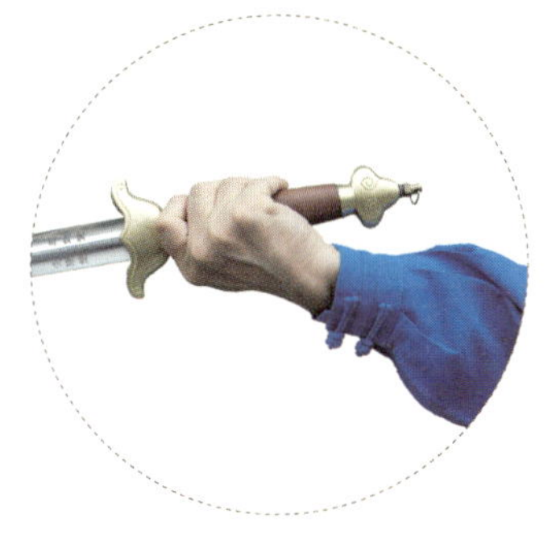

图5-6　老阳

老阳：指右手握剑，手腕自中阴中阳向里裹至极处，虎口朝右下方或朝前方，剑刃方向为上下。（图5-6）

少阴：指右手握剑，手腕自中阴中阳向外扭45°，手心半面朝下，虎口朝左上方或朝前。（图5-7）

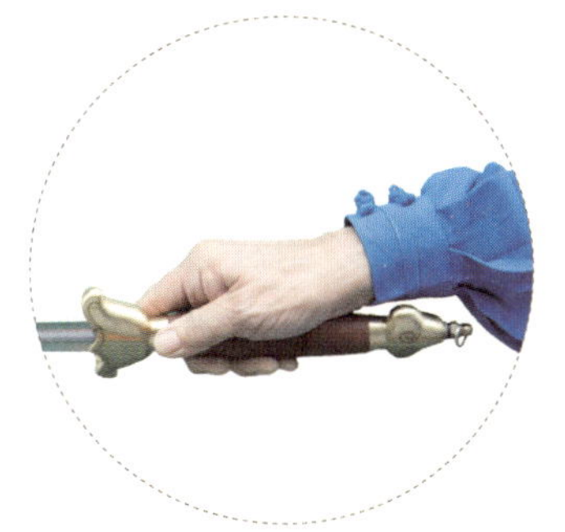

图5-7　少阴

图5-8　太阴

太阴：指右手握剑，手腕自中阴中阳向外扭90°，手背朝上。（图5-8）

老阴：指右手握剑，手腕自中阴中阳向外扭至极处，虎口朝左下方或朝前，剑刃方向为上下。（图5–9）

图5–9 老阴

（三）持剑、取剑、观赏剑和递剑注意事项

①不可用手摸。有些人观赏别人之剑，拔出鞘来习惯性地用手摸剑身，试试剑刃是否锋利，触摸一下剑身手感，殊不知这是大忌。因剑都是金属制品，最怕酸碱，用手摸过以后即沾有汗渍，极难清理。如清理不干净，极易造成腐蚀。如造成腐蚀，很难再恢复。因其表层经过打磨，光洁度很高，表面受损，剑基本就废了。如欲取出观看，可拔出三分之一；如需全部拔出，可拔出剑后将剑身搭在左臂的衣服袖子上观赏，切不可沾到皮肤。

②递剑给别人时的礼节。要双手拿剑，剑尖不可指向对方，可剑尖朝下或剑尖朝自己的身体侧后方，剑柄朝向对方，这与枪口不可指向对方同理。这既是礼貌，也是为了安全。

四、孙式太极剑基本功

孙式太极剑脱胎于孙式太极拳、形意剑、八卦剑。习剑术须以拳为基础，拳是根本，辅以剑法，各派剑术无不如此。谚云：精拳术者未必皆通剑法，善剑法者未有不精拳术者。习此剑术如同习拳，“三害”要避，“九要”要遵。一招一式潜心练习，久之必然有成。孙式太极剑基本功略述如下：

①点剑的方法与劲力特征。右手握剑，活把，有上下点剑法、左右点剑法；可直点、斜点、劈点、刺点等。要力达剑尖，活、稳、准、狠，四字诀。

点剑

②身法、步法与剑的配合，有进步左右点、转身劈点。提把、掉把与身法步法配合，以及转身劈、撩等的配合法。

③用剑方法主要是走转裹翻、穿撩提按，单纯技法主要是挑、托、抹、挂、剐、搜、闭、扫、顺、截、劈、点、崩、刺、撩等，其他技法都是从中变化而来。

第六章

孙式太极剑传统62式

孙式太极剑分单练套路和对练套路，单练套路又分上、下两节。上节从“无极式”起至第三十八式“鹞子翻身”止，下节从第三十九式“单举鼎”起至第六十二式“无极还原”。一个人单练是上下节连接起来练，从“无极式”起到“无极还原”止是完整的一个套路。两人合练是互为攻防式演练，甲先练上节剑的式子，乙先练下节剑的式子，甲练完上节接着练下节的式子，乙练完下节接着练上节的式子，完成后甲乙二人同时收势。二人对练时最好都用木剑或竹剑，以免受伤，待二人熟练后，再用铁剑。

这套对剑技法非常丰富，是练习实战击刺的一个有效进阶方法，也是检验套路技法掌握熟练程度的方法。待互相演练纯熟以后，身法与步法均可做出变化，并且可相互散剑脱离套路练习击刺。最终二人随意击刺，完成剑术的实际应用。此对练对实用击刺有很大的帮助，最终可达到剑法、身法、步法合一，各种技法随意运用。

一、动作名称

第一式　无极式
第二式　太极式
第三式　白鹤亮翅
第四式　双龙出水
第五式　鹞子翻身
第六式　单举鼎
第七式　仙人指路
第八式　青龙返首
第九式　钓鱼剑（太公钓鱼）
第十式　青龙抬头
第十一式　单举鼎
第十二式　青龙献爪
第十三式　凤凰点头
第十四式　天边扫月
第十五式　猛虎截路
第十六式　青龙缩尾
第十七式　黑虎出洞
第十八式　平沙落雁
第十九式　青龙入海
第二十式　怀中抱月

第二十一式　鸿雁送书
第二十二式　鹞子束身
第二十三式　孤雁出群
第二十四式　蜻蜓点水
第二十五式　回头望月
第二十六式　败式
第二十七式　妙手背斩
第二十八式　大鹏展翅
第二十九式　猛虎截路
第三十式　推窗望月
第三十一式　顺势撩腕
第三十二式　蜻蜓点水
第三十三式　磨盘剑
第三十四式　刷膀撩腕
第三十五式　青龙缩尾
第三十六式　黑虎出洞
第三十七式　怀中抱月
第三十八式　鹞子翻身
第三十九式　单举鼎
第四十式　挤步黑虎出洞
第四十一式　抽梁换柱
第四十二式　外截剑
第四十三式　怀中抱月
第四十四式　白蛇伏草
第四十五式　探海剑（夜叉探海）
第四十六式　挂剑（封侯挂印）
第四十七式　鹞子束身
第四十八式　孤雁出群
第四十九式　乌龙绞柱
第五十式　青龙缩尾
第五十一式　挤步黑虎出洞
第五十二式　里截剑
第五十三式　鹞子束身
第五十四式　孤雁出群
第五十五式　蜻蜓点水
第五十六式　磨盘剑
第五十七式　鹞子入林
第五十八式　怀中抱月
第五十九式　刷膀撩腕
第六十式　插花盖顶
第六十一式　鹞子翻身
第六十二式　无极还原

二、动作图解

第一式　无极式

身体直立，脚跟并拢，两脚尖分开呈90° 。左手持剑（背剑），即左手虎口对着剑柄，大拇指、无名指及小指由剑柄两侧握住剑柄吞口处，食指、中指伸直贴于剑柄之上（也可仅食指贴于剑柄），剑身平贴于左臂后；剑尖朝上，两臂自然下垂；心中空空洞洞，手中有剑，心中无剑。（图6-1、图6-2）

（为方便学习说明，无极式面向正南方。）

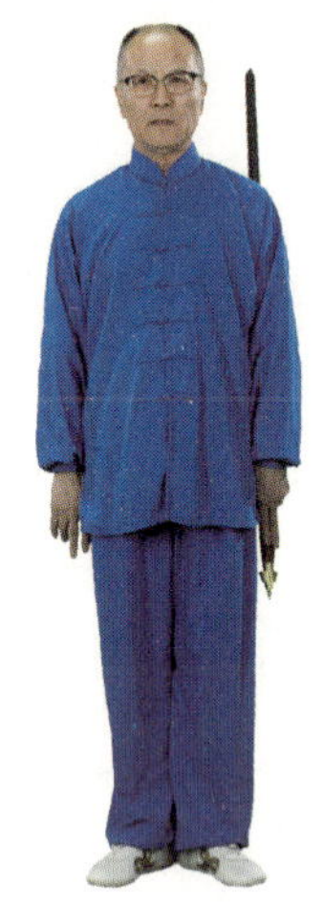

图6-1　无极式

图6-2　无极式（背）

第二式　太极式

右脚以脚跟为轴向左转，转至两脚呈45° ，同时两手徐徐抬起，手背朝上，从身体两侧向前各划半弧至胸前，两手在胸前相交，此时左手持剑斜横于胸前，略低于肩，剑尖指向左后方。两眼向前平视，平心静气，气沉丹田，精神贯注。沉肩坠肘，头往上顶。此为太极剑势。（图6-3、图6-4）

图6-3　太极式（一）　　图6-4　太极式（二）

第三式　白鹤亮翅

①接上式，当两手交叉时，右手顺势接剑，左手变成剑指，然后右脚向后撤一步，两脚呈错综八字步，左脚脚尖顺势翘起、转正，两手向左右分开（不可分得太开，剑尖仍在身前，以剑尖能控制正面之敌为宜，分开至两侧的高度在胸腹之间）。（图6-5）

②随即两手回到身体两侧至两肋边，开始往肋下按裹，剑尖始终不离开身体正面，剑高与腹齐。右脚后撤时脚尖先着地，随着重心后移，右脚逐渐落实，身体重心放在后腿，眼看剑尖前方。

注解：

劲力由上臂带前臂，通过手腕、剑把、剑身逐渐达到剑尖；用手腕的劲力把控剑尖的力度，身法、重心随剑的走势圆满完整合成一气。劲力不可散乱，不可僵硬，更不可绵软无力，此是实用剑法，并非表演，所以强调劲力。接剑时要凌空取势，交接时剑意不可中断，劲力由手、剑身后端、剑身中部直达剑尖。剑尖如同书法中的笔尖，而剑势与行书中的落笔之凌空取势之意相似。剑尖的力度如铁锥划沙，要实不要虚，手腕是控制的关键。整个式中要有起、裹、钻、翻、按等劲意，身法、步法、重心要与剑的走势一气相合、圆满无碍。

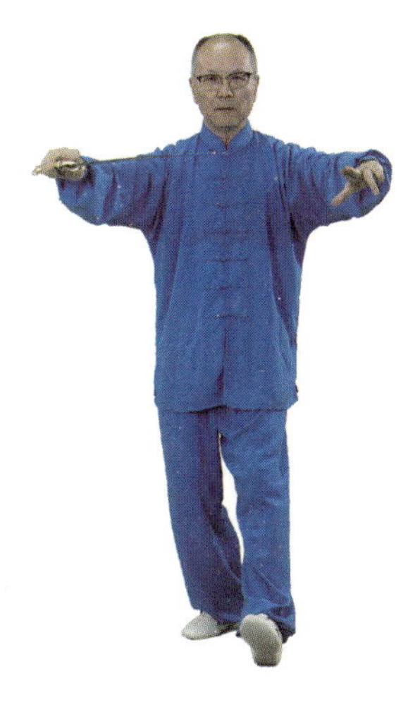

图6-5　白鹤亮翅

第四式　双龙出水

接上式，两手腕同时往里裹至两手心朝上，并直着向身体前方刺出（两手不可分得太开），剑尖和左手剑指皆指向前，两臂自然弯曲，高与胸平；当两手前伸时，左脚向前垫半步，垫步不可过大，以不费力为宜，眼看剑尖。后腿不可蹬得太直，后脚后跟不可抬起，身体不要过于前倾。随着剑刺出，前脚逐渐落实，身体重心移至前脚，剑尖也到达最前端。（图6-6、图6-7）

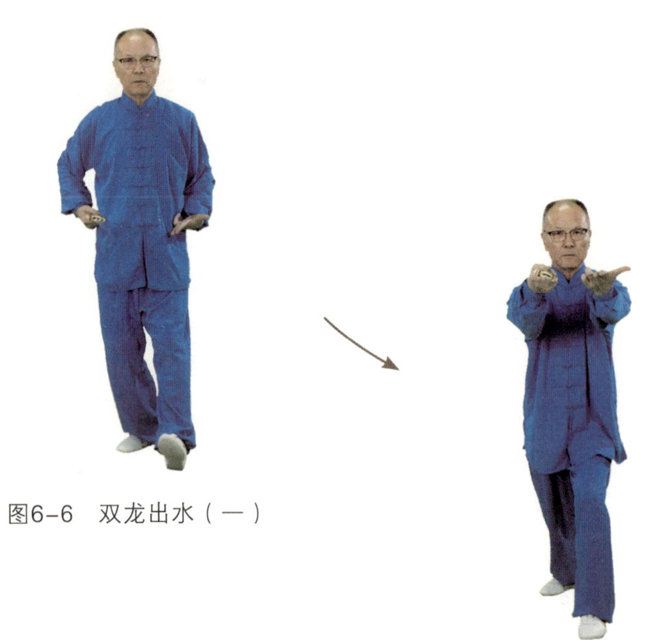

图6-6　双龙出水（一）

图6-7　双龙出水（二）

注解：

剑刺出时是由手腕控制劲力，要劲力直达剑尖，注意沉肩、坠肘、抽肩、抽胯。重心移动与剑的刺出相配合，不能使重心探出身体的圆柱体范围。

第五式　鹞子翻身

接上式，两手腕同时向下向后翻扭，两臂随之向后抽翻，形成掉把之势，至两肋下各在体侧同时向后翻转划一圆圈再下落至两胯旁，右手剑成中阴中阳（虎口朝前），剑尖向前，剑身与虎口平直；左手心朝下，剑指向前。当两手向下翻按时，右脚向前迈出一步，落在左脚前，左脚随之跟上与右脚齐，两腿微屈。（图6-8~图6-10）

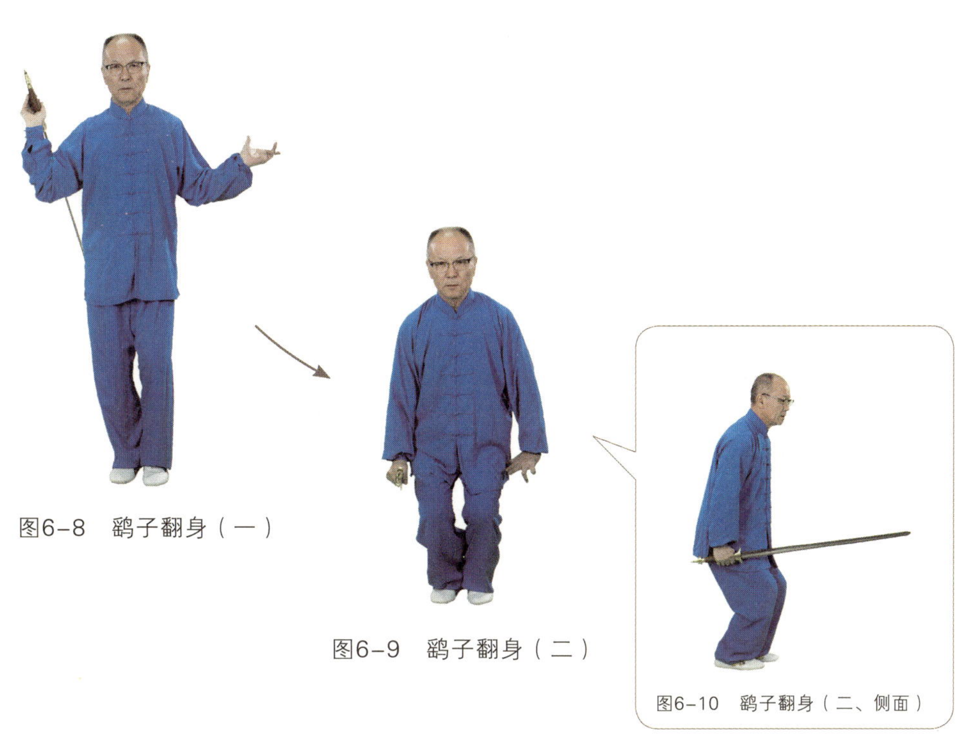

图6-8　鹞子翻身（一）

图6-9　鹞子翻身（二）

图6-10　鹞子翻身（二、侧面）

注解：

身体要沉肩、坠肘，头往上顶劲，肩要抽住劲，胯亦要极力抽住劲，尾闾往下坐劲，随着下蹲把腰椎极力拉开，持剑手劲力在剑把，双手犹如往水中按下皮球，既不能僵硬，也不能过于松弛。保持周身弹性劲儿，因为这时前后左右上下都能兼顾，随时可以出击，也可以防守。

第六式　单举鼎

接上式，左手剑指极力朝里裹，边裹边向上经胸前向头顶上方钻翻，左手经脸部时逐渐翻至手心向上，与托举重物相似，举到极处，眼看左手；两腿随左手上举同时慢慢直立起来，右手始终以中阴中阳握剑，剑平着，剑尖向前不动。（图6–11、图6–12）

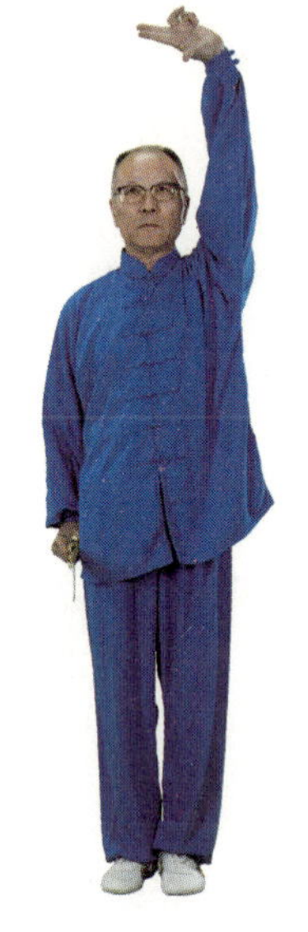

图6–11　单举鼎

图6–12　单举鼎（侧面）

注解：

左手上举过程中，注意要脚向下蹬、头向上顶，同时沉肩坠肘、塌腰抽胯等规矩不能丢。身体上下拔开，使身体犹如顶天立地，有霸王举鼎之形，有不怒自威之势。

第七式　仙人指路

①接上式，在原地震右脚，右脚落地后，随即提起左脚，脚心靠右膝，脚尖向下，脚面绷起。左脚提起的同时，上身微微向右拧（不要超过45°）、右手持剑中阴中阳（虎口朝上）向右方刺出，剑刺出与右肩平；同时左手由头顶向下向右划弧到右腕，眼看剑尖，式微停。（图6–13）

②接着左脚向左侧迈出，落地脚尖向左方（要微微内扣），同时身体左转，右手压剑把，剑尖自右向左、靠近前额上方划半圆弧，向身体左方刺出，剑尖高与肩平，剑尖略低于剑把，手心朝外（老阴）；左手在转身时即向身后划去，手心朝上，手臂微屈，眼看剑尖。左脚落地、剑向左划弧刺出的同时，右脚以脚掌为轴，脚跟微微向外碾转，右腿微屈，不可蹬得太直；左腿成小弓步，左膝盖不可超过脚尖。（图6–14）

图6–13　仙人指路（一）

注解：

震脚的同时既要出剑，又要如霹雳击地，迅雷不及掩耳，此时劲力要以腰催肩，以肩催肘，以肘催手，劲力直达剑尖，震脚与出剑的劲力紧密相合。

右脚落地、左脚提起与剑的刺出要一气呵成，掌握劲力的完整性，剑的刺出借右脚落地之势，劲力全在手的掌握，通过持剑手的胳膊伸出，使剑刺出时劲力要直达剑尖，检验标准以剑尖不可颤动为宜；如果剑尖稀里哗啦乱响，则不可取。

图6–14　仙人指路（二）

向左转身压把时，劲力在剑身中部，而力由手腕摧动，与压杠杆相似。剑向左刺时，左手要撑住劲，要与向后搂去之左手的劲力相合，不可稍懈，周身上下务要一气相合。

第八式　青龙返首

接上式，右手剑由老阴向里裹成老阳（手心朝上），松剑把，（掉把）使剑尖向下在身体右侧划一弧线，靠着身子向后穿刺出去，手成中阴中阳（虎口朝上），手臂与剑成直线；同时，左手在剑向后穿时顺着右腕，左手心朝前推去，与剑成一直线。在剑向后穿时，右脚向前迈去，脚尖外摆成45° 落地，两腿成剪子股式，重心移至右腿；左脚脚跟提起，脚尖向里扣，身体略下蹲，眼看剑尖。（图6–15、图6–16）

图6–15　青龙返首（一）

图6–16　青龙返首（二）

注解：

此式是掉把后刺法，划弧不能离身体太远，要贴着身体后刺，力达剑尖，而且有搅剑法暗含其中。两腿呈剪子股时，两腿劲力要合住。

第九式　钓鱼剑（太公钓鱼）

接上式，左脚向前迈出，同时右手持剑向里裹成老阳，剑把提起至右肩后上方，剑尖斜向下，此时身体向左转正，然后将剑如甩钓鱼竿状向前甩去，并用腕力向前点去，剑刃垂直（中阴中阳），剑与肩平，剑尖稍低，眼看剑尖。当剑甩过去时右脚跟步与左脚并齐，两腿直立，两脚跟不可离地；右手甩剑向前时，左手同时向后甩去，划下半圆形，手心朝上伸向身后，与身体呈约45°。（图6–17、图6–18）

图6–17　太公钓鱼（一）

图6–18　太公钓鱼（二）

注解：

此式练法要用上臂带前臂，前臂带手腕，能否灵活全凭握剑手的活把作用，两手劲力要相等，剑多大力，剑诀坠住多大力。点剑时一是要准，二是要有力，力达剑尖，要干净利落。

此法是劈剑接点剑法，即劈点合一法，与刺点法不同，学者需分清其中的区别。

第十式　青龙抬头

图6–19　青龙抬头

接上式，右腕用力向下按压剑把，使剑尖上扬，指向前上方，剑与臂呈90°，剑把落至大腿前；同时两腿下蹲，将腰塌住，左手仍在身后原处不动，眼看剑尖。（图6–19）

注解：

两腿下蹲高低根据个人身体情况灵活调整，但不可过低，须保证能瞬间弹起。另外，注意体会持剑手“活把”和“死把”的相互转换，“活把”有利于运剑灵活，“死把”有利于劲意通达。要潜心体会势中蕴藏的按、压、崩、挑、挂等劲意。

第十一式　单举鼎

接上式，右手持剑抽回右侧、靠于右胯，剑身平直（中阴中阳），剑尖指向前方；左手手心裹至身前，向上经胸前向头顶上方钻翻，经脸部时逐渐翻至手心向上，如托举重物举过头顶。（图6–20）

图6–20　单举鼎（侧面）

第十二式　青龙献爪

接上式，右脚往后撤一步，步子大小随人身体高矮而定，重心移至后腿，左腿不动。左手从头顶向下向前推按着划一弧线，手臂伸直且坠肘，剑指指向前方。右手靠住右胯不动，身体稍往前俯，腰要塌住劲。右手剑随右腿后撤同时随身子往后抽，眼看左手剑指。（图6-21）

注解：

握剑手此时可死把握剑，力在剑把；同时暗含蓄劲，左右前后皆可随时动作，有蓄势待发之意。

图6-21　青龙献爪

第十三式　凤凰点头

图6-22　凤凰点头

接上式，右手仍中阴中阳（虎口朝上）持剑，将剑尖向上向前刺出，高与眉齐时往下点去；同时左手扶住右腕，左脚同时提起，脚心靠近右膝内侧，脚面绷住，身体直立，眼看剑尖。（图6-22）

注解：

此式的点剑与“钓鱼剑”的点剑不同，此式是刺点，刺出后接点剑，两法虽都归于点剑，但“钓鱼剑”是劈点，先有劈斩之劲意，劈斩之意未尽而就势点击。此式既要刺出时力达剑尖，通达如青龙出水，又要点时迅猛有力，如金鸡食米，力达剑尖。

第十四式　天边扫月

接上式，左手仍扶住右腕，右手裹成太阳（手心朝上），并使剑先向右然后再向左划半圆，经面前扫过，眼看剑尖，左脚同时落地靠近右脚。（图6-23、图6-24）

图6-23　天边扫月（一）　　图6-24　天边扫月（二）

注解：

此式的劲力在剑的中部，裹剑、划弧劲意不可中断。如敌剑劈点或刺我头部，我即用剑扫挂敌剑，使其脱离我的头部。待其伤不着我时，我即处于主动，在敌被我顺时，用点、劈、抹、刺、顺等技法伤敌。

第十五式　猛虎截路

动作不停，右手剑由太阳持剑外翻至少阴持剑（手心朝下），向身前划弧拦截而去，剑斜横于身前，两手与小腹平；剑向前拦截时，提起右脚，脚心靠左膝内侧，剑柄在右膝前，脚面绷住，眼看剑尖；左手仍扶于右腕上。（图6-25、图6-26）

图6-25　猛虎截路（一）　　图6-26　猛虎截路（二）

注解：

与前式相合使用，敌剑被我扫挂时，提前识破我意，在我没挂住对方剑时急速撤剑，矮身反刺我腿，我即用剑的中部下截其剑。挂要用剑的中部，截亦用剑的中部，上下翻飞中，全凭剑的活把操作。如死把剑，此用法不能灵活，且迟滞不灵，易为敌所制。

第十六式　青龙缩尾

接上式，脚不动，右手持剑里裹至中阴中阳（虎口朝上），同时边裹边将剑抽回，剑首抵住腹部，剑尖平直指向前方，左手仍扶在右腕上，眼看剑尖，身体稍起。（图6–27）

图6–27　青龙缩尾

注解：

接上式时不能停顿，截劲到头即变为裹劲，手腕要能掌握剑的力在剑身的流动，不能在一个地方不会动。即意识中自己的剑在吃住对方的剑，对方撤则我剑随着跟进，对方进则我剑随时挂住化解，并引开对方的剑势。重点练力在剑身流动的感觉。

第十七式　黑虎出洞

接上式，右脚向前迈出落地，脚尖向前，脚跟与左脚内踝骨呈一直线；后腿微屈，不要蹬得太直；身体重心前移，两腿成右弓步，弓步不可过大，膝盖不要超过脚尖；后脚脚跟不可抬起，后脚与前脚如三体式角度。在右脚向前迈出的同时，左手仍轻扶于右腕之上，右手剑仍中阴中阳（虎口朝上）向前直刺出去，高度略低于肩；上身要直，不可过于前倾，也不可过于竖直，以适度前倾为宜。（图6–28）

注解：

刺出之剑要平直，力达剑尖，蹬劲起于左脚，身体合着肩肘胯等劲与剑意向前推刺而出。保持从手腕到剑尖的直线力道，不可绵软无力。

图6-28　黑虎出洞

第十八式　平沙落雁

接上式，左手仍扶右腕处，右手剑与右脚同时往回撤，脚尖外摆，右手剑随撤随扭成太阴（手心朝下）至身体右侧。身体随之右转约45°，同时下蹲，剑随身势下落，下落时与膝盖呈垂直线，左脚脚跟提起，以脚掌为轴脚跟往外扭，左膝靠右膝窝处，身体下蹲至臀部距左脚跟约15厘米处；右手剑平于右腿胫骨外，离地8厘米左右，剑尖微微内斜指向前方，眼看剑尖。（图6-29）

图6-29　平沙落雁

注解：

此式的目的是把对方刺出的剑压住并顺敌剑来势带回，拿住敌剑，与太极拳捋的用法相似。剑的力点在剑中部，与“青龙入海”同时使用，一进一退，一闪一击。

第十九式　青龙入海

图6–30　青龙入海

接上式，两腿立起，同时左右手分开，左右手各从身体两侧往上划半圆（不可过高）；当与眉齐时，右手剑扭成老阴（手心朝右侧方）向前斜下方刺去；同时，左脚往前上步，落地时，脚尖微向里扣，步子大小随练习者式子高低；当右手剑刺出时，后脚微微向后蹬拧脚跟，左手扶于右腕处，眼看剑尖。（图6–30）

注解：

两手划半圆时需合住劲，右肘不可上翻。剑尖时刻向前，且在一平面立圆中。

第二十式　怀中抱月

接上式，右手剑裹成太阳（手心朝上），同时左脚撤半步至右脚前，脚尖外摆，左脚外踝骨对准右脚脚尖；右脚脚跟提起，以脚掌为轴向左转身，转至半面向左侧，两腿略蹲屈，右膝抵左膝窝处，呈剪子股形式；右手剑和左手同时往后抽至胸前，剑首抵住左手手心，双手均在怀中，左手指尖朝上，眼看前方。（图6–31）

注解：

转身同时变换重心，此时裹剑、回抽劲意不能断，学者应体会此中粘连黏随、引进落空、守中寓攻之劲意。

图6-31　怀中抱月

第二十一式　鸿雁送书

接上式，右手仍太阳（手心朝上）着持剑直着向右前方平刺出，右脚于剑刺出的同时上步，右脚落地时脚尖微里扣，左脚跟步至内脚踝靠着右脚后跟（也可跟半步），脚尖微外摆。身体略向右拧，剑刺出时左手剑指在胸前如捋长竿与右手平着分开，塌腕，两臂成一水平线，眼看剑尖。（图6-32）

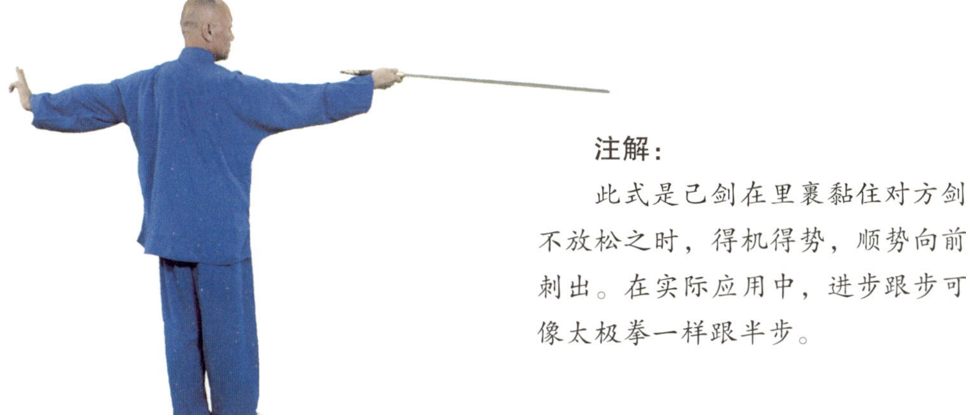

注解：

此式是己剑在里裹黏住对方剑不放松之时，得机得势，顺势向前刺出。在实际应用中，进步跟步可像太极拳一样跟半步。

图6-32　鸿雁送书

第二十二式　鹞子束身

接上式，左脚往右腿后面斜着撤半步，脚尖对着右脚外踝骨，脚掌着地，脚跟欠起；当左脚后撤时，左右手同时向两侧抽回，靠紧两胯，左手手心向左后方，右手剑中阴中阳（虎口朝前），剑尖稍扬起；随着撤步重心落在后脚，两眼平视前方，身子略斜。（图6-33）

注解：

此式在演练过程中不能停，应与下一式连贯一气。脚后撤，既是藏身之法，也是进身的蓄势之法。为一退一进的连接法，用时不可稍有停顿。

图6-33　鹞子束身

第二十三式　孤雁出群

接上式，右脚向身体右前方45°方向（东北方向）斜着迈步，同时右手剑边翻拧成太阴（手背朝上）边刺向右前方，左脚跟步至内脚踝对着右脚后跟，左手剑指举至左额上方，手心朝上，眼看剑尖。（图6-34）

注解：

“孤雁出群”与“鸿雁送书”的区别在于：①握剑的手一个是太阴，另一个是太阳，有阴阳之分；②一个剑指在左额头，另一个剑指与右手剑成一直线；③一个是斜角方向，另一个是直线方向。

图6-34　孤雁出群

此式与“鹞子束身”相接合用，须一气呵成。“鹞子束身”用身法避开对方刺向自己的剑，当避开对方的剑后，对方必定后撤，则可顺势用剑刺向对方；步法的一撤一进，技法的一闪一攻，不可有丝毫的迟疑。

第二十四式　蜻蜓点水

接上式，右脚外摆，横斜着垫步，然后左脚向前扣步落地，右手剑由太阴（手背朝上）翻裹成老阳（手心向右外侧），松剑把使剑尖下垂，然后贴着身体右侧由下而上、由后向前翻转一圈，翻成中阴中阳（虎口朝前），然后剑尖再向身体左侧前边点去（正东方向），右手剑仍成中阴中阳（虎口朝前）。当剑下点时，右脚同时提起，脚心靠左膝内侧，脚面绷住；左手扶于右腕上，眼看剑尖，剑尖略下倾。（图6-35~图6-37）

注解：

摆步、扣步、提脚与右手剑里裹、翻转一气呵成。此式步法虽然简单，但也体现出了孙式太极剑与八卦拳步法、身法融合之巧妙。

图6-35　蜻蜓点水（一）

图6-36　蜻蜓点水（二）

图6-37　蜻蜓点水（三）

第二十五式　回头望月

接上式，左手从右肋下向左穿去，手背向上，穿到身后，将手心翻向上；右手剑翻拧成太阴（手心朝下），边翻拧边向后拉，右臂成半圆形，眼睛顺着剑尖向后看；右手拉剑的同时，右脚向右边落去。剑与胸平，剑尖略低于剑把。（图6-38）

图6-38　回头望月

第二十六式　败式

图6-39　败式

接上式，头向右扭转成向前看，同时身体也适度向右前方转一点，手与剑不动，此时剑还是太阴（手心朝下）；左脚先迈出，边拧转边走，如自然行走，走三步时，左脚外摆。在行步时虽不回头，但时刻留意着身后。（图6-39）

注解：

此式名为败式，实则为败中取胜之势，与回马枪用法相同，走时注意力要放在对手跟进的距离和何时刺击的时机拿捏上。

此式重点需全神贯注在剑上和身后，虽不回头看剑，却全部感觉都在背后，为诱敌深入之法。行走中顶头竖项、沉肩坠肘、塌腰抽胯等规矩不能丢。

第二十七式　妙手背斩

接上式，右脚扣步，与左脚成倒八字形，身体向左后方转180°；左脚横着向前垫步，右脚随之稍跟步，同时身体下蹲，右膝抵住左膝窝处，左手与右手剑同时裹成太阳（手心朝上）。当左脚垫步迈出时，两手向前上方刺去，两手相交，左手托住右手手背，剑身斜向前上方。（图6-40、图6-41）

图6-40　妙手背斩（一）

图6-41　妙手背斩（二）

注解：

用时可自下而上刺向对方咽喉与面部，也可变式用“拦腰锁玉带”低盘横扫对方双腿，如对方刺我后脑，则可回身用“天边扫月”，挂开对方剑随即推剑进击对方头颈。其变化多多，学者可自行研究。

身体下蹲时，两腿应有蹬劲，腰腿要有力，拔住劲，时时蓄着上起之意；如形意拳之“龙形”，又如太极拳之“野马分鬃”。两手相交时，右手应死把握剑，学者应体会其中“把法”变化，剑里有裹、截剑等之用。

第二十八式　大鹏展翅

接上式，两臂向左右分开，同时身体渐起，右脚落实，重心移至右腿；两手手心向上，两手与胸腹之间相齐，如展翅起飞之状，剑尖低于手，眼看前方。此为过渡动作，不停式。（图6-42）

图6-42　大鹏展翅

第二十九式　猛虎截路

图6-43　猛虎截路

接上式，两手向里合拢，剑向左下方截去，剑尖下垂，左手手心抵住右手背；当截剑时左脚同时提起，脚心靠右膝内侧，脚面绷住，上身稍往前探，胸腹略内含。（图6-43）

注解：

此式“猛虎截路”与第十五式“猛虎截路”所截的方向是相反的，进退之法也是不同的。此式是对方刺我双腿，我用剑中部横着截对方剑，把对方剑磕偏，我再伺机进攻对方。

第三十式　推窗望月

接上式，左脚往右腿后方落去，脚尖对着右脚外踝骨，脚掌着地，脚跟提起；同时左右手分开，左手剑指手心朝外向左上方推出（正北方向），略高于眉，右手剑与左臂成一斜直线，向右后方截出（顺势崩出），右手握剑呈中阴中阳（虎口朝前），眼看左手食指。（图6–44）

图6–44　推窗望月

注解：

此式与第二十二式“鹞子束身”用法略同，都是闪避中蓄势之法，应与下一式合为一式应用，一闪一撩，所以练时不可有须臾停顿之意。左手推出、右手剑截出要同步进行，左手与右手剑的力、意要相称，不可使重心失衡。练习时要注意落步时身法变化与两手劲意的关系。

第三十一式　顺势撩腕

图6–45　顺势撩腕

接上式，左脚以脚掌为轴顺势向里扭，要随扭随落，一气呵成，不可停顿；随即左脚脚跟落地，右脚脚跟微微抬起，脚掌稍碾地，承后腿蹬劲向前迈出。右手剑同时自下往上划半弧形向左边上一式剑指处撩去（正北方向），撩到剑与肩平，剑尖略高于肩，老阳（手心向右外侧）着持剑；左脚跟步至内脚踝靠着右脚脚跟，左手剑指移至左额左上方，手心朝外，眼看剑尖（此时方向应朝东）。（图6–45）

注解：

自下往上撩剑时要微微向上提剑把，否则剑尖容易扫地。

此剑法发力为撩，撩的力在剑刃，不发力则可变为托。托的力在剑中部。

用时与上一式相连，是用剑朝着对方的肩窝、手臂或手腕撩击，或撩开对方攻我之剑之意。所以，意在何处，力即在何处，法无定法，敌之剑在何处，我之意即在何处，力也在何处。

第三十二式　蜻蜓点水

接上式，右脚外摆，横斜着垫步，然后左脚向前扣步落地，右手松剑把使剑尖下垂，然后贴着身体右侧由下而上、由后向前翻转一圈，翻成中阴中阳（虎口朝前），然后剑尖再向身体左侧前边点去（正北方向），右手剑成中阴中阳（虎口朝前）。当剑下点时，右脚同时提起，脚心靠左膝内侧，脚面绷住；左手扶于右腕上，眼看剑尖，剑尖略下倾。（图6–46~图6–48）

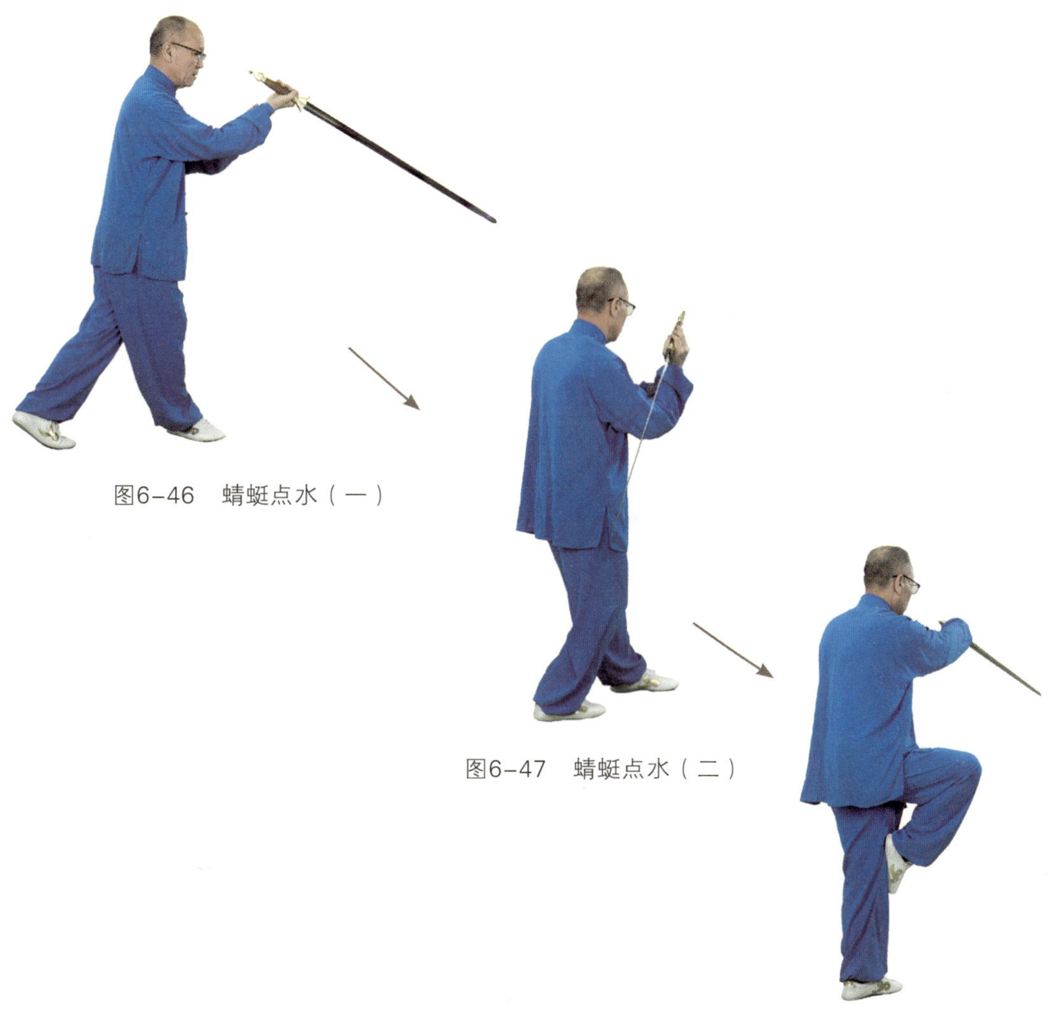

图6–46　蜻蜓点水（一）

图6–47　蜻蜓点水（二）

图6–48　蜻蜓点水（三）

第三十三式　磨盘剑

接上式，右手剑先有扭成老阴的劲意，随即右手剑扭成老阴（手背半面朝上，虎口向左下方）持剑向身体右上方抹去，高不过头，右脚同时向右方落下，右手剑继续向右、向下裹剑，裹至手心朝里，最后将剑托起，剑刃上下垂直，剑身与眉齐，剑尖略低，眼看剑尖；左手剑指在右手剑把往上提时，顺右肋向下、向左上划一圆圈，仍回到头左上方，手心朝外；右脚在剑托起时向左前方迈出，向右转走半圈，步数不拘，视场地而定，但须右脚在前时停住（面向西南方向停步，无极式是正南方向）。（图6-49~图6-53）

图6-49　磨盘剑（一）

图6-50　磨盘剑（二）

图6-53　磨盘剑（五）

图6-52　磨盘剑（四）

图6-51　磨盘剑（三）

注解：

往上提剑划圆,劲意在剑的前半段；将剑托起时劲意在剑中段；剑尖时刻不离身体前方。此式与八卦剑“白猿托桃”式完全相同。此式在走转裹翻之中包含八卦剑挑、托、抹、挂、刷、搜、闭、扫、顺、截等技法。

第三十四式　刷膀撩腕

①接上式，左脚前迈，与右脚扣成倒八字形，身体重心移至左腿，随即右手剑向左膀外刷去，胳膊略弯曲，右手中阴中阳（虎口朝上）持剑，剑把至左肋处，左手向下穿至右腋下，手心向右外，腰塌住劲，两腿微屈，眼随剑走。（图6-54）

②剑不停，右手剑从身体左侧向下再向上划半圆弧，向上撩去（西北方向），剑尖与肩平，眼看剑尖。在撩剑的同时右脚后撤，右脚落地后左脚以脚跟为轴，脚尖略向里扭，步子大小随人身体高矮而定，左手同时顺势向后划去，手心朝上。（图6-55）

图6-54　刷膀撩腕（一）　　图6-55　刷膀撩腕（二）

注解：

式名为"刷膀"，刷字自然少不了，是往自己的左臂刷去，意思是有人抓自己左肩，我用剑朝自己身后刷抹敌人面门及手臂之意。

"刷膀"剑由右上方向左下方划弧，攻防在上半部，为"合"；"撩腕"剑由左下方向右上方划弧，攻防在下半部，为"开"。剑运行路线在身体左侧是一个立圆，可把左侧封得滴水不漏。外形动作虽似指后打前、幅度较大，但只有扭腰这一个很小的劲力扭动。

第三十五式 青龙缩尾

图6-56 青龙缩尾

接上式，右手持剑里裹至中阴中阳（虎口朝上），同时边裹边将剑抽回，剑首抵住腹部，剑尖平直指向前方，左手仍扶在右腕上；右脚在剑抽回时提起，脚心靠左膝内侧，脚面绷住；眼看剑尖。（图6-56）

注解：

第十六式“青龙缩尾”是由“猛虎截路”而来，由截变裹；此式是由撩剑变裹。上一式持剑手劲力虽不同，但相同的是与此式衔接转换的劲力都不能断。

第三十六式 黑虎出洞

接上式，右脚向前迈出落地，脚尖向前，脚跟与左脚内踝骨成一直线；后腿微屈，不要蹬得太直；身体重心前移，两腿成右弓步，弓步不可过大，膝盖不要超过脚尖；后脚跟不可提起，后脚与前脚如三体式角度。在右脚向前迈出的同时，左手仍轻扶于右腕上，右手剑仍中阴中阳（虎口朝上）向前直刺出去（西北方向），高度略低于肩；上身要直，既不可过于前倾，也不可过于竖直，适度前倾为宜。（图6-57）

注解：

动时肩肘手与胯膝足务必相合，不可散乱，刺出之剑力达剑尖。

图6-57 黑虎出洞

第三十七式　怀中抱月

接上式，右手剑向里裹，同时边裹边将剑平着抽回至胸前，剑成太阳（手心朝上），剑尖指向右前方，左手剑指朝上以手心抵住剑首；右脚同时撤到左脚旁，脚掌着地、脚跟微提起，两腿微屈，眼向前看。裹剑、重心后移、往回抽剑、右脚撤回同时进行。（图6-58）

图6-58　怀中抱月

注解：

与第二十式“怀中抱月”劲意用法相同（务必使沾拿劲意体现在剑身），此式是右脚撤回，第二十式是剪子股步势，步式不同，但都有以退为进之意。

第三十八式　鹞子翻身

接上式，右脚后撤一步，同时两手翻转，两臂也随着往后翻一弧形，当两臂再往前翻落时，左脚再往后退一步，落在右脚左后方，右脚撤至与左脚成正八字形，两腿微屈，两手翻落垂于身体两侧，剑为中阴中阳（虎口朝前），左手剑指手心朝下，指尖向前，按住劲。眼看前方。（图6-59）

图6-59　鹞子翻身

注解：

此式与第五式“鹞子翻身”两手翻转动作、身上劲力一致，唯前式是进步，此式是退步。

第三十九式　单举鼎

接上式，左手剑指极力朝里裹，边裹边向上经胸前向头顶上方钻翻，左手经脸部时逐渐翻至手心向上，与托举重物相似，举到极处，眼看左手；两腿随左手上举的同时慢慢直立起来，右手始终以中阴中阳（虎口朝前）握剑，剑平着，剑尖向前不动。（图6-60）

图6-60　单举鼎

第四十式　挤步黑虎出洞

接上式，两手不动，眼平视前方，先向前迈右脚，再迈左脚，左脚落地后再向前垫跳半步，右脚再立即迈向前方，两腿成弓步；当右脚落地时，左手自额上落下来扶在右腕上，右手仍中阴中阳（虎口朝前，剑刃垂直）着将剑向前直刺出去，剑与小臂平，眼看剑尖，上身微向前倾，腰塌住劲。（图6-61）

图6-61　挤步黑虎出洞

注解：

参看第十七式“黑虎出洞”。与第十七式相比，本式多了个“挤步”。“挤步”步数多少不定，但总是最后左脚垫跳半步，然后迈出右脚。“挤步”是后脚夺前脚之位、前脚迈步让位，后脚“挤出”前脚，目的是加快进击的速度，缩小进击的距离。

此式是后脚（右脚）只“挤”却不“占”前脚（左脚）之位，而是继续向前，迈到左脚的前面落下。这时进击的速度就更快了，进击的距离也就更近了。

第四十一式　抽梁换柱

接上式，左脚往后稍移，重心由右腿移向左腿，右脚脚尖翘起，身体向后抽坐；右手剑随身体抽坐也往后抽，左手仍扶在右腕上，并使剑尖由下往上划一立椭圆形再向前刺出，右手仍成中阴中阳（虎口朝前），剑高与小臂平，眼看剑尖，身体微前倾；在剑刺出时右脚落实，左脚同时提起，脚心靠右膝内侧，脚面绷住。（图6-62~图6-64）

图6-62　抽梁换柱（一）

图6-63　抽梁换柱（二）

图6-64　抽梁换柱（三）

注解：

“立椭圆形”并不是单指剑尖，而是说劲意在剑的前半部分；是剑抽回、在胸前向上抬起再向前刺出的整个过程，都是剑尖向前、剑身基本平直。

此式重点在“换”字上，抽回是引进，使对方进攻之势落空，而我则乘势而入。在往回抽剑之时，剑上要能控制住对方之器械。回刺之时要意在彼先，彼之回撤之意一动，我剑立即刺出，后发先至。

单练时剑身平抽平刺，用时可平可高，可刺敌胸腹、手腕，也可刺敌咽喉，要因敌成体，乘隙而入，不可拘泥。

第四十二式　外截剑

接上式，两手同时里裹成手心朝上，同时又向外翻扭分开，左手扭至手心向左后方，从身前向左伸出，右手剑压剑把扭成太阴（手心朝右下方）向外截去，左脚同时向后落步，左膝不超过左脚脚尖，剑尖斜着指向右侧前下方，剑尖离地约30厘米，眼看剑尖。（图6–65）

图6–65　外截剑

注解：

此式重点在于先裹后翻，习练者很容易丢掉里裹的动作。右手剑翻拧、截剑应与腰胯、肩合劲相配合，把这合力运到剑身中部。此式看似简单，实则表现出拳中的劲力与剑之特性相合的功力，虽动作不大，其剑似千斤闸般的稳固，与形意拳的“金鸡抖翎”一阴一阳，有异曲同工之妙。

第四十三式　怀中抱月

接上式，右手剑向里裹成太阳（手心朝上），同时边裹边将剑柄抽回在胸前，左手剑指也回到剑柄处，剑指上指，手心抵住剑首，右脚同时撤到左脚旁，脚掌着地，脚跟与左脚内踝骨相对，两腿微屈。（图6–66）

图6-66　怀中抱月

第四十四式　白蛇伏草

接上式，右手剑由太阳（手心朝上）扭成中阴中阳（虎口朝前），边扭边向前刺出，同时左手向下划半圆形向后伸出，手心向上，剑指指向后下方；右脚于两手前后分开时向左脚后方撤去，前脚掌着地，脚跟提起，脚尖对着左脚外踝骨，右膝顶在左膝窝处，身体向下蹲去至臀部距后脚跟约30厘米，式子稍低些，剑与小臂平。（图6-67）

图6-67　白蛇伏草

注解：

此式接上式以退为进、守中有攻，相对比较隐蔽突然。此式可低，但应保持腿部弹性，下蹲两脚要蹬劲、两腿不可夹紧，要保证有空隙。两腿劲力仍如第二十七式“妙手背斩”。

第四十五式　探海剑（夜叉探海）

①接上式，左手向上划弧形至左额上方，手心向外，同时右脚向右前方斜着迈去，两脚成一长方形，身向左偏；同时右手剑撤至右胯前，手成中阴中阳（虎口朝前），剑尖朝向左前方；动作不停，左手向前、向下划半圆形落至左胯处，剑指指向下方，右手剑提起剑柄在右额侧上方，握剑由中阴中阳扭成老阴（手心向右外侧）。（图6-68、图6-69）

②上动不停，左手经胸前向上方钻翻至左额上方，手背靠住额头，手心向外，同时右手剑向前下方刺出，仍是老阴（手心向右），同时左脚提起，脚面绷住，脚心靠右膝内侧，眼看剑尖，此动作应连贯，中间不停。（图6-70）

图6-68　夜叉探海（一）

图6-69　夜叉探海（二）

图6-70　夜叉探海（三）

注解：

重点在“探”字，即下刺时要排除周边的一切埋伏与阻力，寻隙而入。此式阴把剑把法与身法的起伏配合要妙到毫巅。

第四十六式　挂剑（封侯挂印）

图6-71　封侯挂印

接上式，左脚向后撤落地，重心在左腿，右手剑压剑把下落，左手同时下落扶住右腕，右手剑由老阴（手心向外）裹成中阴中阳（虎口朝前上方），剑尖由下刺变为上挑。（图6-71）

注解：

剑把下落、剑尖上挑（有崩挑挂之意），在这个过程中，剑尖只一个变向，有以逸待劳之能，有一巧破千斤之意，虽脚步轻移，但剑势不撤。学者可品味孙式太极拳“如封似闭”之劲力拳意。

第四十七式　鹞子束身

接上式，左脚往右腿后面斜着撤半步，至脚尖对着右脚外踝骨，脚掌着地，脚跟欠起；当左脚后撤时，左右手同时向两侧抽回，靠紧两胯，左手手心向左后方，右手剑中阴中阳（虎口朝前），剑尖稍扬起；随着撤步重心落在后脚，两眼平视前方，身子略斜着。（图6-72）

注解：

与上式相连后撤了一步，此是技法高明之处。上式敌如不攻，我则乘势进击，敌若攻，我则再撤半步，两个半步合成一步。在一步变化的过程中，进可攻，退可守，步步为营，可立于不败之地。

图6-72　鹞子束身

第四十八式　孤雁出群

图6–73　孤雁出群

接上式，右脚向身体右前方45°斜着迈步，同时右手剑边刺边翻拧成太阴（手背朝上）刺向右前方，左脚跟步至内脚踝对着右脚后跟，左手剑指举至左额上方，手心朝上，眼看剑尖。（图6–73）

第四十九式　乌龙绞柱

接上式，左手向右肋伸去又向左搂回，右脚同时往左迈步，落脚为横步，落在左脚前面；同时右手剑微微提把翻拧成老阴（手心向外），剑尖稍稍向下，然后右手剑里裹由左往右转使剑尖划一圆圈，右手剑成中阴中阳（虎口朝上），剑尖稍低；同时，左手又往上划半圆，扶住右手腕，左脚微扣着与右脚呈倒八字状；随后两腿微屈，剑尖崩起，随即剑尖往下点。（此时面向正西方向）当剑尖下点时，右脚提起，脚面绷住，脚心靠左膝内侧，剑把为中阴中阳（虎口朝下）。（图6–74）

图6–74　乌龙绞柱

注解：

右手剑里裹划圆圈与左手剑指划圆应同步，与右脚横步、左脚扣步等配合不可停顿；剑尖崩起后可微停。

这是孙氏剑法中特别重要的搅剑之法，搅剑必须用己剑黏拿住对方之剑身，使对方跑无可跑，其意似蛇缠住对方，然后乘势击杀。剑是翻、搅、崩、点的用法，但其中还有裹、压、挑、刺等法。用时可进可退，与八卦拳的身法步法配合使用，尤其玄妙。

第五十式　青龙缩尾

接上式，脚不动，右手中阴中阳（虎口朝上）持剑将剑抽回，剑首抵住腹部，剑尖平直指向前方，左手仍扶在右腕上，眼看剑尖，身体稍起。（图6–75）

注解：

与上式相连，劲力不可间断。

图6–75　青龙缩尾

第五十一式　挤步黑虎出洞

图6-76　挤步黑虎出洞

接上式，两手不动，眼平视前方，右脚向前落步，再迈左脚，左脚落地后再向前垫跳半步，右脚立即迈向前方，两腿成弓步；当右脚落地时，左手扶在右腕上，右手仍中阴中阳（虎口朝前，剑刃垂直）着将剑向前直刺出去，剑与小臂平，眼看剑尖，上身微向前倾，腰塌住劲。（图6-76）

注解：

与上式连接亦不可间断，两式是一蓄一发，一阴返一阳，故阴极转阳无有痕迹，自然而然。

第五十二式　里截剑

接上式，左脚略向后移动一小步，右手剑向里裹成太阳（手心朝上），剑尖如划一弧形向里截去，手心仍朝上，身体向左扭，剑与肩臂成一斜直线；同时左手由手心朝里翻成手心朝外，向左方伸开，停住，手臂成半月形。（图6-77）

注解：

此式动作劲力与第四十二式外截剑一反一正，一裹一翻，截法相同。

图6-77　里截剑

第五十三式　鹞子束身

接上式，先将身体重心移至右腿，随即左脚往右腿后方斜着撤半步，至脚尖对着右脚外踝骨，前脚掌着地，脚跟提起；当左脚后撤时，左右手同时向两侧抽回，靠紧两胯，左手手心向左后方，右手剑中阴中阳（虎口向前），剑尖稍扬起；随着撤步重心落在后脚，两眼平视前方，身子略斜。（图6–78）

图6–78　鹞子束身

第五十四式　孤雁出群

图6–79　孤雁出群

接上式，右脚向身体右前方45°斜着迈步，同时右手剑边翻拧成太阴（手背朝上）边刺向右前方，左脚跟步至内脚踝对着右脚后跟，左手剑指举至左额上方，手心朝上，眼看剑尖。（图6–79）

第五十五式　蜻蜓点水

接上式，右脚外摆，横斜着垫步，然后左脚向前扣步落地，右手剑由太阴（手背朝上）翻裹成老阳（手心向右外侧），松剑把使剑尖下垂，然后贴着身体右侧由下而上、由后向前翻转一圈，翻成中阴中阳（虎口朝前），然后剑尖再向身体左侧前边点去（正南方向），右手剑仍成中阴中阳（虎口朝前）。当剑下点时，右脚同时提起，脚心靠左膝内侧，脚面绷住；左手扶于右手腕上，眼看剑尖，剑尖略下倾。（图6-80~图6-82）

图6-80　蜻蜓点水（一）

图6-81　蜻蜓点水（二）

图6-82　蜻蜓点水（三）

第五十六式　磨盘剑

图6-83　磨盘剑（一）

图6-84　磨盘剑（二）

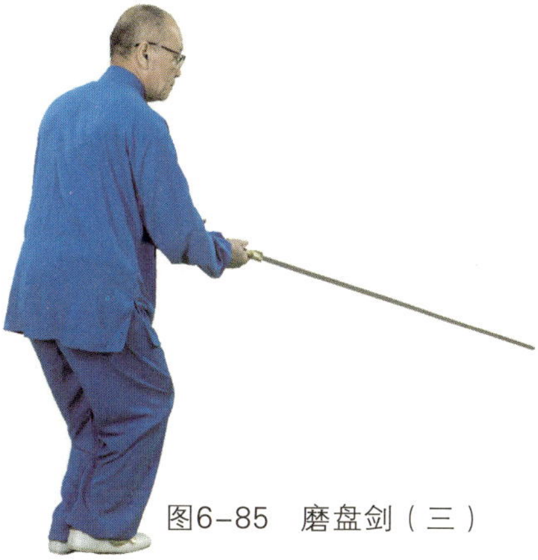

图6-85　磨盘剑（三）

接上式，右手剑先有扭成老阴的劲意，随即右手剑扭成老阴（手背半面朝上，虎口向左下方）持剑向身体右上方抹去，高不过头，同时右脚向右方落下，右手剑继续向右、向下裹剑，裹至手心朝里，最后将剑托起，剑刃上下垂直，剑身与眉齐，剑尖略低，眼看剑尖；左手剑指在右手剑把向上提时，顺右肋往下、向左上方划一圆圈，仍回到头左上侧，手心朝外；右脚在剑托起时向左前方迈出，向右转走半圈，步数不拘，视场地而定，但须右脚在前时停住（面向东北方向停步）。（图6-83~图6-87）

图6-86　磨盘剑（四）

图6-87　磨盘剑（五）

第五十七式　鹞子入林

接上式，右脚在前停住，左脚上步里扣，与右脚成倒八字形；同时右手剑把往上提至头部上方，剑尖向斜下方；随即右手剑由老阳（手心向里）边翻拧边下落、平刺出去，成中阴中阳（虎口朝上），左手剑指扶于右腕；剑下落平刺出去的同时，右脚与剑尖成一直线向前迈去，两脚成弓步，步子大小与人体高矮相称，剑刺出后略低于肩，眼看剑尖（东南方向）。（图6-88、图6-89）

图6-88　鹞子入林（一）

图6-89　鹞子入林（二）

注解：

此式剑把上提、顺势翻身反刺，与水中游鱼相似无有阻力，重点体会“顺势”二字，与上式相连使用，有走转中寻找对方破绽迅速出击之意。

第五十八式　怀中抱月

接上式，右手剑向里裹，同时边裹边将剑平着抽回至胸前，剑成太阳（手心朝上），剑尖指向右前方，左手剑指朝上以手心抵住剑首；同时右脚撤到左脚旁，前脚掌着地、脚跟微提起，两腿微屈，眼向前看。裹剑、重心后移、往回抽剑、右脚撤回同时进行。（图6–90）

图6–90　怀中抱月

第五十九式　刷膀撩腕

图6–91　刷膀撩腕（一）

①接上式，右手剑向左膀外刷去，胳膊略弯曲，右手中阴中阳（虎口朝上）持剑，剑把至左肋处，左手向下穿至右腋下，手心向右外，腰塌住劲，两腿微屈，眼随剑走。（图6–91）

图6-92　刷膀撩腕（二）

②剑不停，右手剑从身体左侧向下再向上划半圆弧，向上撩去(东南方向)，剑尖与肩平，眼看剑尖。撩剑同时右脚后撤，右脚落地后，左脚以脚跟为轴，脚尖略向里扭，步子大小随人身体高矮而定，左手同时顺势向后划去，手心朝上。（图6-92）

第六十式　插花盖顶

接上式，右手持剑从身体左侧依顺时针方向划一立圆往前方劈去，手腕转时要坠肘，剑把成中阴中阳（虎口朝上）。在右手剑向前方劈时，左手扶于右腕上，右脚也同时向右前方上步，左脚随之跟步，与右脚齐。身子直立，剑与臂平，稍低于肩，眼看剑尖。（图6-93）

注解：

剑向后翻转时要沉肩坠肘、抽肩抽胯，力达剑身，为护身之法；剑在左侧身前剑尖下垂时，右脚要完成上步，为进身之法；劈点就是一击必杀。

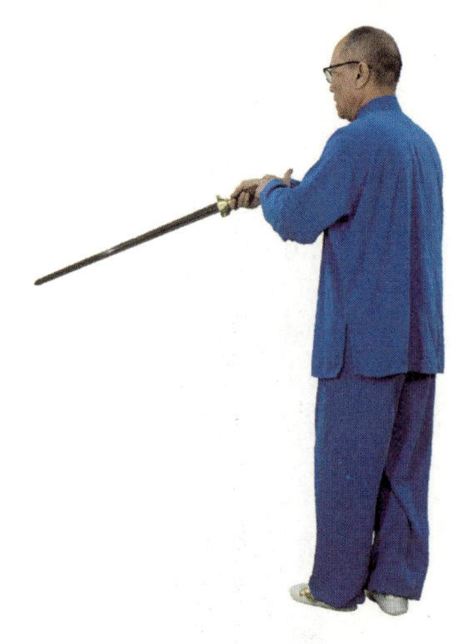

图6-93　插花盖顶

第六十一式　鹞子翻身

接上式，两手同时翻转，两臂随着向后翻一弧形，再翻向前，即将剑尖在身体右侧划一圆圈，左手在身体左侧划一圆圈，两手翻到胸前时手心朝内，然后同时分开；分开时左脚撤步到右脚后，右脚再横撤一步，随后右手剑拧翻成手心朝下，向右平着抹至身体右侧，同时左脚以脚跟为轴向右转身，两脚平行；动作不停，右手剑裹成太阳（手心朝上），再向左平着抹回，抹至身体左后方，当剑尖运至身体斜后方时，剑把翻至太阴（手心朝下），左手在剑外侧手心朝上接剑。（图6–94、图6–95）

图6–94　鹞子翻身（一）

图6–95　鹞子翻身（二）

注解：

整个运剑过程中，手腕需用力，把剑之劲力全部逼到剑尖三寸处，似剑在身前平扫，剑势在身体360°范围中均呈现凛然不可侵犯之剑气。

第六十二式　无极还原

接上式，左手接过剑后，左腿随着身体重心右移与右腿并拢。右手变成剑指，随身体重心右移从下往右再往右额上方划一半圆弧，至右额头上方停住，手心向外；左手剑同时向右上方划一圆弧回到左臂后。此时成背剑直立（面向正南），然后右手自然落下，两臂垂直还原。目视前方，平心静气，之后收势。（图6-96、图6-97）

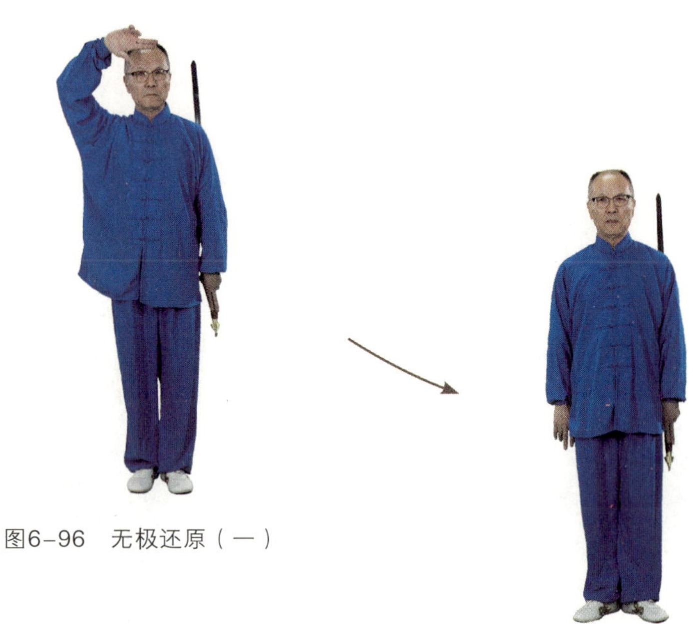

图6-96　无极还原（一）

图6-97　无极还原（二）

第七章

孙式太极剑对剑

一、动作名称

第一式　（甲）（乙）无极式
第二式　（甲）（乙）太极式
第三式　（甲）（乙）白鹤亮翅
第四式　（甲）（乙）双龙出水
第五式　（甲）（乙）鹞子翻身
第六式　（甲）（乙）单举鼎
第七式　（甲）（乙）仙人指路
第八式　（甲）（乙）青龙返首
第九式　（甲）（乙）太公钓鱼
第十式　（甲）（乙）青龙抬头
第十一式　（甲）（乙）单举鼎
第十二式　（乙）挤步黑虎出洞（甲）青龙献爪、凤凰点头
第十三式　（乙）抽梁换柱（甲）天边扫月
第十四式　（乙）外截剑（甲）猛虎截路
第十五式　（甲）青龙缩尾、黑虎出洞（乙）怀中抱月
第十六式　（乙）白蛇伏草（甲）平沙落雁
第十七式　（乙）夜叉探海（甲）青龙入海
第十八式　（甲）怀中抱月（乙）封侯挂印
第十九式　（甲）鸿雁送书（乙）鹞子束身
第二十式　（乙）孤雁出群（甲）鹞子束身
第二十一式　（甲）孤雁出群（乙）乌龙绞柱
第二十二式　（甲）蜻蜓点水（乙）青龙缩尾
第二十三式　（甲）回头望月（乙）青龙缩尾
第二十四式　（甲）败式（乙）挤步黑虎出洞
第二十五式　（乙）挤步黑虎出洞（甲）妙手背斩
第二十六式　（乙）里截剑（甲）大鹏展翅、猛虎截路
第二十七式　（乙）鹞子束身（甲）推窗望月
第二十八式　（乙）孤雁出群（甲）顺势撩腕
第二十九式　（甲）（乙）蜻蜓点水

第三十式　（甲）（乙）磨盘剑
第三十一式　（乙）鹞子入林（甲）刷膀撩腕
第三十二式　（乙）怀中抱月（甲）青龙缩尾
第三十三式　（甲）黑虎出洞（乙）刷膀撩腕
第三十四式　（乙）插花盖顶（甲）怀中抱月
第三十五式　（甲）（乙）鹞子翻身
第三十六式　（甲）（乙）单举鼎
第三十七式　（甲）挤步黑虎出洞（乙）青龙献爪、凤凰点头
第三十八式　（甲）抽梁换柱（乙）天边扫月
第三十九式　（甲）外截剑（乙）猛虎截路
第四十式　（乙）青龙缩尾、黑虎出洞（甲）怀中抱月
第四十一式　（甲）白蛇伏草（乙）平沙落雁
第四十二式　（甲）夜叉探海（乙）青龙入海
第四十三式　（乙）怀中抱月（甲）封侯挂印
第四十四式　（乙）鸿雁送书（甲）鹞子束身
第四十五式　（甲）孤雁出群（乙）鹞子束身
第四十六式　（乙）孤雁出群（甲）乌龙绞柱
第四十七式　（乙）蜻蜓点水（甲）青龙缩尾
第四十八式　（乙）回头望月（甲）青龙缩尾
第四十九式　（乙）败式（甲）挤步黑虎出洞
第五十式　（甲）挤步黑虎出洞（乙）妙手背斩
第五十一式　（甲）里截剑（乙）大鹏展翅、猛虎截路
第五十二式　（甲）鹞子束身（乙）推窗望月
第五十三式　（甲）孤雁出群（乙）顺势撩腕
第五十四式　（甲）（乙）蜻蜓点水
第五十五式　（甲）（乙）磨盘剑
第五十六式　（甲）鹞子入林（乙）刷膀撩腕
第五十七式　（甲）怀中抱月（乙）青龙缩尾
第五十八式　（乙）黑虎出洞（甲）刷膀撩腕
第五十九式　（甲）插花盖顶（乙）怀中抱月
第六十式　（甲）（乙）鹞子翻身
第六十一式　（甲）（乙）无极还原

（对剑示范者为李朝、张成学，黄衣为甲、蓝衣为乙）

二、动作图解

第一式　（甲）（乙）无极式

甲、乙二人相对站立，距离约3米，左右相距约4米。（图7-1）

图7-1　（甲）（乙）无极式

第二式　（甲）（乙）太极式（图7-2）

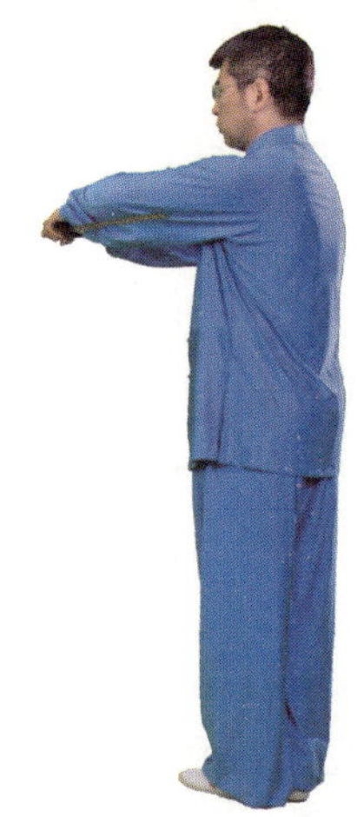

图7-2　（甲）（乙）太极式

第三式 （甲）（乙）白鹤亮翅（图7-3、图7-4）

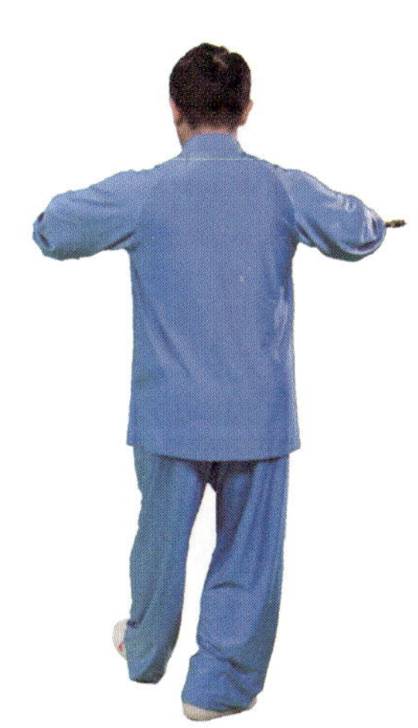

图7-3 （甲）（乙）白鹤亮翅（一）

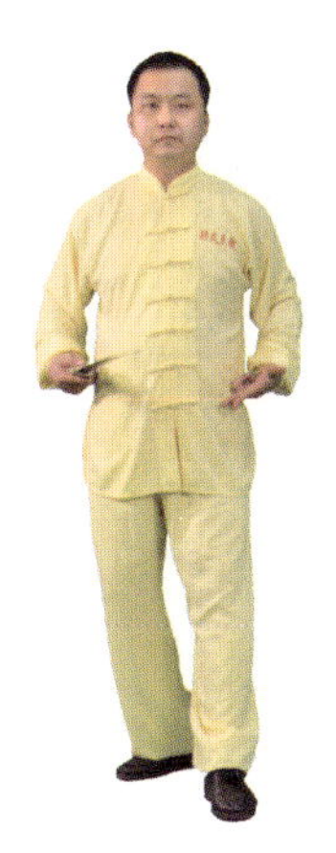

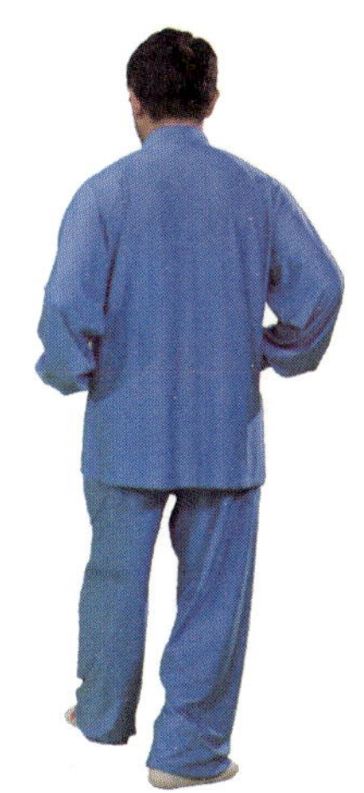

图7-4 （甲）（乙）白鹤亮翅（二）

第四式 （甲）（乙）双龙出水（图7–5）

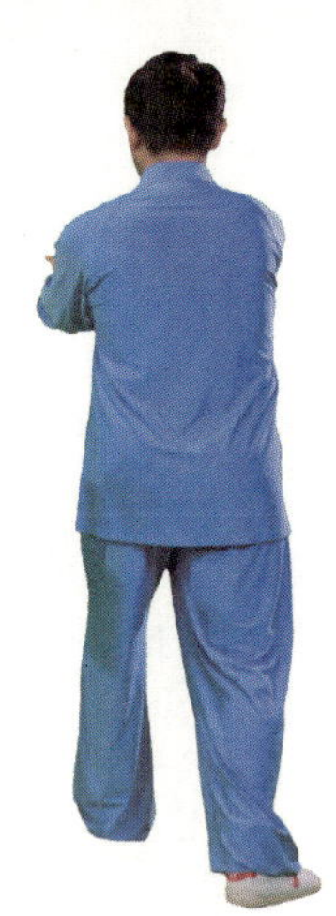

图7–5 （甲）（乙）双龙出水

第五式 （甲）（乙）鹞子翻身（图7–6）

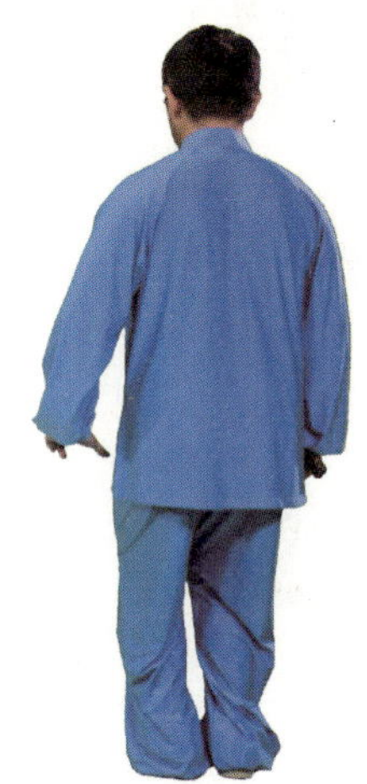

图7–6 （甲）（乙）鹞子翻身

第六式　（甲）（乙）单举鼎（图7-7）

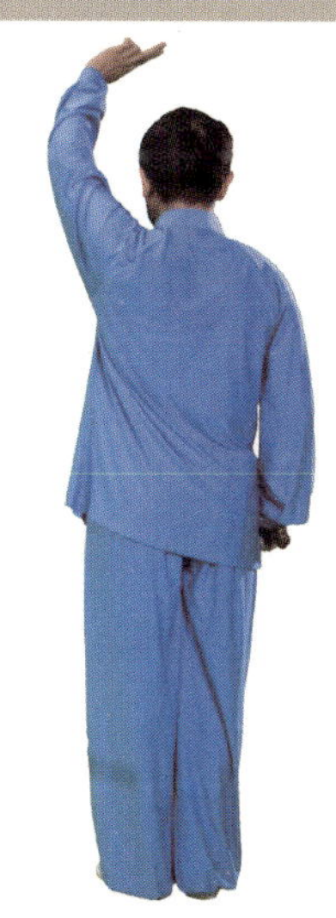

图7-7　（甲）（乙）单举鼎

第七式　（甲）（乙）仙人指路（图7-8、图7-9）

图7-8　（甲）（乙）仙人指路（一）

图7-9　（甲）（乙）仙人指路（二）

第八式　（甲）（乙）青龙返首（图7-10）

图7-10　（甲）（乙）青龙返首

第九式　（甲）（乙）太公钓鱼（图7-11）

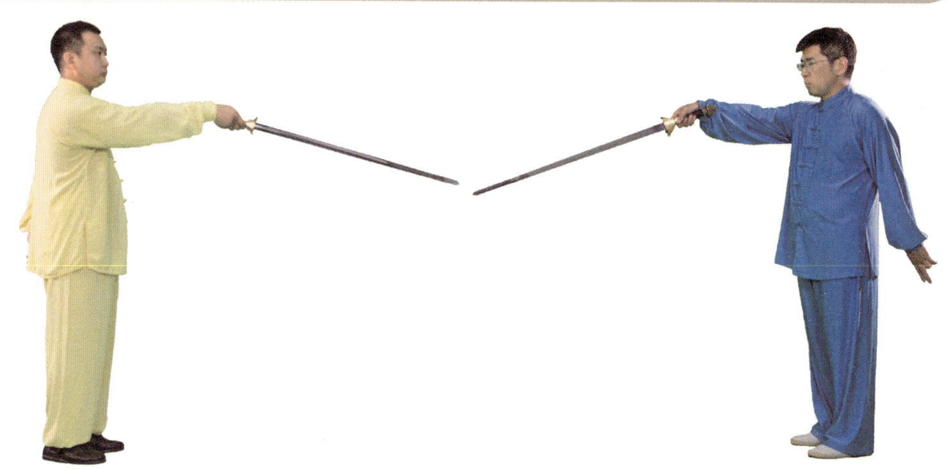

图7-11　（甲）（乙）太公钓鱼

第十式　（甲）（乙）青龙抬头（图7-12）

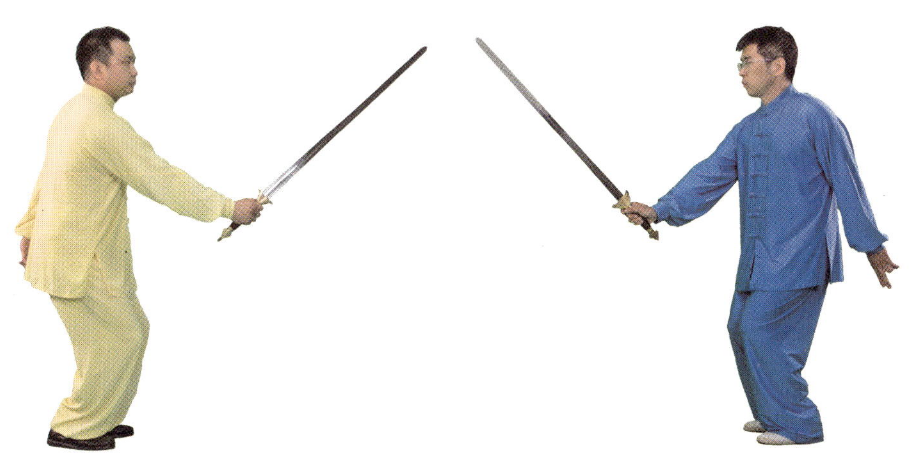

图7-12　（甲）（乙）青龙抬头

第十一式　（甲）（乙）单举鼎（图7-13）

图7-13　（甲）（乙）单举鼎

第十二式　（乙）挤步黑虎出洞（甲）青龙献爪、凤凰点头

乙“挤步黑虎出洞”先向甲进攻，挤步后用剑直刺甲的胸腹部。待乙剑即将要刺到甲身体时，甲左手剑诀由头顶向下、向前落下吸引乙之眼神，右脚迅速后撤一步含胸收腹用“青龙献爪”躲开，随即用“凤凰点头”，剑尖前伸刺点乙持剑的手腕。（图7-14~图7-16）

注解：

此时甲是刺点一体，“上刺咽喉下点手，指上打下必定有”。“青龙献爪”时机拿捏很重要，不能过早或过晚；过早的话，乙很容易变剑，过晚的话，乙剑就刺到甲身体了。“青龙献爪”与“凤凰点头”二式动作之间不可有停滞，要一气呵成。

图7–14　（乙）挤步黑虎出洞（甲）青龙献爪、凤凰点头（一）

图7–15　（乙）挤步黑虎出洞（甲）青龙献爪、凤凰点头（二）

图7–16　（乙）挤步黑虎出洞（甲）青龙献爪、凤凰点头（三）

第十三式　（乙）抽梁换柱（甲）天边扫月

乙见甲点刺自己的手腕，且剑已用老，急速用“抽梁换柱”剑往下沉，避开甲剑，从下面把剑抽回，再从甲剑上方反刺甲的面部。甲随即用“天边扫月”式扫挂乙之剑身，用剑向右扫挂开乙之剑。（图7-17~图7-19）

图7-17　（乙）抽梁换柱（甲）天边扫月（一）

图7-18　（乙）抽梁换柱（甲）天边扫月（二）

图7-19　（乙）抽梁换柱（甲）天边扫月（三）

第十四式　（乙）外截剑（甲）猛虎截路

乙一击不中，剑被甲剑扫开后，顺势裹剑，随即变式用“外截剑”向甲的右腿截击而去；甲剑扫挂落空后，见乙变式袭击下盘，随即变式“猛虎截路”截住乙之剑，同时提起右腿躲避；此时两剑相交，眼看对方两肩或双眼。（图7-20）

图7-20　（乙）外截剑（甲）猛虎截路

第十五式　（甲）青龙缩尾、黑虎出洞（乙）怀中抱月

①甲用“青龙缩尾”沾拿之法把剑抽回，抽回时须黏住乙剑，使其不得变化，继而迅速向前迈步用“黑虎出洞”直刺乙方手腕。此二式一拿一刺不可停顿。

②乙见甲剑直刺而来，用“怀中抱月”将剑带回，与用裹压劲儿拿着对方剑相似，黏住并向后撤步避过、化解甲刺来的剑。眼看对方。（图7-21）

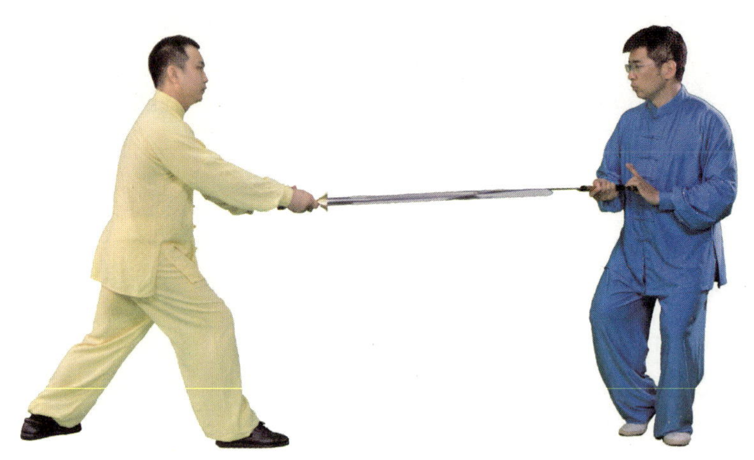

图7-21　（甲）青龙缩尾、黑虎出洞（乙）怀中抱月

注解：

甲“青龙缩尾”和“黑虎出洞”两式要连成一气向乙攻击。故应在一裹一翻、一缩一伸之间体会剑身粘连黏随的劲力，一气呵成，不可有些许顿挫。

乙也应在一吞一吐间，随着甲剑的劲力，在不即不离中认真体会。

第十六式　（乙）白蛇伏草（甲）平沙落雁

①乙继续向后撤步，用“白蛇伏草”向前直刺甲，此式是以退为进，退步俯身，身退剑进。（图7-22）

②甲身体右转并向下蹲，用“平沙落雁”顺势下压拿住乙刺来的剑。（图7-23）

图7-22　（乙）白蛇伏草（甲）平沙落雁（一）

图7-23　（乙）白蛇伏草（甲）平沙落雁（二）

第十七式　（乙）夜叉探海（甲）青龙入海

乙见甲剑压住己剑，迅即起身，把剑抽回，又迈步，用“夜叉探海”向前下方刺向甲；甲急起身、迈步，用“青龙入海”向乙右腕反刺去。两剑相交。眼随剑尖看剑之所刺之处。（图7–24）

图7–24　（乙）夜叉探海（甲）青龙入海

注解：

此步大小及方向可灵活掌握，如距离对方太近，右脚也可向后退一步，总之以二人距离合适为宜。

第十八式　（甲）怀中抱月（乙）封侯挂印

甲转身用“怀中抱月”黏住乙剑把剑抽回，使乙剑无法进攻，进退均受阻。乙则压剑把顺势用“封侯挂印”崩挂甲剑，封住甲剑进攻路线。甲乙均蓄势、伺机而动。（图7–25）

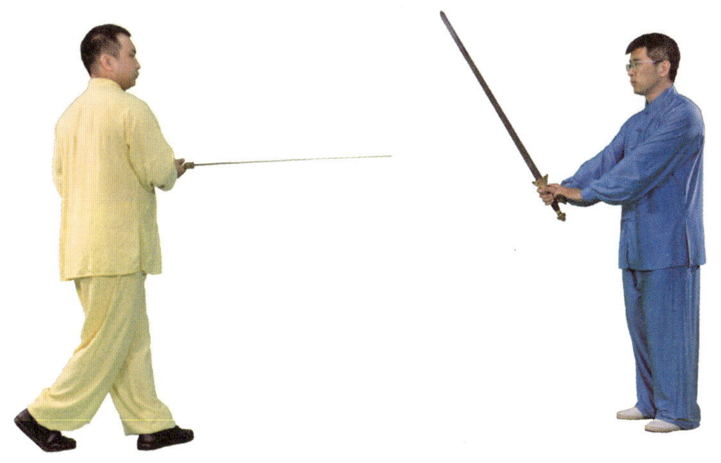

图7–25　（甲）怀中抱月（乙）封侯挂印

第十九式　（甲）鸿雁送书（乙）鹞子束身

甲剑被乙剑崩出，顺势迅速用“鸿雁送书”向乙的左肩平刺。乙见甲剑刺来，迅速左脚撤步拧身，在间不容发之际用“鹞子束身”避开甲剑。整个身体如同捆束在一起似的。（图7–26）

注解：

乙的“鹞子束身”与下一式的“孤雁出群”要一气呵成，不可有停顿，一闪一击，与一个动作相似。

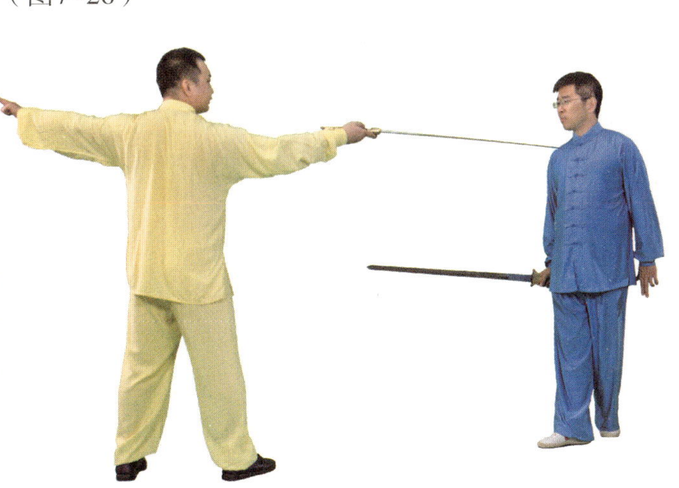

图7–26　（甲）鸿雁送书（乙）鹞子束身

第二十式　（乙）孤雁出群（甲）鹞子束身

乙不停式，随即向前迈步，用“孤雁出群”刺向甲之左肩，眼随剑尖看所刺之处。甲同样用“鹞子束身”式，闪避开乙刺来之剑。（图7–27）

图7–27　（乙）孤雁出群（甲）鹞子束身

第二十一式　（甲）孤雁出群（乙）乌龙绞柱

①甲不停式，迅速向前迈步，也用“孤雁出群”刺向乙之左肩，眼随剑尖看所刺之处。

②乙料定甲“鹞子束身”后必击刺而来，待甲剑刚刺出之际，迅速上步把剑从甲剑下面伸出，用“乌龙绞柱”黏拿住甲剑，使其不能变化，再用搅剑之法把甲剑由下向上、由左向右搅，接着压剑把，使剑尖稍高，将甲剑挑开；然后迅即剑尖前伸点刺甲的手腕。（图7–28~图7–32）

图7–28　（甲）孤雁出群（乙）乌龙绞柱（一）

图7–29　（甲）孤雁出群（乙）乌龙绞柱（二）

图7–30　（甲）孤雁出群（乙）乌龙绞柱（三）

图7-31　（甲）孤雁出群（乙）乌龙绞柱（四）

图7-32　（甲）孤雁出群（乙）乌龙绞柱（五）

第二十二式 （甲）蜻蜓点水（乙）青龙缩尾

甲剑顺着乙搅剑之势掉把向右身后翻转一圈，用“蜻蜓点水”式点乙之右腕。乙见甲剑点来时，速用“青龙缩尾”将剑抽回，避过甲剑。（图7-33、图7-34）

图7-33 （甲）蜻蜓点水（乙）青龙缩尾（一）

图7-34 （甲）蜻蜓点水（乙）青龙缩尾（二）

第二十三式　（甲）回头望月（乙）青龙缩尾

图7-35　（甲）回头望月（乙）青龙缩尾

在乙“青龙缩尾”将剑抽回时，甲即向前迈步用“回头望月”式，把剑斜横在身前，护住自己，同时顺着剑尖方向看向乙。（图7-35）

第二十四式　（甲）败式（乙）挤步黑虎出洞

甲紧接着继续向前迈步，用“败式”诱敌追击，并寻找时机，出其不意回身反击。乙见甲败走，紧随其后用“挤步黑虎出洞”追击；当距离对方越来越近时，挤步加速进击，直刺对方后背。（图7-36）

图7-36　（甲）败式（乙）挤步黑虎出洞

第二十五式　（乙）挤步黑虎出洞（甲）妙手背斩

甲向前假装败走，但时刻留意着身后，待乙剑刺向后背时，迅速转身用“妙手背斩”截击乙剑，并由下往上直刺乙咽喉或头部。“回身剑式灵且妙，大罗神仙跑不掉”。（图7–37、图7–38）

图7–37　（乙）挤步黑虎出洞（甲）妙手背斩（一）

图7–38　（乙）挤步黑虎出洞（甲）妙手背斩（二）

第二十六式　（乙）里截剑（甲）大鹏展翅、猛虎截路

乙见对方截击自己进攻之势，即用“里截剑”扫截向甲之小腿。当乙方变招时，甲用“大鹏展翅”两臂左右分开，然后两手迅速合拢，提起左腿闪避，并用“猛虎截路”截住乙之剑。（图7–39、图7–40）

注解：

这时甲的两个式子对乙的一个式子，所以速度要快，动作要一气呵成，要短小迅捷。

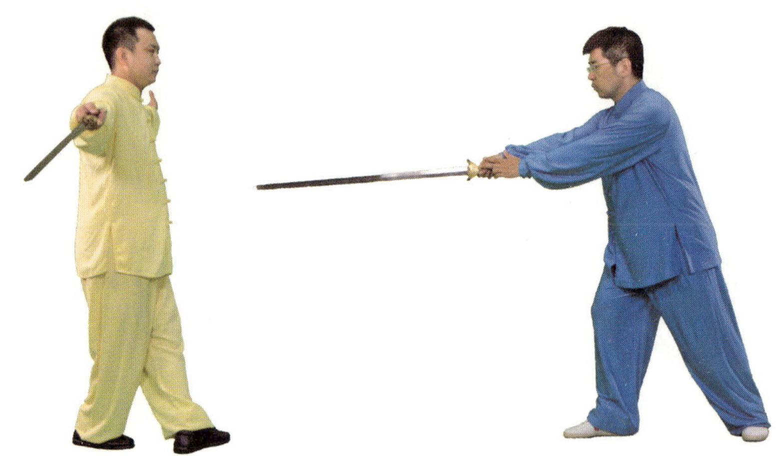

图7–39　（乙）里截剑（甲）大鹏展翅、猛虎截路（一）

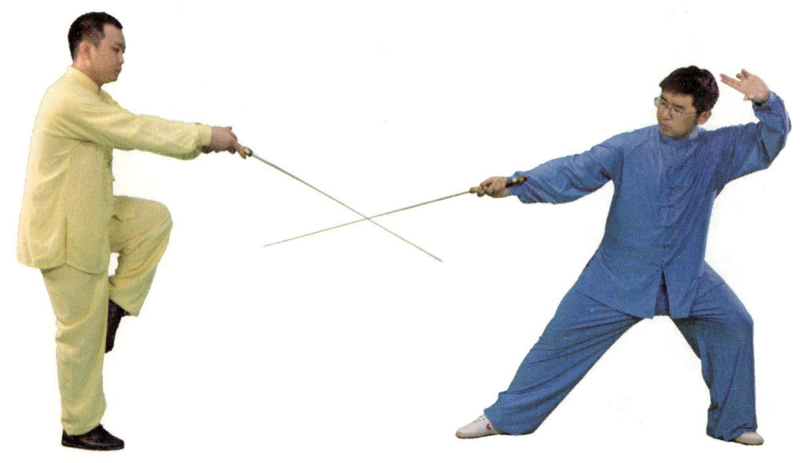

图7–40　（乙）里截剑（甲）大鹏展翅、猛虎截路（二）

第二十七式　（乙）鹞子束身（甲）推窗望月

乙见连击不成，立即撤步用“鹞子束身”蓄势待发。甲则顺势左脚落地用“推窗望月”分开双手，眼看着对方，诱敌深入，等待时机。（图7-41）

图7-41　（乙）鹞子束身（甲）推窗望月

第二十八式　（乙）孤雁出群（甲）顺势撩腕

图7-42　（乙）孤雁出群（甲）顺势撩腕

乙前式不停，紧接着迈步用“孤雁出群”刺向甲。甲侧身进步闪避乙剑，同时用“顺势撩腕”撩向乙之右腕，眼看着对方。（图7-42）

第二十九式　（甲）（乙）蜻蜓点水

图7-43　（甲）（乙）蜻蜓点水

乙见甲剑撩击而来，用“蜻蜓点水”在身前右侧划一个圆圈，用剑向甲右手腕点击。甲亦同样用“蜻蜓点水”用剑向乙右手腕点击。（图7-43）

注解：

此式动作完全相同，需甲乙二人同时完成，距离不可过远，以能点到对方手腕为宜。此式是互点对方持剑手手腕，且一点即走。在倏忽间变式，其身法、步法、剑法融于一体，要体现一个“活”字。

第三十式　（甲）（乙）磨盘剑

①甲乙二人同时用“磨盘剑”先向右扫抹对方头部，再由上转下向左边扫去。离地高矮可根据自己的情况，低可贴地扫击对方脚踝，高可扫击对方腰胯，但是不能过高。（图7-44、图7-45）

图7-44　（甲）（乙）磨盘剑（一）

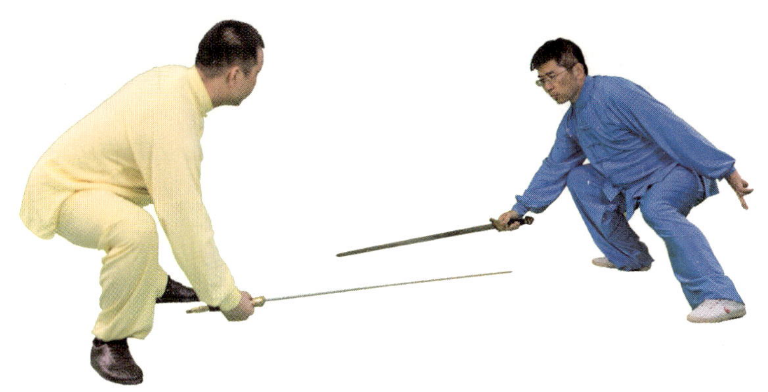

图7-45 （甲）（乙）磨盘剑（二）

②这时甲乙二人各迈步走半个圆圈，各取守势，寻找时机，走转时要剑尖始终指向对方，眼看着对方，走转时要平稳，不可有起伏。（图7-46、图7-47）

图7-46 （甲）（乙）磨盘剑（三）

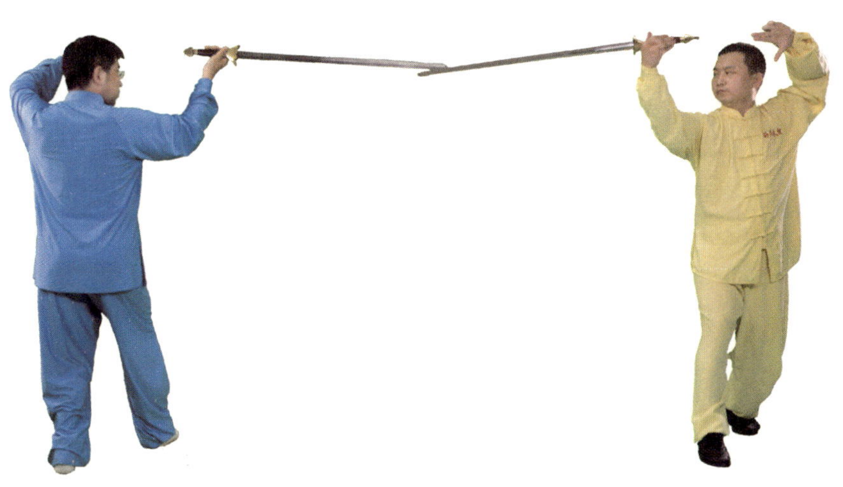

图7-47 （甲）（乙）磨盘剑（四）

第三十一式　（乙）鹞子入林（甲）刷膀撩腕

走转半个圆圈后，乙见有机可乘，率先发起进攻，左脚扣步用“鹞子入林”直刺向甲的胸部。此式如同乙方是二人，另一人从后面攀住甲之左臂，甲见前后同时遭到攻击，同样左脚扣步，以“刷膀”之法抹刷后面之敌，用“撩腕”式出其不意贴着乙刺来的剑撩向其手腕。此时两剑相交。要动作连贯不可停顿，刷膀与撩腕一气呵成。（图7-48~图7-51）

图7-48　（乙）鹞子入林（甲）刷膀撩腕（一）

图7-49　（乙）鹞子入林（甲）刷膀撩腕（二）

图7–50　（乙）鹞子入林（甲）刷膀撩腕（三）

图7–51　（乙）鹞子入林（甲）刷膀撩腕（四）

第三十二式　（乙）怀中抱月（甲）青龙缩尾

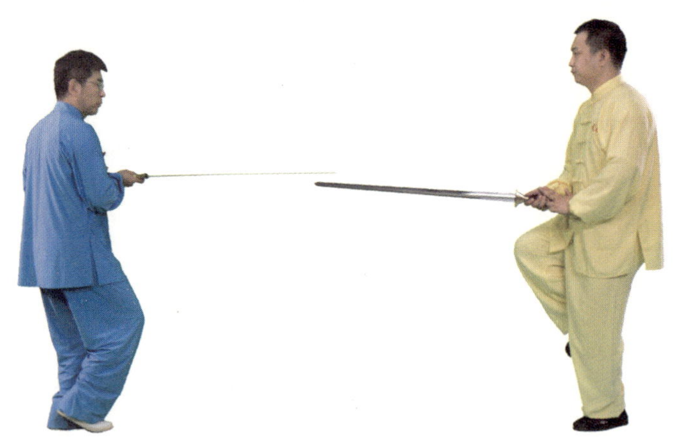

图7–52　（乙）怀中抱月（甲）青龙缩尾

乙见击刺不成，手腕将被撩击，即用“怀中抱月”把剑抽回至胸前，另寻时机。甲见撩击不中，看到乙剑回撤，不敢冒进，立即用“青龙缩尾”将剑抽回，准备再寻机会进攻。（图7–52）

第三十三式　（甲）黑虎出洞（乙）刷膀撩腕

甲顺势迈步，用“黑虎出洞”出剑直刺乙。乙右脚后撤闪避甲剑，同时用“刷膀撩腕”反撩甲右腕。（图7–53）

图7–53　（甲）黑虎出洞（乙）刷膀撩腕

第三十四式　（乙）插花盖顶（甲）怀中抱月

①乙趁甲剑未刺到己身时，迅速变剑用“插花盖顶”使剑由下向上划一圆圈，(立剑)再向甲劈点。（图7-54）

②甲见乙剑劈点来，随即撤右脚，退身以“怀中抱月”式防守。（图7-55）

图7-54　（乙）插花盖顶（甲）怀中抱月（一）

图7-55　（乙）插花盖顶（甲）怀中抱月（二）

第三十五式　（甲）（乙）鹞子翻身（图7-56）

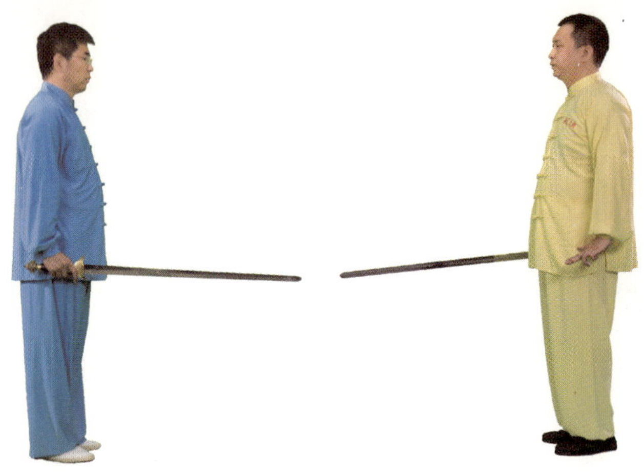

图7-56　（甲）（乙）鹞子翻身

第三十六式　（甲）（乙）单举鼎（图7-57）

第三十七式至第六十式的动作与第十二式至三十五式相同，只是甲乙角色互换，甲用乙的招式，乙用甲的招式。此处不再重复。

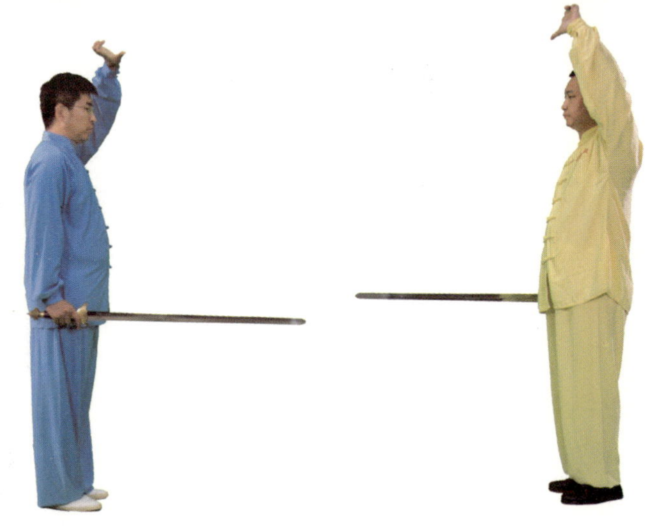

图7-57　（甲）（乙）单举鼎

第六十一式　（甲）（乙）无极还原

甲乙二人右手剑同时在身体右侧向下、向后再向上翻转一圈，同时向右侧撤步；左手接过剑后，左腿随着身体重心右移与右腿并拢。右手变成剑指，随身体重心右移从下往右再往右额上方划一半圆弧回到左臂后，成背剑直立，而后右手自然落下，两臂垂直还原。（图7-58~图7-61）

图7-58　（甲）（乙）鹞子翻身（一）

图7-59　（甲）（乙）鹞子翻身（二）

图7-60 （甲）（乙）鹞子翻身（三）

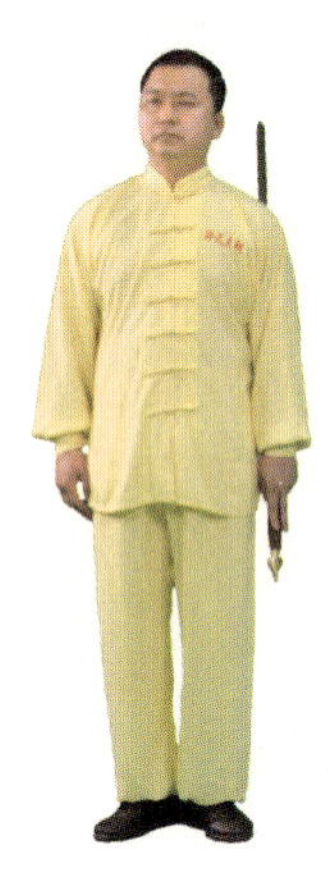

图7-61 （甲）（乙）无极还原

第八章

拳学探微

拳谈拾萃

（一）无极式

曾看有假大师站无极式时两脚分开，甚至于到两脚与肩同宽。这种做法大家要警惕注意。关于无极式，孙禄堂老先生的书上有明确的记载。站的时候两脚并拢，两脚尖外展90°，面向正前方。所谓无极，就是混沌的状态，无我无他，无思无象，完全进入混沌的状态中，即“平地立杆”，这时的人体应该处于一种虚空的状态，思想处于寂静的状态，不受外界情绪和嘈杂环境的干扰影响，主要强调一个“静”字。这是无极式初级入门的站法。

两腿要自然站直，膝盖既不要微屈，也不要使劲绷直，要自然直立，不要让膝盖产生力，有力的产生便是错的。当无极式站到小腹微微发热，体会到丹田发热就行了，就不要再站了。这时候可以采取“意注丹田”，把所有的想法，看到的听到的都不管，把全部注意力集中在丹田。另外一种情况是你想得太多，眼睛看到的东西太多，那个时候是静不下来的，就不要再站了。因为无极式主要讲的是一种静的状态，这种寂静的状态，什么都不用想，当你进入混沌的状态，这时候才是无极态。

孙氏的无极式和其他门派的无极式是有区别的，这时什么垂肩坠肘、舌顶上颚、头顶等要求都不要有，如果你追求这些，包括有思想，都不是无极式。比如说，就像是在悬崖边上钓鱼，这时鱼线会随着风摆动，不要给它任何的力，这时就叫“无妄无住”，不要去想它，也不要管它。它来了我不管也不拒绝，它走了我也不去追。思想要达到相对的平静，看到什么都可以视若无睹，这才叫无极式。哪里还要加上力？比如说我绷着劲，还要沉肩坠肘，这就不是无极式。杆要倒了去扶，哪怕有这种想法，都是脱离了无极式的要求。

无极式就要多体会这种混沌的状态。就像是在平地立杆，我们拿一根很细的竹杆。本来是很难站住的，会歪会倒。什么时候起势？就是这杆即将立住的时候，也就是我们这种无极式状态已经到了。

无极式感觉站不稳是对的，有时候会左右晃，有时候会前后晃，还会转着圈儿晃，而且有时候有向后仰的感觉。为什么叫“平地立杆”？因为杆很细，下边的附着点很小，立住之前肯定是要晃的，站完之后就能够立住。这是对人体一种平衡的培养，也是对人体入静以后的培养。所以感觉晃就不要管它，感觉失去重心站不住的时候你的身体你的肌肉自然就会紧一下，然后又放松，回来继续站。

无极式的站是由静到动，三体式的站是由动到静，一个是去的路，一个是回来的路。

在三体式之外，无极式可以用站，看你的心能否静下来。如果心静不下来，单纯从武术的角度上来说，无极式也可以不站。因为太极拳也是“武”，“武”就是实战用的，所以从三体式开始没有问题。当你练得全身劲力完整，外三合、内三合都做到了，那个时候再返回来站无极式可能效果更好一些。没练过的人，大都站不住，因为思绪杂念太多，这时候站无极式花的时间可能比较多，但是效果并不一定那么好。如果练一段形意拳或者三体式，再回来站无极式，效果会更好。

孙氏拳里边的无极式，无论在境界上还是在效果上都高于浑圆桩，无极式是培育内劲的，到底是追求无极还是太极，很容易得出答案。我们练拳要“求”究竟。所谓“内劲”可能就是童旭东先生讲的“内稳态”，无极式练的是内劲，能调动身体自动的“稳态”，触发身体里边的自动平衡机能。孙氏拳从武艺入门，强调三体式；要提升，强调的是无极式。孙氏武学是没有浑圆桩的！

（二）三体式

前手要用主观的意识往前推住，就像前边有个充满了气的皮球，你要把它摁在墙上摁扁，不摁或者不用力摁，皮球都不会扁，但是用力大了皮球就会被摁爆，所以用力要适中，保持摁扁就行了，一直摁着不能松，松了皮球就会掉下来。这时候手向前顶，肩向后缩。注意前手向前推的力量较大时，后边缩肩要缩住，使前后的力平衡，手臂就会拉开了。这时手就会有张力和感觉到膨胀感，手指还可能有变粗的感觉。站孙氏的三体式没有膨胀感就不对了，如果随便站就不会有什么膨胀感。有学员反映从脊柱到大筋感觉有力，有向下扎的感觉。这也是对的。我们练拳追求十字，既有前后又有上下，如果没有上下，上下没有拉开，就相当于球没有打气，没有打气就会有瘪的感觉，打足了气就会有膨胀的感觉。膨胀是360°的，各个角度都有，所以叫“无凹无凸”。所以就要从“十”字里求。

三体式前后脚距离没有标准，根据蹲的架势高低而定，将重心放在后脚踝，前脚拿起来，然后自然下落，落在地上后，这时候距离一定是合适的。

关于三体式的效能问题，很多人都会问初学是否可以久站？其实，真正能达到孙禄堂先生所要求的三体式的程度是非常难的。“九要”是一个大的规矩，内三合、外三合都要做到，另外中间小的劲力要求非常多，需要完整的极限条件下的身心的配合，所以才有站桩三年之说。三体式一开始站也只是要求三七开的步子，逐渐达到临界状态下的站法。就三七开来说，如果“九要”没有做到，这样站一小时也没有效果。但是三体式的功效并非以时间来衡量，而是以效果来衡量。就像过去的马车跑跟现代的高铁跑不一样，效能不一样，站同样的时间比如三分钟，孙氏拳三体式相当于高铁跑起来，能达到三分钟就能有相当的功夫了。马车跑三分钟当然跟高铁没法比。拳无优劣，但训练方法有优劣，要看站桩的要求是否完整，是否把“九要”的要求完全做到，所以不能片面看待这一问题。

（三）太极式

由无极式转太极式，孙式太极拳的要求是重心不动，转右脚；从头顶的百会穴到会阴穴这条无形的“线坠”是不能偏移的。当你达到混沌的状态，会感觉到一种虚空的景象，也就是练功态的时候，你会很轻松就转过来了。反之，当你身体僵硬或者故意使劲的时候，重心就不容易转过来。初学者如果一下子做不到自然转动，可以在转的时候重心稍稍偏一点，但不能晃动太大。总之要追求转动的时候重心不动。这是对拳中能力的培养，培育发动时一触即发的能力，培育无征兆的发动，是动静相交的交汇点，既是转换的起点也是终点。此点即为“一点子”。初学者需注意。

（四）懒扎衣

有的练习者容易把孙式太极拳的“懒扎衣”和其他太极拳的“揽雀尾”混淆，其实两者绝不能等同。有些拳种说“懒扎衣”就是打架之前，先把衣服撩起来掖在腰间的架势。其实太极拳里有很多是形容词，就像剑法里也有“平沙落雁”这样的叫法，我们不能脱离拳的本意来过度阐释。“懒扎衣”就是一个象形动作，扎衣就是披衣服的动作描述，正常的披衣动作是左手向袖子里伸的同时，右手提着衣服的领子从头上转一圈回到前面，再穿右胳膊。孙存周先生所授套路中，“懒扎衣”掤的动作做得比较开展，把扎衣的动作做得更形象了。所以孙式太极拳中的“懒扎衣”动作应该是两手在水平方向做不同轨迹的两个圆运动，两手虽做不同的弧形，但弧形的末端都收在自己的胸前。由于此动作过于复杂，孙剑云老师教初学者时，将左手搭在右手腕上一起向后划弧然后收到胸前，两手划着同样的路线，但熟练以后就应该按规范的动作去做。“懒扎衣”包含了太极拳的八法——“掤捋挤按，採挒肘靠”。

在这一式的学习中容易出现很多问题：

孙式太极拳“懒扎衣”的捋是上下的，上下手对着来捋。有些人做成上边的手从一旁划弧来捋，还有人在转的时候两手出不去，或者落到半道就出去了，或者两手回到两胯边出去。

第三式“懒扎衣”的跟步有两种练法：一是根据步伐，二是脚尖转。如果脚跟转，两脚会不在一条线上，转过来是一个标准的三体式。这个要和具体个人身体结构相结合，不要纠结到底是怎么转，关键是转过来脚的位置对不对。如果前脚跟的中间位置对准后脚的踝骨，就是对的，对不准的时候就是错的。

“懒扎衣”手脚的虚实是互相含着的。看似全虚或者看似全实，实际上在具体的每一段都有虚实。最明显的是步子上的虚实，比如落下来的时候脚是虚的，脚跟落地，随着虚，一点点变实。手上的劲力也是一样的，像“懒扎衣”手推到头，或者收到头再推出去，这时候什么是虚实？通常来说，往前推叫实，往后撤叫虚，但实际上向后也是实，这类似于书法里的藏锋，所谓阴中有阳，阳中有阴，就蕴含其中。下笔的时候叫逆入，向右写一笔时先向左，入笔以后铺锋出去，这时虚实该怎么理解？向后实际上是虚，也是蓄。蓄好了劲，入的时候又是向后的，对向后来讲这就是实。这是前后的虚实。这个虚实的掌握要在沉肩坠肘这个基本规矩里，想用的时候可能都是实，也可能都是虚。向后可能是打，向前也可能是打；向后可能是化，也可能是打，虚实是自己来掌握的，是互相含在一起的，关系到将来的用法，所谓“因敌成体”。

“懒扎衣”的手伸出去要到极处。这里就涉及三体式的原则，也就是抽肩（也叫缩肩），抽指的是劲力，手极力向前推，肩极力向后拉。“懒扎衣”同理，手极力向前伸，肩极力向后缩，手回来，肩落下去，然后挤出来的时候肩也要向后缩住，手极力向前伸出。但是手不能伸得太长，这样肩就缩不住劲了；挤出去的时候也不能把胳膊完全伸直了，要在外形约束下尽量向前伸，向后缩。只要劲力还在无形的圆球里，不出尖，手可以长也可以短。功夫到了一定程度，长短都可以。但一开始学的时候，一定要把动作做到位，做足做满。就像刚开始练习写字，不能写出了方框，也不能写得只占了方框中间一点儿，要每一笔都接触到方框的边缘，也就是把动作做足。什么叫规矩？规矩是不能被破坏的，“手眼身法步”里，不能逾越的就是这个法。劲力出了尖就是违背了法。

“懒扎衣”掤手后撤时，腰不能转。腰有旋转的劲力，但要在里边隐藏着，外形不要做出来转腰的动作。外形类似于一种直的撤。孙式太极拳很多地方都是含而不露的。含而不露才是练功的，摆出打人的姿势是给人看的。

（五）开合手

开合重心不能在两个脚中间。开合时，大拇指要指向自己的肩窝。开与肩宽，合与脸宽。这里的肩就是肩窝，而非肩的外侧。开合是在运动当中完成，在活步的移动当中完成。开合是有一个重心变化的，不能将重心放在两腿之间，当你没有重心变化的时候再迈步，这种方法就不是孙式太极拳的活步移动方法。

做开合手时需要注意，手腕要立起来，虎口要撑开撑圆。开合的手不能放得太高，当你手落下去了肩就下去了，这时候开的是肩，合也落的是肩，用的时候也是肩。开合实际上是肩的开合，开时两肩极力往外开，合时也要两肩极力往外开，而不是单靠手臂的力量，不是手臂使多大劲，很多人认为对方抱着你时你使劲就能挣开，并非是这种用法，这是错误的。而是肩一沉，这时肘往下一坠，很多用法就出来了。孙式太极拳的用法在很多的时候就不能从单纯的外形上来理解，因为孙式太极拳练的不是外形的招法，如果只是招法就能理解它到底是怎么用，那就太简单了，孙式太极拳练的是劲意，求的是内劲。只要我们的肩的劲意不管是往前往后，所有的劲意都在这里，无论是开，还是用肘的方法，都是要把肩沉下去，把肩松开，横向能打开，这时候不管用什么都能用到这个肩。在孙式太极拳传统套路98式里有13对开合，练的就是一个肩。所以，开合时一定要肘沉下去，肩坠下去，两手相对。

但是在实际练习中，怎么开合的都有。很多人不能正确理解“开与肩宽，合与脸宽”的真正含义。先说“开与肩宽”，如果手腕没有立住的话，劲力、劲意都做不对，这样肩是打不开的。当手腕立住了再开，开出来后骨骼自己就锁定了，因为人的身体骨骼都有一个自锁的角度，如果你的动作已经做到位了，骨骼这时已经锁死了，这时还要往大了开一定就开不开了。再说“合与脸宽”，当你合进来的时候，如果都合到比脸还窄，都能合掌了，一定是错的。合与脸宽时，你的肩这时是打开的状态，所以就合不进去了。所以才叫“开与肩宽，合与脸宽”。重点讲的都是肩的开。

孙式太极拳的开合不是单纯的手和肩的开合，而是要全身配合，从脚下的虚实开始一直到两胯、两肩，直至头顶，全身上下无处不开合，相互配合。孙剑云老师总说：“我们家的太极拳，练对了开合，太极拳就会了一半了。”可见开合的重要性。

（六）“搂膝拗步”与“倒撵猴”

“搂膝拗步”时前腿迈出去后，后脚要有蹬劲，同时要抽胯，这里就涉及孙氏拳的一个练习原则，即行拳进退步过程中不能脱离抽胯。要蹬就要抽胯，如果不抽胯就会蹬不上劲。当前脚跟落地后，后脚蹬，前腿膝盖有顶的意思，前脚逐渐落实，劲力这时是自动往前的。在这种滚动的向前前进的方式中，一定要有后脚的蹬劲，前脚落实要有往下踩的劲。两个劲同时都有，不能偏废。迈步时脚踝和胯要配合，都要有劲在里面，不能松松垮垮就出去了。同时，如果“搂膝拗步”（左式）向左转动时，右脚趾要极力抓地，重心随右脚深深插入地下，因为只有脚趾抓地才能使重心转动有力，这是孙式太极拳的“研”字诀。如果只讲放松，研劲从什么地方产生？所以脚下不能松，反而要紧，要实不要虚。如果不紧，其重心的转动就没有动力了。

做“倒撵猴”和“搂膝拗步”动作时身体的拧转不同，劲力、劲性和出的劲都不同。

“倒撵猴”是斜进直打，此式中的螺丝旋拧劲，能充分体现孙式太极拳“研”字诀，转的角度大，腰上、身上有一个旋转、拧转的劲力。当出现腰上旋拧的劲力的时候，所有的劲力就和“搂膝拗步”不一样了，因为指向不同，锻炼的劲力就不一样，虽然外形很接近。如与多人对敌，“倒撵猴”可尽显指东打西、指前打后之能，如研劲练到位，其身法可以滴溜溜转。左右转身，即可在两动中360° 拒敌。手有“搂”法、（手别子）“揣”法，（摔跤）腿有“别”法、“踢”法等变化，尽含其中。

（七）三通背

孙式太极拳里“三通背”的概念、意义跟其他拳种的“闪通背”完全不同，像“懒扎衣”等其他拳种里有相同或类似名称的式子也是如此。我们通过名称就能理解里面的拳意。为什么是“一二三”的“三”？就是因为有三个

“通背”（的动作），锻炼的是三个不同的地方。其中“二通背”就是一个传统的摔跤用法，一变形就是摔跤。摔跤里有一个动作名称叫“揣”，是抓住对方小袖或偏门，往回一带一转身（揣），一个类似背口袋的动作（就把人从头顶上摔出去）。同时，也包含了八卦拳“狮子滚球”的用法。孙氏八卦拳的“狮子滚球”一转身，完全是用腰背的力量，一转身把人托起来再扔出去。所以“三通背”中转身时手是直着托过来的，同时一定要掌住腰，有些人练的时候图省事晃一下就过来了，这样就把原本的意义给丢了。喜欢技击的朋友可以在这方面多用些心思。但是要记住，孙式太极拳大部分动作都是提示性的，没有扩展到一招一式的具体用法，而是含着这些招式，并不是直接的招法。所以需要学者举一反三，细心领悟。

（八）起脚、蹬脚

起脚时踢脚脚尖是正的，蹬脚是侧的。因为踢脚用脚尖的力量，蹬脚主要用脚跟和脚心的力量，不用脚尖。起脚在用法上，从脚尖、脚心，逐渐过渡到脚跟，包含了三个含义。踢脚和蹬脚的劲力不完全一样，蹬脚要提膝再蹬出去，为什么踢脚要直接起？因为虽然含着蹬的劲力，但是是直着踢的，有一个搓的力。当对方把你的手吃住，或者你把对方的手吃住时，踢脚可以找对方的手、手腕，也可以找对方的肘、肋下或者胸前，很多点、很多穴位，包括很多薄弱的地方都可以用上，搓蹬的劲也能用上，比如小腿的迎面骨，如果脚起的时候正好起到对方迎面骨上，可以令其瞬间失去战斗力。因此，蹬脚和踢脚用法不一，练法不一，劲力方面也不完全一样。

（九）孙式太极拳简化套路35式中的“转角摆莲”

这个动作之所以难，包括孙式太极拳三个非常重要的步法，“转身”“翻身”和“摆扣步”。“摆扣步”是典型的八卦拳的步伐，需要手、身、步法，包括身法的配合，要想配合得好需要一定时间的锻炼。还有一个非常重要的步子“碾步”，也是孙式太极拳里非常显著的一个难点。碾步有脚跟碾、脚尖碾，就像陀螺一样原地旋转。如果身体跟步、重心、平衡能力等合不上的话，“碾步”是很难练的。如果“碾步”练不好，可以把角度调整得稍小一点。如果身体控制力非常好，就可以碾步大一点。不管碾大碾小，回来的时候要在“弯弓射虎”这个动作里找，把它找正。

翻身转的时候要看你练的程度，能转到什么角度，最后“摆莲”这一下转到哪算哪，到后边都能调整过来。这一个式子是吃功夫的，因为“摆扣步”的大小跟胯的开度、灵活度有关系。

（十）践步打捶

践就是踩的意思，践步就是脚踏对方空门，踏进对方的重心里边去，从上向下打。上边是捶，下边是脚，脚就是要往下踩对方。重心放在后脚，胯要抽住。只有重心向后坐才能达到身体骨骼自锁的角度。这时关节是锁住的，拳头只能下到膝盖稍往下、小腿内侧的位置。有人把该动作做成大弓步，这时重心往前，弯着腰下去，拳头就会往前，甚至往下都能触到地面了。另外，如果做成大弓步，重心往前，做下一个动作时再往回翻就会非常困难，重心难以调整，不符合活步的原理。左手握拳时要放在胯骨尖上。孙氏拳的八卦拳、形意拳，包括太极拳的“搂膝拗步”“倒撵猴”等式中，手也是放在这儿，这也是孙氏拳的一个特点和基本规矩。

如果重心坐不到后脚上，自锁的功能就没有了。自锁的功能本身也是人体的一种极限，一个临界点。只有在这个临界点上，肌肉、筋膜等才能得到锻炼。孙禄堂先生的著作里有很多“伸到极处”的说法，“到极处”的概念也用在对身体极限的要求上。只有到极限才能到临界点，只有到临界点才能提高，才能从第一个舒适区走出去，进入不适区，再到下一个舒适区，相当于高速公路上开车从一个休息站到另一个休息站。你只有这样一步步向前走，才能够一步步提高。像手到极处，刚才说的身体自锁的角度，包括三体式抽胯等这些规矩，都是要抽到极处、伸到极处。我给这“点”取名叫“临界点提高法”，只有在那个“点”上才能去提高。如果只达到了这个“点”而不去突破，那么成绩永远提升不了。只有过了这个“点”，一天两天、三天五天、经年累月才能提高，才能建立更高的舒适区。

（十一）玉女穿梭

做手向前推的动作的时候要注意，前三个动作手不推出去，没有向前推的形，但要有向前撑的劲。这里练的是一种钻滚翻的劲，相当于形意拳炮拳的练法。肩会微微有一些抬起，这时要注意肩的下沉。手向上翻的时候，如果感觉到上臂和身体接缝的部位好像有了一个空隙，产生了一个缝，就说明肩的关节拉活了，也说明肌肉微微向上起了，还说明身体这个部位是向下沉住劲了，这样就对了。

其用法有一人与多人对敌之意，所以不是每一手都推出去，且转身虽为三个，但自己研转过程中，身前身后360° 都能照顾到。

（十二）练拳的规矩

1. 含胸拔背与虚领顶劲

很多人都会问怎样做到含胸拔背、虚领顶劲？具体来说，首先要肩往后抽，孙氏拳里的肩指的是肩窝的位置，这个地方不能紧张，自然就是含胸的状态。含胸就不要故意挺着胸，不能像站军姿一样，如果重心放在脚尖上，身体就会有前倾。孙氏三拳里要求不要挺胸，也不要佝偻着腰。拔背指的是头向上顶，肩向下沉，把颈椎拉开——这里的背不是指后脊梁——要有挺拔劲儿，不能软塌塌的。这里就涉及放松的问题，切记不要误解松字，太极拳的松和柔并非没有劲，而是要练出钢丝弹性的劲。

虚领顶劲说的是头往上顶、肩往下沉的时候力的大小问题，只是告诉你不要僵。如果你使劲顶着头，使劲向下沉肩，脖子梗着，这时候就是僵的。虚领顶劲就是要有这个劲，但是又不能把自己僵在这儿。这里就需要练拳的时候自己掌握，最好有教练在旁边看你有没有顶头的劲，大小是否合适。

顶头的时候一定要注意微微顶住劲，脑门稍稍朝前，下颌微微后收，这时就会感觉到颈椎这部位向上拉起了。这种劲很难用几斤几两来量化。这个劲的大小要配合上下脊柱的拔开，还要跟肩胯的开相配合，以及依据身体上下拉伸的力来掌握。因为人的身体是一个整体，只能根据拳的程度、每个人的情况具体分析。

2. 手型

孙式太极拳中的手型很重要，一定要打开、自然地打开，不要绷着，但是手指是立着的。首先虎口要撑圆，从一起势虎口就是撑圆的，手型要打开，几个手指头都要有力。虽然我们把意念放在掌心，但大拇指和食指要撑圆，食指要有挑的劲，中指、无名指和小指都要往里有扣的劲。同时，大拇指和小指都有撑的劲，这时整个手的力量才是饱满的。

立掌要立到位，这要根据每个人的生理结构而定。孙禄堂先生的三体式照片中立掌就非常直，有些人立掌立不起来，即使45° 也可以；只要自己的手立到位了，就是对的。如果能立掌到90°，但没有尽力去立，就是错的。

3. 塌腰

塌腰一定要在三体式里练，孙氏三拳都要求塌腰。在三体式里边，如何才叫塌腰？塌腰一定要和抽胯联系在一起。如果身体直立地蹲下去，就会有点撅屁股，这时稍微收回一点，稍微敛臀，但我们的两个胯向后抽住劲，这时是三个点。前边两个胯是两个点——这里所指的胯是腹沟的位置，而不是指腰两边——腹沟的位置向后抽劲，尾椎是向下、向前使劲的，这是第三个点。当我们敛臀以后，尾闾，也就是尾巴骨，既有向下插的劲，同时又有向前顶的劲，两个点向后，一个点向前向下，三个点的力合在一起，这才叫塌腰。这个塌腰的方法是孙式太极拳独有的。

孙式太极拳把人的力量发源与实施分为三节，腰为根节，肩为中节，手为梢节。一切运动发力，腰部都是发动机。如果说人相当于一辆四轮驱动的汽车，中间就是发动机，要往两手两脚输送力量，一切力量的输出都在腰。像过去评书中讲到武将豪杰时会说其人“膂力无穷”，这里的膂力就是腰力。腰的劲儿相当于一个球的劲儿，如果从各个角度划线来表示，可以画很多条线。具体到孙式太极拳，在练拳的时候一定要“掌住腰”。腰要用力，不能软。孙氏三拳都非常注重腰。在这里我总是强调“掌”这个概念。为什么不说塌住腰呢？因为一说到塌腰，无论如何示范，掰开揉碎了讲，大家都理解不了。因为没有练到相应的程度，就很难体会到什么是塌腰。因为塌腰本身就是劲力，而非外形所能描述。

4. 胯

孙式太极拳的胯指的是腹股沟这个位置。胯既要松，又要抽，这听起来好像非常矛盾。抽胯可以跟塌腰一起理解。至于怎么去塌腰，怎么去抽胯，很多练习者没有真正理解。我们说抽胯时要放松指的是不僵，而且重点不在松，重点在放。松如气球没打气，可以说是松的，打上气之后是放的，里边的气体是向外膨胀的。所以我们练拳也一样，松是针对紧、针对僵来说的。大家要从这个角度上理解。所谓放松，更多要注意放。抽胯就要注意抽的力度，抽多大劲，是要看你是否练到一定的功夫，另外就是要看你放了没有、松了没有，这是一个配合的问题。从阴阳的角度也是，阴阳配合。从配重来说，配重要合适。比如你拿秤称东西，秤盘子很重，秤砣分量不够，这时就要抽秤砣，抽得不够，自然就打天秤了；抽大了，秤砣分量太重，称也称不了了。所以要根据每个人的情况，从每一个程度来看，抽要抽多大劲，松要松到什么程度，放要放到什么程度，这三个字大家要综合起来理解。

（十三）跟步练法、用法的特点

跟步是形意拳里的一个基础。孙式太极拳要求“进步必跟”，即进步的时候，后腿要跟上来。这在技击里的作用是，第一，跟上来后仍然可以发力。比如用手打人，前手打出去，步法不动和有跟步差别很大。不管是在拳击还是搏击里，都一定要有步法的变化。一种是直接跨步，迈出去后脚不动；另一种是跟步。跟步是灵活的，而且便于二次打击。如果没有跟步，第一下打不到人或者没有把人打出去、没有造成伤害，第二下就是挨打。第二，跟步以后，在打击和防守之间都有一个空隙。这个空隙是灵活的。另外，太极拳推手里有一个挤手，叫“打挤再打挤”，不是挤出去就完，而是挤出去之后还有后续的一个挤，两个动作之间的第一个间隙是第二个间隙的蓄力，所以弥补了间隙，进攻和防守之间也就没有间隙了。

（十四）单重和活步

单重是孙氏武学里的重要概念。单重一定要和活步联系起来，有的式子虽然是双重之式，但它是单重，因为它是活的。单重的这个“重”要和运动的“动”结合起来去分析。它不是单纯地说要“一轴到底”，把重心放在一条腿还是两条腿上，还是两个手推出去重量一样，而要在运动中具体分析。过去杂技团有一个项目叫独轮车，那个动作就是单重，不管怎么偏都不会倒。孙氏拳的单重是在两脚之间是移动的，是活的。活的就叫单重，如果是死的就是双重，因为它支撑起来是不会动的。这里并不是说孙式太极拳里没有支撑，仅靠一条腿来蹦。人体活动一定要有支撑，但在支撑的虚实转换过程中，身体是灵活的，是动态的单重，所以重心转变是非常快的，不管是进攻还是防守。这是单重的概念。在有的拳种里，哪怕一条腿抬着，即使一轴到底了，仍然是双重，因为一条腿站着不会动，是死的。所以在孙式太极拳里有一个非常重要的概念，叫“跷跷板”，是在两脚之间来回动，两脚无论哪个脚都要沾地。但是在动的时候，并不是说没有两脚同时着地的时候。比如说单鞭是不是单重？虽然看起来是四六开，但是沾地的瞬间重心发生了滚动，所以仍然是单重。单重不止是指外形。

孙式太极拳的活步尤要注意。如果右脚落实，左脚随即翘起，这时候重心的移动类似球的滚动的模式。当中还有一个重心转换，右脚实后，左脚虚，等到左脚实的时候，右脚又是虚的。要注意虚脚的时候才能转，实脚的时候不能转。一定是一个脚实，一个脚虚。

（十五）太极拳与书法

太极拳是一种柔缓的运动，所以初习者在练习的时候会出现许多断点。而太极拳的难度就在于衔接，这一式和下一式的衔接。孙式太极拳动作的中间都没有停顿。有些看似停顿的地方，动静之间其实是意念的转换，就像书法中的提按，笔断意不断：提按时笔肚摁下去了，抬的时候笔尖还扎在纸里，并没有全抬起来，这样用笔才能转得圆活。另外，在运动中，手伸到头以后的转换，这种劲意有点像书法的隶书中的藏锋，专业名词叫蚕头，要欲左先右，欲下先上，所以先要把锋藏起来。我们的太极拳也是如此，看起来似乎是停的动作，实际上是下一个动作的转折起点。前一个式子的终了，就是下一个动作的开始。从无极式转太极式起势的时候，劲力就不能断，看起来好像是有断的地方，但因为中间的意没有断，所以给我们的感觉就是一气呵成的。这里又涉及孙式太极拳中意和力的配合、方和圆的概念。

（十六）经典著作的学习

要解读孙氏武学，要练好孙式太极拳，在当今这个阶段，我建议还是要以孙禄堂先生的《太极拳学》等五本经典著作为基础。但是大家一定要记住，只看一本《太极拳学》是不行的，因为孙禄堂先生的所有的知识点是散布在五本著作里的。比如有的知识点在《太极拳学》里没有讲到，而在《形意拳学》里提到了；有的在《形意拳学》里也没收录，可能在《拳意述真》里写到了。所以五本书一定要都看，只看一本不可能掌握全面的孙式太极拳的知识。

（十七）鼎革立新的孙式太极拳

在孙禄堂先生的传统套路98式中，以从无极式到太极式为起势，也就是静中求动、静极而动的自然而然的一种变化过程。从无极式而起，到无极还原式而终，正好是一个闭路循环。从静到动，这个动不是主动地动，而是到静极了自然就会动，动到极处自然就回到了静。这是非常科学也非常符合中国文化的名称和式子，虽然和其他的太极拳可能名称相同或相似，但内容差别非常大。

孙式太极拳成型最晚又风靡一时，自然有其合理性。在那个年代，也就是清朝灭亡到日本侵华战争开始之前这段时间，无论大儒、大学问家和武术家都非常多，这个时候中国的徒手武艺正处于最高境界。不管是学术还是艺术都和所处的时代密切相关，自从冷兵器式微、火器枪炮出现后，中国的器械武术自然走向了衰落，随之兴起的就是徒手的武艺。徒手武艺寻求的是更高的境界，不单是搏击或者杀人术。在这个年代，孙禄堂先生能独挑这杆大旗是非常难得的，其无论功夫、学问都是出乎其类、拔乎其萃的。

（十八）孙式太极拳首先是武术

如果掌握了孙式太极拳的特点，入门后就会觉得进步很大，会觉得自己的身体有变化，孙式太极拳通过中和，求的是我们身体里的内劲。我们说天人合一，其实我们是改变不了天的，所谓“人定胜天”就是个伪命题，人类只不过是可以通过人力和科技预防减少自然灾害。但是有些我们根本改变不了，就如我们不能改变时间。时间有可能倒转吗？人有可能万岁吗？被喊万岁的皇帝不是都死了吗？所以我们改变不了自然，既然改变不了自然，我们只有顺应自然，改变我们自己，用身体里的“太极”去顺应天地间、宇宙间大的“太极”，去跟它相合，这样才能做到天人合一，这是我们老祖宗的智慧。这样我们就能明白我们为什么要练太极，求的是什么。在孙禄堂老先生的著作中，这个就叫内劲，我们求的内劲，求的天人合一，要通过中和来达到这种要求，就是要使自己的身体起变化。孙式太极拳属于武术，我们的立足点首先要在武上，只有在武上立足，才能找到入手的方法。天人合一是通过人，通过我们自己，用身体去悟，通过太极拳这种表现形式，然后具体做到我们的规范，做到我们的“九要”，通过这些达到天人合一。孙式太极拳首先是武术，所以考虑问题要从其本体上考虑。

（十九）孙式太极拳高效习练方法

1. 学练太极拳的正确方法

我们常见有些人练习时间很长，坚持时间也很长，进步却不大，殊不知这种不断重复的练习，大多数都是“童真”的练习，不会给人带来进步。只有在正确的规矩下的练习才能进步，这就是“守规矩”阶段。并且规矩必须是正确的规矩，而“守规矩”、正确的练习需要好的导师，要有目标、有反馈（而且必须是正确的反馈）。

（1）正确的方法——规矩

正确的方法可以比喻为电路，通则全通，闭则全闭。

如1908年奥运会马拉松冠军的成绩是：2小时55分18秒，也是马拉松世界纪录，据当时的报纸和医学专家称：突破了人体可承受的极限。预计此成绩不会再被突破了。

现在的马拉松成绩是：2小时35秒。

为什么有如此大的突破呢？就是在训练中引入了科学的方法。

科学的训练方法为什么重要呢？就是当时的训练方法不够科学，而随着专家们的探索和医学、人体学的进步和引入体育训练，才使得成绩有了突破性的进展。

我举这个例子是想说明，现在的奥运会体育项目进步了，而我们的武术没落了。当然，武术的没落有着多方面的原因，与大环境等有关。我在此主要是想说明正确方法的重要性，是武术没有跟现代科学接轨，既把老的传统的科学的训练方法丢掉了，又没有把新的西方的科学方法学到。所以，规矩必须符合科学。

（2）设定目标

设定目标很重要。比如开车，如果你的目标是安全驾驶，那么从上驾校开始学习，网上看一些安全驾驶的文章，再了解一些事故案例，这样开上5万公里，我保证你开车就会很自如了，可以基本保证能做到安全驾驶了。但你这时候就不再进步了，因为你所设定的目标，就是安全驾驶，没有再高的要求了。这时你的能力离特技车手、赛车手，就差得太远了，如果这时去赛场比赛，可能还不如没有驾照的人。再比如特技摩托车运动员和普通骑行者的区别，亦是如此。

所以，你是想成为大师呢？还是就想多学一个套路？或者是就想发挥太极拳的娱乐或者是健身功能？制定目标非常重要！假如你面临想混个高中毕业证和一定要考上大学的选择，如果你的志向只是前者，那就百分之百考不上大学。因为没有远大的志向不可能达到高级的结果，但目标的设定也要根据自身的条件，过高不容易达到，过低浪费材料，这需要自我判断和老师的综合判断水平。所以你的目标决定你以后取得成就的高低。不同的目标，所建立的心理表征也不同，导致最后的结果也不同。

（3）意的重要性

太极拳强调“意”，虽然这属于现代科学暂时还量化不了的问题，但它又实实在在的存在，是大脑的一部分功能。大脑帮我们处理信息，理解和解读信息，把诸多的知识储存到大脑之中，组织它、分析它，进而把这些信息也就是经验，有许多原本属于本能的东西还原回到潜意识之中，也就是我们说的随时间而丧失的本能。潜意识不需要思考，也就是说它的反应时间是零秒，而与潜意识对应的，我们称为显意识，显意识是需要大脑的思考、判断，是需要时间的，是根据掌握的知识量以及熟练程度的不同，具有不同的反应时间。

人的大脑可分为两个区域，一个是工作区域，另一个是储存区域。工作区域负责处理当时的工作，学习并做出反应。比如两人谈话，对方说什么，你需要大脑思考才能回答，否则两人就各说各话了，这就是显意识。如果你遇到危险，会下意识地躲闪，就是潜意识在起作用。

大脑的储存区域大体分两个功能：一个是我们现在的知识储存区域，这个区域的记忆是短暂的，比如电话号码，太长时间不用就会忘记；另一个是人类进化以后留存的动物的本能区域，这个区域储存的东西是天生的，不会轻易丧失。这两个区域平时是相隔开的，但在一定程度上又是可以相连接的，就像荒野一样，本来是没有路的，但走得多了，自然就形成了路。就像我们刻意地练习孙式太极拳，会把拳中的规矩、法则储存到潜意识里，变成本能，而本能就是属于内劲的范畴。否则拳里就剩招法了，而招法是拳里的最低阶段，随着人体机能的退化，会一天不如一天，直至丧失殆尽。

2. 怎么练习太极拳

①首先要选择适合你的太极拳，最好拳性与人性相合。比如选电脑，选择什么品牌，要看你的诉求，要看发展，能不能跟得上5G时代的脚步，你要互通互联，最好这一台电脑适用范围尽量广。所以选择很重要。

②临界点高效提高法。这一点非常重要，只有这样才能突破自我，上升到更高的一个阶段。达不到临界点，不断重复地练习，只是“童真”的练习，不会给人带来进步，只是简单的重复而已，就像小孩搭积木，永远不会成为建筑学家，也不会成为工匠。

这里以孙式太极拳的三体式为例。所谓“极还虚”，在孙禄堂著作中反复提到“极处”的概念，就是只有到达临界点这个极处的具体练法，才能让人提高，才能产生质的飞跃。什么是临界点呢？比如水变成蒸汽，100摄氏度这个点就是临界点，是量变到质变的节点。孙氏拳中有很多临界点，又根据每个人不同的特质决定自己的临界点，而这个就得看老师的水平了。孙氏拳三体式的外在表现最突出、明显，“体似筛糠”是孙氏拳特有的三体式外形肌肉状态的临界点具体体现。达到临界点要有方法，不能蛮干，否则很容易受伤，反而影响训练。比如从1分钟的时间冲击1分20秒，冲击不过去，要退回到自己已有成绩之内，可以从58秒开始，反复地冲击，道理就像助跑。

如果没有临界点就没有质的转换。这一点尤为重要。走不出舒适区就不能提高成绩，因为人体本身就是不平衡体，整体需要动态才能有生命，五脏六腑要动态平衡，内外要动态平衡。动态平衡是人体自身调节功能，要打破一个平衡，身体本身会寻找更高的一个平衡，并把这个相对的平衡保持、建立起来，让这个平衡成为身体机能的一部分。这是人体机能的“内稳态”决定的，是不以人的意志为转移的。比如膝盖骨刺的形成，是由于膝盖受伤，不平衡了，就会长出骨刺去平衡膝盖。长骨刺的过程就是动态寻找平衡，所以练拳的目的是打破低级舒适区，建立更高一级的舒适区，并保持住，最终突破自我，使拳合于道。

③专注练习。要做到相对的静。第一步，要想着拳里的规矩与要求，可能一开始只能想双手的前推后拉，逐渐才能想上下的对拔劲，要想把“九要”做完整需要很长时间。只有专注才能使拳进步得快一些，如果练拳时思想开小差，效果就很差，这就是用规矩强制思想专注的方法。守规矩，遵规矩，最后形成自己的风格，使拳性与人性相合，还得合规矩，把拳合于道理当中。

④建立正确的自信。自信是建立在经验、实践、知识、认知程度、发现问题、处理问题、解决问题的能力之上的集合体，在心理学范畴称“心理表征”。这点很重要，首先要相信自己，别人能做到的我也一定能做到，并且可以做得比别人更好。一定要有信心。

⑤反馈机制。要有老师看着，还要有同学或者懂拳的朋友看着，及时查找问题，纠正错误，老师应该挑主要问题及时调整，这要看老师的水平。找不到问题或解决方案不正确，也就是老师水平低下，建议学生另外寻找高明的老师吧。

（二十）传统武术能不能打？

答案是肯定的，能不能打是训练的方法问题。由于历史的原因，自20世纪50年代以后，很多传统的练功方法都丢失了。方法不正确，肯定练不出来。具体到孙式太极拳上，借用童旭东先生的一句话，它是可以“提升技击效能”

的。虽说天下武术各门各派都有自己的训练方法，但也有一个效率高低的问题。孙禄堂老先生当年是把传统武术提炼升华，大大提升了孙氏武学的技击效能，所以这样的武术自然是能打的。那么有人就会问，为什么现在练传统武术的很多人都是上了擂台几秒钟就趴下了？答案不是搏击技术高于传统武术的技术，而是搏击的训练是对抗性训练，目的就是战胜对手。

我的老师孙剑云先生在很多年前讲过，孙禄堂老先生当年的弟子每天练七八个小时，家里有三间北房，这三间北房是打通了的，里面没有隔断墙，而且没有窗户，窗户都是撞烂了的，这就是练对打用的。而院子里是练套路的，在屋子里就是师兄弟两人对打，也就是对抗性训练，而且没有护具。那时就会看见一会儿从窗户里扔出一个，一会儿又从门扔出一个，所以会经常有人受伤。在院子里就常年有两口熬着药的大号药锅，一口熬的药是口服的，治内伤的，另一口是外敷加熏洗，治外伤的。大家试想，如果每天这么训练，光是训练时间上已经超过现代的搏击，甚至是徒手的，这样的传统武术为什么还会不能打？这样训练出来的人你说能不能打？讲这些是为了让大家知道，练太极拳也是练武，既然练就要有武的规矩。这里的规矩是拳的规范和要求，所以首先要从怎么练会拳、练好拳谈起，而不是先谈那些玄虚或者道法之类的。

（二十一）秘传之我见

武术本身没有秘诀，太极拳也一样。水平高低不在拳艺上，高低在境界和格局上。孙式太极拳作为武术，有其规矩和规范，就是“避三害，遵九要”。这才是练拳的关键。以前有个虚构的故事，孙禄堂老先生去世之前，孙存周的几个师兄弟撺掇着他去问老先生，还有没有练拳的秘诀没传下来。孙禄堂老先生说：练了这么多年，原来你还是不懂啊，拳哪有什么秘诀？要说秘诀，就是一个“练”字。故事虽是虚构，但有哲理性，这就说明拳不是由于秘诀才传下来的，而是由于练，你才能会。孙禄堂老先生说过：自己每天从早到晚跟别人说拳讲拳，生怕他的拳的精妙之处无人理解，即使这样百人中尚且没有一二人领悟。有这样的境界，怎么可能还会藏私？何必还要苦口婆心留下五本著作给世人。所以，无论是之前的镇江“三十六手”，还是近年来所谓的“道功”，都是在编造所谓的秘传来骗人。任何一个拳种，只要宣扬是秘传，百分之百是骗子。真正的功夫和思想境界，是要靠练、靠修才能达到的。任何人不读书都成不了大儒，任何人凭秘诀不练拳也成不了武术家，更何况还有很多人练错了拳、走错了路呢？

（二十二）体悟空与放

练拳的悟是体悟。现在很多人也讲体悟，但是只讲“悟”，而把前边的“体”给忘了。这个“悟”就变成了佛教的偈语，变成了“何处惹尘埃”，而根本忘了拳是靠练的，这些人的“悟”是凭空想、凭想象来悟，跟拳里的悟不一样。体悟的“体”字就是指练，要用自己的身体去悟。

太极拳里借用了一些道教、佛教的理论，比如空，很多人在太极拳的推手里把“空”理解为放松，要求不断放松，但还是僵，仍然还要放松。还有很多人借用道教的词汇，叫“无为”和“无为而无不为”，要求全部放松了，力才能发出去。道教的“无为而无不为”跟佛教里的“空”有相通之处，佛教的空也并不是“无一物”的空，不是全空。不然，如果全空，连生命都没有了，即使是生命都没了还有骨头，还有分子呢，仍然不是全空。我们练拳的时候要静，但我们生命的体征还是要保持的，我们只是把外界不良的因素、脑子里的杂念排除了，这时候我们练就叫“空”。关于这一点，理解得最深的，是孙禄堂老先生在《太极拳学》里讲的“有无并立”。其他人讲的都是所谓的无为，都是彻底的空。有是有什么？无是无什么？这里面的问题值得大家深思。

另外，有些人讲到“空”，会说是把对方的劲“空”掉，这也并不正确，因为推手的劲儿是不能空的，空掉后对方的劲、对方的手就会跟进去。而我所理解的孙式太极拳的劲，不能叫“空”，而应该叫“放”。放的含义看起来跟松好像很像。但是在拳里则有不同，“放”是有张力、有劲力的，而“松”是没有张力的。试想，没有张力的拳还叫拳吗？之所以特别强调这一点，是因为几乎所有的太极拳著作都只谈到“松”，没有谈到“放”，而孙禄堂老先生的著作字里行间讲的都是“放”。虽然老先生并没有直接提到“放”字，但是会经常说把某某“放到极处”“伸到极处”，比如说把手伸到极处，其实伸到极处就等于放到极处。不仅是手，我们的肢体动作也要放出去；同样，我们的劲力也要放出去，放到极处。而在极处放松的时候，就会出现一种向外的张力。大家可以试着感受下，这时我们的身体是否会有张力？所以我个人理解，在很多地方，用“放”字要比“松”字更准确，在练拳中更容易让大家理解，掌握身体出现的这种张力。因为孙禄堂老先生所处时代的书面语言往往是半文半白，现代人理解起来难免会有障碍。因为言简意丰，有时一个字可能代表很多种意思，所以在文言文和白话文之间的转换过程中，很多原有的意思就不够完整了，我们理解起来也就不准确。

（二十三）拙力与拙气

刚开始练拳谁也不可能说自己不僵，僵是正常的。只要注意千万不要憋气，宁可有点拙力，也不要用拙气。因为拙力不会伤人，拙气一定会伤肺。

（二十四）丹田气

丹田“气”是从呼吸自然来的，要放松。注意，这里的放松包括两个含义，一是放，二是松。放是向外扩张的扩充的劲力，松是不僵。对于松，有人解释为全身不用力，身体的重量向脚下松，这是错的，这不是拳。拿握拳来说，使劲攥着就是僵，而握着但不是很紧，这就是松，不握了也不叫松，叫泄。放就相当于一个气球充气，是往外扩张的，但是又没有很大的力扩张，用了很大的力向外扩张就仍然是僵。所以丹田“气”是在有放又有松的前提下，当你能放松了以后，你在自然状态下，做到呼吸深长，慢慢地，丹田气就培养出来了。

（二十五）练拳强度

练太极拳每次以几遍为宜？这要看每个人的具体情况。如果只想起到养生作用，三四遍就够了。如果想要练出功夫，那每次最起码要练十遍。练十遍腿不直起来，连着练，这才叫练功夫。

至于锻炼的强度问题。除了按要求练拳，还要根据年龄和身体条件，这是有数据可查的。就像练完孙式太极拳后，70岁以下的人群，心率一定要到100多点，如果只有八九十，这样锻炼效果就不足了。就像中老年人去遛弯，起不到什么锻炼效果，只有快步走，快慢结合，心率加快，血液里需氧量增加，才能锻炼心肺，给你的肌肉供血，才能达到锻炼的目的。孙式太极拳就不是要求放松再放松，大松大软的，因为“九要”里的要求都是有劲力在里面，劲力都做到了，就能起到锻炼效果。孙式太极拳的活步是对中老年人没有伤害的，而大弓步和大马步是最容易伤膝盖的。我们的膝关节是最容易受伤的，而且磨损后不能修复。所以练拳时不能让膝盖横着受力，这样容易受伤。如果练习时候有疼痛感，那就要减少膝盖的弯曲度，以及尽量减少横向受力，以感觉舒适为宜。

（二十六）练拳状态

“练拳的时候如有人”更多的说是精神状态，让你精神集中。就好像练拳的时候周围有人准备偷袭你，要保持这种警惕性，这才是你的练功态，并不是说要你出拳的时候拿着要打人的劲儿。

所谓绳捆索绑，不是铁丝，也不是绳索，好比是皮条，是有弹性的索，这就是三步功夫里的第一步功夫练法：如陷入淤泥中，有淤泥的阻力，即抻筋拔骨法（参考三体式、九要）。

整套孙式太极拳练下来，就像纺纱的纱线一样，线中间没有接头。

（二十七）练拳的正确心态

看书不能代替练拳，书不可能包罗万象，只能写共性的东西，只能写一个原则。而拳是个性的，因为每个人练拳都有每个人的问题，没有问题就没有正确反馈，就不知道什么是对、什么是错。

我们有时候会感觉练拳特别别扭，全身的劲哪哪都不顺，这就表明你正处于一个上升的阶段。如果我们感觉练拳非常顺的时候，就是一个巩固和保留的阶段。相当于我们爬山、爬坡时会感觉非常费劲，就是我们练拳时感到别扭的阶段；而我们爬上了一个山坡，走平路的时候，就是我们练拳感觉顺利的时候。我们练拳中得到的成果要保存下来，保存的阶段就不那么费劲，会感到很顺。但是这时候如果停止不练，就会很快滑落下来。所以越是别扭越是要练。

（二十八）太极图本源辨

世间太极拳种类颇多，招式、练法各异，所宗理法也不尽相同。世人所练、所悟也各有心得。那么，太极拳的本义是什么呢？世人多以世传的太极图来作比喻以诠解之。有的说，太极拳尚意不尚力，四两拨千斤，那些较劲发力的不是太极拳。有的说，松柔、以意行气的才是太极拳。好像说的都有道理，又似乎差了那么一点点而不够透彻。人们所练的柔体操、瑜伽好像也很松柔，但那叫太极拳吗？

太极拳中的“拳”字较好理解，“拳”为武技之概称，如八卦拳、形意拳、螳螂拳等。“拳”指的是一种武技，以前也叫功夫。那么，太极的本意又是什么呢？为了找到答案，著者又重读了孙禄堂先生的《太极拳学》。在书中，孙禄堂先生多以易理来解释拳理，理解起来有一定难度。故又退而习易。忽一日有所悟：原来有两个“太极”！世间人大多数只知有一个阴阳鱼太极图，一说起“太极”，脑中浮现的就是这幅图。理解的也是阴阳转化、阴极生阳、阳极生阴，以至衍化无穷。太极拳的拳术运用也多基于此。而不知还有一个真一的“太极”，这也直接导致现行太极拳大部分失去了根源，沦为一种技的演示与应用。拳去道渐远，拳的内劲也就无出处。故现在对于武功内劲一说，质疑者日众，斥之为伪科学，甚至视为招摇撞骗。

为什么说世传的阴阳鱼太极图并非太极本源之太极图呢？考“太极”一词，“太极”是中国文化史上的一个重要概念、范畴，就迄今所见文献来看，《易传》中所载“易有太极，是生两仪。两仪生四象，四象生八卦”为最早出处。《易传·系辞传》（西汉马王堆出土版本）记载有“古者包羲氏之王天下也，仰则观象于天，俯则观法于地，观鸟兽之文与地之宜，近取诸身，远取诸物，于是始作八卦”的内容，意思是成卦的过程，先是有太极，尚未开始分开蓍草（易占卜用蓍草做工具），分蓍占后，便形成阴阳二爻，称为两仪。二爻相加，有四种可能的形象，称为四象；周敦颐以阴阳混合未分为“太极”。周敦颐《太极图说》载：“无极而太极。太极动而生阳，动极而静；静而生阴，静极复动。一动一静，互为其根。分阴分阳，两仪立焉。”依以上对“太极”的定义来推断，阴阳鱼太极图中，阴鱼中有一阳点，阳鱼中有一阴点，组成了四种形象，这和四象图有什么区别，还是“太极”之图吗？

进一步探究发现，学术界公认最早的阴阳鱼太极图的图示到了明代才出现，是明代初年的赵撝谦在《六书本义》上有这张图，这张图最早不叫“太极图”，而是叫“天地自然河图”。到了明代末年的赵仲全才把它叫作“古太极图”；也有一种说法，认为这张图是从唐末宋初陈抟老祖那里传下来的；该图还有多种叫法，如“阴阳图”“阴阳鱼图”等。综上所述，不管何种叫法，该图都揭示了太极、阴阳、阴阳转化的真谛。

那么，本源的太极图又是什么样的呢？考《周易》、周敦颐《太极图说》与孙禄堂先生的武学著述中所引用：“虚无者，○是也，含一气者，⦶是也……一气浑然，行迹未露，其理已具，故其形象太极一气也。”又曰：“太极即一气，一气即太极……总而言之曰：内外体用一气而已。”太极拳以无极式为之根，以太极式为之体，研求的是“一气伸缩之道”。孙禄堂先生在《太极拳学》一书中反复提及“太极即一气，一气即太极”“以体言，则为太极；以用言，则为一气。时阳则阳，时阴则阴，时上则上，时下则下。阳而阴，阴而阳，一气活活泼泼，有无并立”。孙禄堂先生讲体和用，这是他从拳术角度出发自己的体悟。

由此推之，虚无含一气这个图①才是由无极而生的太极一气之体的本源太极图，而世人所谓的阴阳鱼太极图是太极一气衍生、转化的运用之图，是太极拳拳劲、招式的运用依据，似可称为“太极一气衍化图”。

孙氏武学，形意、太极、八卦三拳合一。关于拳意之内劲，孙禄堂先生在《形意拳学》中有言，“丹书云：‘道自虚无生一气，便从一气产阴阳，阴阳再合成三体，三体重生万物张’此之谓也。所谓虚无一气者，乃天地之根，阴阳之宗，万物之祖，即金丹是也，亦即形意拳中之内劲也。世人不知形意拳中内劲为何物，皆于一身有形有象处猜想，或以为心中努力，或以为腹内运气，如此等类，不胜枚举，皆是抛砖弄瓦，以假混真。故练拳者如牛毛，成道者如麟角，学者不可不深察也”。这是孙禄堂先生揭示的拳义内劲的真谛，所求的也是那个“虚无一气”，即这个太极本源之图①。

综上所述，阴阳鱼太极图在武学上是太极拳的运用之图；虚无含一气的本源太极图是练己之根本，只有求得了这个“太极一气”，依此“太极一气”去演练才是真正的太极拳，即太极拳求的是太极一气之体，返本归元；行的是太极一气伸缩、阴阳消长之道；涵养壮大的是拳意之内劲，拳即是道也。

附录

附录一

太极拳之名称

孙禄堂

人自赋性含生以后，本藏有养生之元气，不仰不俯、不偏不倚、和而不流、至善至极，是为真阳，所谓中和之气是也。其气平时洋溢于四体之中，浸润于百骸之内，无处不有，无时不然，内外一气，流行不息。于是拳之开合动静即跟此气而生；放伸收缩之妙，即由此气而出。开者为放、为伸、为动；合者为收、为缩、为静；开者为阳，合者为阴；放伸动者为阳，收缩静者为阴。开合像一气运阴阳，即太极一气也。太极即一气，一气即太极。以体言，则为太极；以用言，则为一气。时阳则阳，时阴则阴，时上则上，时下则下。阳而阴，阴而阳。一气活活泼泼，有无并立，开合自然，皆在当中一点子运用，即太极是也。古人不能明示于人者，即此也。不能笔之于书者，亦即此也。学者能于开合动静相交处，悟澈本原，则可以在各式圜研相合之中，得其妙用矣。圜者，有形之虚圈○是也；研者，无形之实圈●是也。斯二者，太极拳虚实之理也。其势之内，空而不空，不空而空矣。此气周流无碍，圆活无方，不凹不凸，放之则弥六合，卷之则退藏于密，其变无穷，用之不竭，皆实学也。此太极拳之所以名也。

附录二

《拳意述真》

孙禄堂 著

目录

序一

孙禄堂先生以形意、八卦、太极拳术教授后学，恐久而失其真也，乃作拳意述真。述先辈传授之精意，而加以发挥，竣稿后，命余序之，三家之术，其意本一，大抵务胜人尚气力者，源失之浊，不求胜于人，神行机圆，而人亦莫能胜之者，其源则清，清则技与道合，先生是书皆合乎道之言也，先生学形意，拜李奎垣先生之门，李之师为郭先生云深，而先生实学于郭，从之最久，幼弃其业，随之往来各省，郭先生骑而驰，先生手揽马尾步追其后，奔逸绝尘，日尝行百余里，至京师，闻程先生廷华精八卦拳术，董海川先生之徒也，访焉又绝受其术。程先生言先生敏捷过于人，人亦乐授之，早从郭，暮依程，如是精练者，数年游行郡邑，闻有艺者必造访，或不服与较，而先生未尝负之，故郭程二先生合曰：此子真能不辱其师，先生年五十余，居京师，有郝先生为真者，自广平来，郝善太极拳术，又从问其意，郝先生曰：异哉，吾一言而子通悟，胜专习数十年者，故先生融会三家，而能得其精微。笔之于书，表章先辈，开示后学，明内家道艺，无二之旨，动静交修之法，其理深矣，其说俱备于书，阅者自知之，余因略述先生得道之由，以见先生是书乃苦功经历所得者，非空言也。

民国十二年（1923年）岁次癸亥仲冬蕲水陈曾则序

序二

禄堂先生既著形意、八卦、太极三书行世，嘉惠后学，厥功匪浅，然犹惧不知者，以拳术为御侮之具，仅凭血气之勇也，于是有拳意述真之作，凡拳中之奥义，阐发无遗，平日所闻之诸先生辈者一一笔之于书，使好拳术者由此而进于道焉，俾武术之真义不致湮没，此先生之苦心也，其以述真名者，盖本述而不作之意，于此益见先生之谦德已。

民国十二年（1923年）岁次癸亥冬月吴心谷拜读并识

自序

夫道者，阴阳之根，万物之体也。其道未发，悬于太虚之内；其道已发，流行于万物之中。夫道，一而已矣。在天曰命，在人曰性，在物曰理，在拳术曰内劲。所以内家拳术有形意、八卦、太极三派。形式不同，其极还虚之道则一也。易曰：一阴一阳谓之道。若偏阴、偏阳皆谓之病。夫人之一生，饮食之不调、气血之不和、精神之不振，皆阴阳不和之故也。故古人创内家拳术，使人潜心玩味，以思其理，身体力行，以合其道，则能复其本来之性体。然吾国拳术门派颇多，形式不一，运用亦异，毕生不能穷其数，历世不能尽其法。余自幼年好习拳术，性与形意、八卦、太极三派之拳术相近，研究五十余年，得其概要。曾著形意、八卦、太极拳学，已刊行世，今又以昔年所闻先辈之言，述之于书，俾学者得知其真意焉。三派拳术，形式不同，其理则同；用法不一，其制人之中心，而取胜于人者则一也。按一派拳术之中，诸位先生之言论形式，亦有不同者，盖其运用，或有异耳。三派拳术之道始于一理，中分为三派，末复合为一理。其一理者，三派亦各有所得也：形意拳之诚一也、八卦拳之万法归一也、太极拳之抱元守一也。古人云："天得一以清，地得一以宁，人得一以灵，得其一而万事毕也"。三派之理，皆是以虚无而始，以虚无而终，所以三派诸位先生所练拳术之道，能与儒释道三家诚中、虚中、空中之妙理，合而为一者也。

余深恐诸位先生之苦心精诣，久而淹没，故述之以公同好，惟自愧学术谫陋无文，或未能发挥诸位先生之妙旨，望诸同志，随时增补之，以发明其道可也。

民国十二年（1923年）岁次癸亥直隶完县孙福全序

第一章　形意拳家小传

李先生讳飞羽，字能然，世称老能先生，或曰洛能、洛农、老农，皆一音之转也。直隶深县人，经商于山西太谷。喜拳术，闻县境有戴龙邦先生者，善形意拳，往访焉，觌面一见，言谈举止，均甚文雅，不似长武术者。心异之，辞去。他日请人介绍，拜为门下。时先生年三十七岁也。自受教后，昼夜练习，二年之久，所学者，仅五行拳之一行，即劈拳，并半趟连环拳耳。虽所学无多，而心中并不请益，诚心习练，日不间断。是年龙邦先生之母八十寿诞，先生前往拜祝，所至之宾客，非亲友即龙邦先生之门生。拜寿之后，会武术者皆在寿堂练习，各尽其所学焉。惟先生只练拳半趟，龙邦先生之母，性喜拳术，凡形意拳之道理并形式，无所不晓，遂问先生为何连环拳只练半趟。先生答曰：仅学此耳。当命龙邦先生曰：此人学有二年之久，所教者甚少，看来倒是忠诚朴实，可以将此道理用心教授之。龙邦先生本是孝子，又受老母面谕，乃尽其所得乎心者而授之先生。先生精心练习，至四十七岁，学乃大成，于形意拳之道理，无微不至矣！每与人相较，无不随心所欲，手到功成，当时名望甚着，北数省人皆知之。教授门生，郭云深、刘奇兰、白西园、李太和、车毅斋、宋世荣诸先生等。于是先生名声愈著，道理愈深。本境有某甲，武进士也，体力逾常人，兼善拳术，与先生素相善，而于先生之武术，则窃有不服，每蓄意相较，辄以相善之故，难于启齿。一日会谈一室，言笑一如平常，初不料某甲之蓄意相试，毫无防备之意，而某甲于先生行动时，乘其不意，窃于身后即捉住先生，用力举起。及一伸手，而身体已腾空斜上，头颅触入顶棚之内，复行落下，两足仍直立于地，未尝倾跌。以邪术疑先生，先生告之曰：是非邪术也，盖拳术上乘神化之功，有不见不闻之知觉，故神妙若此，非汝之所知也。时人遂称先生曰：神拳李能然。年八十余岁，端坐椅上，一笑而逝。

郭先生讳峪生，字云深，直隶深县马庄人。幼年好习拳术，习之数年，无所得，后遇李能然先生，谈及形意拳术，形式极简单而道则深奥，先生甚爱慕之。能然先生视先生有真诚之心，遂收为门下，口传手授。先生得传之后，心思会悟，身体力行，朝夕习练数十年。能然先生传授手法，二人对练之时，倏忽之间身已跌出二丈余，并不觉有所痛苦，只觉轻轻一划，遂飘然而去。先生既受能然先生所教拳术三层之道理，以至于体用规矩法术之奥妙，并剑术刀枪之精巧，无所不至其极，常游各省与南北两派同道之人交接甚广，阅历颇多，亦尝戏试其技，令有力壮者五人，各持木棍，以五棍之一端，顶于先生腹，五人将足立稳，将力使足，先生一鼓腹，而五壮年人，一齐腾身而起，跌坐于丈余之外。又练虎形拳，身体一跃至三丈外。先生所练之道理，腹极实而心极虚，形式神气沉重如泰山，而身体动作轻灵如飞鸟。所以先生遇有不测之事，只要耳闻目见无论何物，来得如何勇猛速快，随时身体皆能避之。先生熟读兵书，复善奇门，著有《解说形意拳经》，详细明畅，赐予收藏，后竟被人窃去，不知今藏何所，未能付梓流传，致先生启迪后学之心，湮没不彰，惜哉！先生怀抱绝技，奇才未遇其时，仅于北数省教授多人，后隐于乡间，至七十余岁而终。

刘先生字奇兰，直隶深县人，喜拳术，拜李能然先生为师，学习形意拳。先生隐居田庐，教授门徒，联络各派，无门户之见。有初见先生，数言即拜为弟子者。先生至七十余岁而终。弟子中，以李存义、耿诚信、周明泰三先生艺术为最。其子殿琛，著《形意拳术抉微》，发明先生之道。

宋世荣先生，宛平人，喜昆曲围棋，性又好拳术。在山西太谷开设钟表铺，闻李能然先生拳术高超，名冠当时，托人引见，拜为门下，自受教后，昼夜勤苦习练，迄不间断。所学五行拳及十二形，无不各尽其妙。练习十二形中蛇形之时，能尽蛇之性能，回身向左转时，右手能摄住右足跟，及向右转时，左手能摄住左足跟，回身停式，身形宛如蛇盘一团，开步走趟，身形委曲弯转，又如蛇之拨草蜿蜒而行也。练燕形之时，身子挨着地，能在板凳下边一掠而过，出去一丈余远，此式之名，即叫燕子抄水。又练狸猫上树（此系拳中一着之名目），身子往上一跃，手足平贴于墙，能粘一二分钟时间。当时同门同道及门外之人，见者固极多，现时曾亲睹先生所练各式之技能者，亦复甚多。盖先生格物之功甚深，能各尽其性，故其传神也若此。昔伶人某，与先生相识，云在归化城时，亲见先生与一练技者比较，二人相离丈余，练技者挺身一纵，甫一出手，其身已如箭之速，跌出两丈有余，而先生则毫无动转，只见两手于练技者之身一划耳！余二十余岁时，住于北京小席儿胡同白西园先生处，伶人某与白先生对门居，闻其向白先生言如此。民国十二年（1923年）一月间，同门人某往太谷拜见先生，先生时年八十余岁矣，精神健壮，身体灵动，一如当年。归后告于予曰，先生谈及拳术时，仍复眉飞色舞，口言其理，身比其形，殊忘其身为耄耋翁，且叹后进健者之不如焉！

车先生，永宏，字毅斋，山西太谷县人，家中小康。师李能然先生，学习拳术。先生自得道后，视富贵如浮云，隐居田间，教授门徒甚多，能发明先生之道者，山西祁县乔锦堂先生为最。先生乐道，始终如一。至八十余岁而终。

张先生，字树德，直隶祁州人，幼年好习武术，拜李能然先生为师。练拳并剑、刀、枪各术，合为一气，以拳为剑，以剑为拳。所用之枪法极善，有来访先生比较枪法者，皆为先生所败。先生隐居田间，所教门徒颇多。门徒承先生之技术者，亦不乏人。先生至八十余岁而终。

刘先生，字晓兰，直隶河间县人。为贾于易州西陵，性喜拳术，幼年练八极拳，功夫极纯。后又拜李能然先生为师，研究形意拳术，教授门徒，直省最多，老来精神益壮。八十余岁而终。

李先生，字镜斋，直隶新安县人。以孝廉历任教授。性好拳术，年六十三拜李能然先生为师，与郭云深先生相处最久，研究拳术。练至七十余岁，颇得拳术之奥理，动作轻灵，仍如当年。先生云：至此方知拳术与儒学之道理，并行不悖，合而为一者也。李先生寿至八十而终。

李先生，名存义，字忠元，直隶深县人。轻财好义，性喜拳术，幼年练习长短拳，后拜刘奇兰先生之门，学形意拳术，习练数十年。为人保镖，往来各省，途中遇盗贼，手持单刀对敌，贼不敢进，或闻先生之名，义气过人，避道者。故人以“单刀李”称之。民国元年（1912年），在天津创办中华武士会，教授门徒，诲人不倦，七十余岁而终。

田先生，字静杰，直隶饶阳县人。性好拳术，拜刘奇兰先生为师。先生保镖护院多年，生平所遇奇事甚多，惜余不能记忆，故未能详述之。先生七十余岁，仍在田间朝夕运动，以乐晚年。

李先生，讳殿英，字奎垣，直隶涞水县山后店上村人。幼年读书，善小楷，性喜拳术，从易州许某学弹腿、八极等拳，功夫极纯熟，力量亦颇大。先生在壮年之时，保镖护院，颇有名望。每好与人较技，时常胜人。后遇郭云深先生，与之比较，先生善用腿，先生之脚方抬起，见云深先生用手一划，先生身后有一板凳，先生之身体，从板凳跃过去，两丈余远，倒于地下矣。先生起而谢罪，遂拜为门下，侍奉云深先生如父子然。后蒙云深先生教授数年，昼夜习练，将所受之道理，表里精微，无所不至其极矣。余从先生受教时，先生之技术，未甚精妙。先生自得道后，常为书记，不轻言拳术矣。余遂侍从郭云深先生受教。先生虽不与人轻言拳术，而仍练拳不懈，他人所不知也。先生至七十余岁而终。

耿先生，名继善，字诚信，直隶深县人。喜拳术，拜刘奇兰先生为师，学习形意拳。隐居田间，以道为乐，传授门徒多人。七十余岁，身体轻灵，健壮仍如当年。

周先生，字明泰，直隶饶阳县人。幼年在刘奇兰先生家为书童，喜拳术，遂拜奇兰先生为师。练习数载，保镖多年。直隶莫州一带门徒颇多，六十余岁而终。

许先生，名占鳌，字鹏程，直隶定县人。家中小康，幼年读书，善八法，性喜拳术。专聘教习，练习长拳、刀枪剑术。身体轻灵似飞鸟，知者皆以“赛飞”称之。后又拜郭云深先生为师，学习形意拳术。传授门徒颇多，六十余岁而终。

第二章　八卦拳家小传

董海川先生，顺天文安县朱家坞人，喜习武术，尝涉迹江皖间，遇异人传授，居三年，拳术剑术及各器械，无不造其极。归后入睿王府当差，人多知其有奇技异能，投为门下受教者络绎不绝。所教拳术，称为八卦。其形式皆是河图洛书之数，其道体，俱是先天后天之理。其用法，乃八八六十四卦之变化而无穷。一部易理，先生方寸之间，体之无遗。是以先生行止坐卧，动作之际，其变化之神妙，非常人所能测也。居尝跏趺静坐，值夏日大雨，墙忽倾倒，时先生趺坐于炕，贴近此墙，先生并未开目，弟子在侧者，见墙倒之时，急注视先生忽不见，而先生已趺坐于他处之椅上，身上未着点尘。先生又尝昼寝，时值深秋，弟子以被覆之，轻轻覆于先生身，不意被覆于床，存者仅床与被，而先生不见矣，惊而返顾，则先生端坐于临窗之一椅。谓其人曰：“何不言耶？使我一惊”。盖先生之灵机至是，已臻不见不闻，即可知觉之境。故临不测之险，其变化之神妙，有如此者。中庸云：“至诚之道，可以前知”，即此意也，年八十余岁，端坐而逝。弟子尹福，程廷华等，葬于东直门外，榛椒树东北、红桥大道旁。诸门弟子建碑，以志其行焉。

程廷华先生，直隶深县人，居北京花市大街四条，以眼镜为业。性喜武术，未得门径，后经人介绍拜董海川先生为师。所学之拳，名为游身八卦连环掌。自受传后，习练数年，得其精微，名声大振，人称之为“眼镜程”，无人不知之也。同道之人，来比较甚多，无不败于先生之手者，因此招人之忌。一日晚先生由前门返铺中，行至芦草园，正走时，忽闻后有脚步声甚急，先生方一回头见尾随之人，手使斫刀一把，光闪耀目，正望着先生之头劈下。先生随即将身往下一缩，倏忽越出七八尺，其刀落空。旋即回身，夺其刀以足踢倒于地，以刀掷之，曰："朋友回家从用工夫，再来可也"。不问彼之姓名，徜徉而去。当时有数人亲眼见之。在京教授门徒颇多，其子海亭，亦足以发明先生技术之精奥者矣。

第三章　太极拳家小传

杨先生，字露禅，直隶广平府人。喜拳术，得河南怀庆府，陈家沟子之指授，遂以太极名于京师。来京教授弟子。故京师之太极拳术，皆先生所传也。

武先生，字禹襄，直隶广平府人。往河南怀庆府赵堡镇陈清平先生处，学习太极拳术。研究数十年，遇敌制胜，事迹最多。先生言之不详，故未能述之。

郝先生，讳和，字为桢，直隶广平永年县人。受太极拳术于亦畬先生。昔年访友来北京，经友人介绍，与先生相识，见先生身体魁伟，容貌温和，言皆中理。身体动止，和顺自然。余与先生遂相投契。未几，先生患痢疾甚剧，因初次来京不久，朋友甚少，所识者，惟同乡杨建侯先生耳。余遂为先生请医服药，朝夕服侍，月余而愈。先生呼余曰："吾二人本无至交，萍水相逢，如此相待实无可报"。余曰："此事先生不必在心，俗云'四海之内皆朋友'，况同道乎！"先生云："我实心感，欲将我平生所学之拳术，传与君愿否？"余曰："恐求之不得耳"。故请先生至家中，余朝夕受先生教授，数月得其大概，后先生返里，在本县教授门徒颇多。先生寿七十有余岁而终。其子月如能传先生之术。门徒中精先生之武术者亦不少矣。

第四章　形意拳

第一节　述郭云深先生言

一则

郭云深先生云："形意拳术有三层道理，有三步功夫，有三种练法。"

一、三层道理

一是练精化气；二是练气化神；三是练神还虚（练之以变化人之气质，复其本然之真也）。

二、三步功夫

第一步易骨：练之以筑其基，以壮其体，骨体坚如铁石，而形式气质，威严状似泰山。

第二步易筋：练之以腾其膜，以长其筋（俗云筋长力大），其劲纵横联络，生长而无穷也。

第三步洗髓：练之以清虚其内，以轻松其体，内中清虚之象。神气运用圆活无滞，身体动转其轻如羽（拳经云：三回九转是一式，即此意也）。

三、三种练法

一是明劲：练之总以规矩不可易，身体动转要和顺而不可乖戾，手足起落要整齐而不可散乱。拳经云：方者以正其中，即此意也。

二是暗劲：练之神气要舒展而不可拘，运用要圆通活泼而不可滞。拳经云：圆者以应其外，即此意也。

三是化劲：练之周身四肢动转，起落进退，皆不可着力，专以神意运用之。虽是神意运用，惟形式规矩仍如前两种不可改移。虽然周身动转不着力，亦不能全不着力，总在神意之贯通耳。拳经云：三回九转是一式，即此意也。

四、详论明劲、暗劲、化劲

（一）明劲

明劲者，即拳之刚劲也。易骨者，即练精化气，易骨之道也。因人身中先天之气与后天之气不合，体质不坚，故发明其道。大凡人之初，生性无不善，体无不健，根无不固，纯是先天。以后知识一开，灵窍一闭，先后不合，阴阳不交，皆是后天血气用事。故血气盛行，正气衰弱，以致身体筋骨不能健壮。故昔达摩大师传下易筋洗髓二经，习之以强壮人之身体，还其人之初生本来面目。后宋岳武穆王扩充二经之义，作为三经：易骨、易筋、洗髓也。将三经又制成拳术，发明此经道理之用。拳经云："静为本体，动为作用"，与古之五禽、八段练法有体而无用者不同矣。因拳术有无穷之妙用，故先有易骨、易筋、洗髓，阴阳混成，刚柔悉化，无声无臭，虚空灵通之全体。所以有其虚空灵通之全体，方有神化不测之妙用。故因此拳是内外一气，动静一源，体用一道，所以静为本体，动为作用也。因人为一小天地，无不与天地之理相合，惟是天地之阴阳变化皆有更易。人之一身既与天地道理相合，身体虚弱刚戾之气，岂不能易乎？故更易之道，弱者易之强，柔者易之刚，悖者易之和。所以三经者皆是变化人之气质，以复其初也。易骨者，是拳中之明劲，练精化气之道也。将人身中散乱之气，收纳于丹田之内，不偏不倚，和而不流，用九要之规模锻炼，练至于六阳纯全，刚健之至，即拳中上下相连，手足相顾，内外如一。至此，拳中明劲之功尽，易骨之劲全，练精化气之功亦毕矣。

（二）暗劲

暗劲者，拳中之柔劲（柔劲与软不同：软中无力，柔非无力也），即练气化神易筋之道也。先练明劲而后练暗劲，即丹道小周天止火，再用大周天功夫之意。明劲停手即小周天之沐浴也。暗劲手足停而未停，即大周天四正之沐浴也。拳中所用之劲，是将形、气、神（神即意也）合住，两手往后用力拉回（内中有缩力），其意如拔钢丝。两手前后用劲：左手往前推，右手往回拉；或右手往前推，左手往回拉，其意如撕丝绵；又如两手拉硬弓。要用力徐徐拉开之意。两手或右手往外翻横，左手往里裹劲。或左手往外翻横，右手往里裹劲，如同练鼍形之两手，或是练连环拳之包裹拳。拳经云："裹者如包裹之不露"。两手往前推劲，如同推有轮之重物，往前推不动之意，又似推动而不动之意。两足用力，前足落地时，足跟先着地，不可有声。然后再满足着地，所用之劲如同手往前往下按物一般。后足用力蹬劲，如同迈大步过水沟之意。拳经云："脚打采意不落空"，是前足；"消息全凭后脚蹬"，是后足；"马有迹蹄之功"。皆是言两足之意也。两足进退，明劲、暗劲两段之步法相同。惟是明劲则有声，暗劲则无声耳。

（三）化劲

化劲者，即练神还虚，亦谓之洗髓之功夫也。是将暗劲练到至柔至顺，谓之柔顺之极处，暗劲之终也。丹经云："阴阳混成，刚柔悉化，谓之丹熟"。柔劲之终，是化劲之始也。所以再加向上功夫，用练神还虚至形神俱杳，与道合真，以至于无声无臭，谓之脱丹矣。拳经谓之"拳无拳，意无意，无意之中是真意"，是谓之化劲，练神还虚，洗髓之功毕矣。化劲者，与练划劲不同。明劲、暗劲亦皆有划劲。划劲是两手出入起落俱短，亦谓之短劲。如同手往墙抓去，往下一划，手仍回在自己身上来，故谓之划劲。练化劲者，与前两步功夫之形式无异，所用之劲不同耳。拳经云："三回九转是一式"，是此意也。三回者，练精化气、练气化神、练神还虚，即明劲、暗劲、化劲是也。三回者，明、暗、化劲是一式；九转者，九转纯阳也。化至虚无而还于纯阳，是此理也。所练之时，将手足动作，顺其前两步之形式，皆不要用力，并非完全不用力，周身内外，全用真意运用耳。手足动作所用之力，有而若无，实而若虚，腹内之气，所用亦不着意，亦非不着意，意在积蓄虚灵之神耳。呼吸似有似无，与丹道功夫。阳生至足、采取归炉、封固停息、沐浴之时呼吸相同。因此，似有而无，皆是真息，是一神之妙用也。庄子云："真人之呼吸以踵"，即是此意，非闭气也。用工练去，不要间断，练到至虚，身无其身，心无其心，方是形神俱渺，与道合真之境。此时能与太虚同体矣。以后练虚合道，能至寂然不动，感而遂通，无入而不自得，无往而不得其道，无可无不可也。拳经云："固灵根而动心者，武艺也；养灵根而静心者，修道也"。所以形意拳术，与丹道合一者也。

二则

形意拳，起点三体式，两足要单重，不可双重。单重者，非一足着地，一足悬起，不过前足可虚可实，着重在于后足耳。以后练各形式亦有双重之式。虽然是双重之式，亦不离单重之重心。以至极高、极俯、极矮、极仰之形式，亦总不离三体式单重之中心。故三体式为万形之基础也。三体式单重者，得其中和之起点，动作灵活，形式一气，无有间断耳。双重三体式者，形式沉重，力气极大。惟是阴阳不分，乾坤不辨，奇偶不显，刚柔不判，虚实不明，内开外合不清，进退起落动作不灵活。所以形意拳三体式，不得其单重之和，先后天亦不交，刚多柔少，失却中和，道理亦不明，变化亦不通，自被血气所拘，拙劲所捆，此皆是被三体式双重之所拘也。若得着单重三体式中和之道理以后行之，无论单重双重各形之式，无可无不可也。

三则

形意拳之道，练之极易，亦极难。易者，是之形式，至易、至简，而不繁乱。其拳术之始终，动作运用，皆人之所不虑而知，不学而能者也。周身动作运用，亦皆平常之理。惟人之未学时，手足动作运用，无有规矩，而不能整齐，所教授者，不过将人之不虑而知、不学而能、平常所运用之形式，入于规矩之中，四脚动作，而不散乱者也。果练之有恒，而不间断，可以至于至善矣。若到至善处，诸形之运用，无不合道矣。以他人观之，有一动一静，一言一默之运用，奥妙不测之神气。然而自己并不知其善于拳术也。因动作运用皆是平常之道理，无强人之所难，所以拳术练之极易也。《中庸》云："人莫不饮食也，鲜能知味也”。难者，是练者厌其形式简单，而不良于观，以致半途而废者有之，或是练者恶其道理平常，而无有奇妙之法则，自己专好刚劲之气，身外又务奇异之形，故终身练之而不能得着形意拳术中和之道也。因此好高骛远，看理偏僻，所以拳术之道理，得之甚难。《中庸》云：“道不远人，人之为道而远人“，即此意义也。

四则

形意拳之道无他，神、气二者而已。丹道始终全仗呼吸，起初大小周天，以及还虚之功者，皆是呼吸之变化耳。拳术之道亦然。惟有锻炼形体与筋骨之功。丹道是静中求动、动极而复静也；拳术是动中求静，静极而复动也。其初练之似异，以至还虚则同。形意拳经云：“固灵根而动心者，敌将也；养灵根而静心者，修道也”。所以形意拳之道，即丹道之学也。丹道有三易：炼精化气、炼气化神、炼神还虚；拳术亦有三易：易骨、易筋、洗髓。三易即拳中明劲、暗劲、化劲也。练至“拳无拳，意无意，无意之中是真意”，亦与丹道练虚合道相合也。丹道有最初还虚之功，以至虚极静笃之时，下元真阳发动，即速回光返照。凝神入气穴，息息归根。神气未交之时，存神用息，绵绵若存，念兹在兹，此武火之谓也。至神气已交，又当忘息，以致采取归炉、封固、停息、沐浴、起火、进退、升降、归根。俟动而复炼，炼至不动，为限数足满、止火，谓之坎离交媾，此为小周天。以至大周天之功夫，无非自无而生有，由微而至著，由小而至大，由虚而积累，皆呼吸火候之变化。文武刚柔，随时消息，此皆是顺中用逆，逆中行顺，用其无过不及中和之道也。此不过略言丹道之概耳。丹道与拳术并行不悖，故形意拳术，非粗率之武艺。余恐后来练形意拳术之人，只用其后天血气之力，不知有先天真阳之气，故发明形意拳术之道，只此神、气二者而已。故此先言丹道之大概，后再论拳术之详情。

五则

郭云深先生言：练形意拳术，有三层之呼吸。

第一层练拳术之呼吸，将舌卷回，顶住上腭，口似开非开，似合非合，呼吸任其自然，不可着意于呼吸，因手足动作合于规矩，是为调息之法则，亦即练精化气之功夫也。

第二层练拳术之呼吸，口之开合、舌顶上腭等规则照前，惟呼吸与前一层不同。前者手足动作是调息之法则，此是息调也。前者口鼻之呼吸，不过借此以通乎内外也。此二层之呼吸，着意于丹田之内呼吸也。又名胎息。是为练气化神之理也。

第三层练拳术之呼吸，与上两层之意又不同。前一层是明劲，有形于外。二层是暗劲，有形于内。此呼吸虽有而若无，勿忘勿助之意思，即是神化之妙用也。心中空空洞洞，不有不无，非有非无，是为无声无臭，还虚之道也。此三种呼吸为练拳术始终本末之次序，即一气贯通之理，自有而化无之道也。

六则

人未练拳术之先，手足动作，顺其后天自然之性，由壮而老，以至于死。通家逆运先天，转乾坤，扭气机，以求长生之术。拳术亦然。起点，从平常之自然之道逆转，其机由静而动，再由动而静，成为三体式。其姿势：两足要前虚后实，不俯不仰，不左斜，不右歪。心中要虚空、至静无物，一毫之血气不能加于其内，要纯任自然虚灵之本体，由着本体再萌动练去，是为拳中纯任自然之真劲，亦谓人之本性，又谓之丹道最初还虚之理，亦谓之明善复初之道。其三体式中之灵妙，非有真传不能知也。内中之意思，犹丹道之点玄关、大学之言明德、孟子所谓养浩然之气。又与河图中五之一点，太极先天之气相合也。其姿势之中，非身体两腿站均当中之中也。其中，是用规矩之法则，缩回身中散乱驰外之灵气，返归于内，正气复初，血气自然不加于其内，心中虚空，是之谓中，亦谓之道心，因此再动。丹书云："静则为性，动则为意，妙用则为神"。所以拳术再动，练去谓之先天之真意，则身体手足动作即有形之物，谓之后天。以后天合着规矩法则，形容先天之真意，自最初还虚，以至末后还虚循环无端之理，无声无臭之德，此皆名为形意拳之道也。其拳术，最初积蓄之真意与气，以致满足，中立而不倚，和而不流，无形无相，此谓拳中之内劲也（内家拳术之名，即此理也）。其拳中之内劲，最初练之，人不知其所以然之理。因其理最微妙，不能不详言之，免后学入于歧途。初学入门，有三害九要之规矩。三害莫犯，九要不失其理（八卦拳学详之矣）。手足动作合于规矩，不失三体式之本体，谓之调息。练时口要似开非开，似合非合，纯任自然。舌顶上腭，要鼻孔出气。平常不练时，以致方练完收势时，口要闭，不可开，要时时令鼻孔出气。说话、吃饭、喝茶时，可开口，除此之外，总要舌顶上腭，闭口，令鼻孔出气，谨要！至于睡卧时，亦是如此。练至手足相合，起落进退如一，谓之息调。手足动作要不合于规矩，上下不齐，进退步法错乱，牵动呼吸之气不均，出气甚粗，以致胸间发闷，皆是起落进退，手足步法，不合规矩之故也。此谓之息不调。因息不调，拳法身体不能顺也。拳中之内劲是将人之散乱于外之神气，用拳中之规矩，手足身体动作，顺中用逆，缩回于丹田之内，与丹田之元气相交，自无而有，自微而著，自虚而实，皆是渐渐积蓄而成，此谓拳之内劲也。丹书云："以凡人之呼吸，寻真人之呼处"，庄子云"真人呼吸以踵"，亦是此意也。拳术调呼吸，从后天阴气所积，若致小腹坚硬如石，此乃后天之气勉强积蓄而有也。总要呼吸纯任自然，用真意之元神，引之于丹田。腹虽实而若虚，有而若无。《老子》云：绵绵若存；又云"虚其心，而灵性不昧；振道心，正气常存"，亦此意也。此理即拳中内劲之意义也。

七则

形意拳之用法，有三层：有有形有相之用，有有名有相无迹之用，有有声有名无形之用。有无形无相无声无臭之用。拳经云："起如钢锉，起者去也。落如钩杆，落者回也。"未起如摘子，未落如坠子。起如箭，落如风，追风赶月不放松。起如风，落如箭，打倒还嫌慢。足打七分手打三，五行四梢要合全。气连心意随时用，硬打硬进无遮拦。打人如走路，看人如蒿草。胆上如风响，起落似箭钻。进步不胜，必有胆寒之心"。此是初步明劲，有形有相之用也。到暗劲之时，用法更妙："起似伏龙登天，落如霹雷击地。起无形，落无踪，起意好似卷地风。起不起，何用再起；落不落，何用再落。低之中望为高，高之中望为低。打起落如水之翻落。不翻不钻，一寸为先。脚打七分手打三，五行四梢要合全。气连心意随时用，打破身式无遮拦"。此是二步暗劲，形迹有无之用也。"拳无拳，意无意，无意之中是真意。拳打三节不见形，如见形影不为能"，随时而发；一言一默，一举一动，行止、坐卧，以致饮食、茶水之间，皆是用；或有人处，或无人处，无处不是用，所以无入而不自得，无往而不得其道，以致寂然不动，感而遂通也。此皆是化劲神化之用也。然而所用之虚实奇正，亦不可专有意用于奇正虚实。虚者，并非专用虚于彼。己手在彼手之上，用劲拉回，如落钩竿，谓之实；己手在彼手之下，亦用劲拉回，彼之手挨不着我之手，谓之虚。并非专有意于虚实，是在彼之形式感触耳。奇正之理亦然：奇无不正，正无不奇；奇中有正，正中有奇，奇正之变如循环之无端，所用无穷也。拳经云："拳去不空回，空回总不奇"，是此意也。

八则

形意拳术，明劲是小学功夫。进退起落，左转右旋，形式有间断，故谓之小学。暗劲是大学之道。上下相连，手足相顾，内外如一，循环无端，形式无有间断，故谓之大学。此喻是发明其拳所以然之理也。《论语》云："一以贯之"，此拳亦是求一以贯之道也。阴阳混成，刚柔相合，内外如一，谓之化劲。用神化去，至于无声无臭之德也。《孟子》云："大而化之之谓圣，圣而不可知之之谓神。"丹书云："形神俱杳，乃与道合真之境。"拳经云："拳无拳，意无意，无意之中是真意。"如此者，不见而章，不动而变，无为而成，寂然不动，感而遂通也。"得其一而万事毕。"人得其一谓之大，拳中内外如一之劲用之于敌，当刚则刚，当柔则柔，飞腾变化，无入而不自得，亦无可无不可也。此之谓一以贯之。一之为用，虽然纯熟，总是有一之形迹也，尚未到至妙处，因此要将一化去，化到至虚无之境，谓之至诚至虚至空也。如此大而化之之谓圣，圣而不可知之之谓神之道理，得矣！

九则

拳术之道，要自己锻炼身体，以却病延年，无大难法，若与人相较，则非易事。第一存心谨慎，要知己知彼，不可骄矜，骄矜必败。若相识之人，久在一处，所练何拳，艺之深浅，彼此皆知。或喜用脚，或善用手，皆知其大概。谁胜谁负，尚不易言。若与不相识之人，初次见面，彼此不知所练何种拳术，所用何法。若一交手，其艺浅者，自立时相形见绌。若皆是名手，两人相较，则颇不易言胜。所宜知者，一睹面先察其人，精神是否虚灵，气质是否雄厚，身躯是否活泼，再察其言论，或谦或矜，其所言与其人之神气，形体动作是否相符，观此三者，彼之艺能，知其大概矣。及相较之时，或彼先动，或己先动，务要辨地势之远近、险隘、广狭、死生。若二人相离极近，彼或发拳，或发足，皆能伤及吾身，则当如拳经云："眼要毒，手要奸（奸即巧也），脚踏中门往里钻。"眼有监察之精，手有拨转之能，足有行程之功。两肘不离肋，两手不离心，出洞入洞紧随身。乘其无备而攻之，由其不意而出之"。此是近地以速之意也。两人相离之地远，或三四步，或五六步不等，不可直上，恐彼以逸待劳，不等己发拳，而彼先发之矣。所以方动之时，不要将神气显露于外，似无意之情形，缓缓走至彼相近处，相机而用。彼动机方露，己即速扑上去，或掌或拳，随左打左，随右打右，彼之刚柔，己之进退，起落变化，总相机而行之。此谓远地以缓也。己所立之地势，有利不利，亦得因敌人而用之，不可拘着。程廷华先生亦云：与彼相较之时，看彼之刚柔，或力大，或奸巧，彼刚吾柔，彼柔吾刚，彼高吾低，彼低吾高，彼长吾短，彼短吾长，彼开吾合，彼合吾开，或忽开忽合，忽刚忽柔，忽上忽下，忽短忽长，忽来忽去，不可拘使成法，须相敌之情形而行之。虽不能取胜于敌，亦不能骤然败于敌也。总以谨慎为要。

十则

拳经云：“上下相连，内外合一。”俗云，上下是头、足也，亦云手、足也。按拳中道理言之，是上呼吸之气与下呼吸之气相接也。此是上下相连，心肾相交也。内外合一者，是心中神意下照于海底，腹内静极而动，海底之气微微自下而上，与神意相交，归于丹田之中，运贯于周身，畅达于四肢，融融和和，如此方是上下相连，手足自然相顾，合内外而为一者也。

十一则

练拳术不可固执不通。若专以求力，即被力所拘；专以求气，即被气所拘；若专以求沉重，即为沉重所捆坠；若专以求轻浮，神气则被轻浮所散。所以然者，外之形式顺者，自有力；内里中和者，自生气；神意归于丹田者，身自然重如泰山；将神气合一，化成虚空者，自然身轻如羽。故此不可专求。虽然求之有所得焉，亦是有若无、实若虚，勿忘勿助，不勉而中，不思而得，从容中道而已。

十二则

形意拳术之横拳，有先天之横，有后天之横，有一行之横。先天之横者，由静而动，为无形之横拳也。横者，中也。《周易》云：“黄中通理，正位居体”，即此意也。拳经云：“起无形”“起为横”，皆是也（此起字是内中之起，自虚无而生有，真意发萌之时，在拳中谓之横，亦谓之起）。此横有名无形，为诸形之母也。万物皆含育于其中矣。其横则为拳中之太极也。后天之横者，是拳中外形手足，以动即名为横也。此横有名有式，无有横之相也。因头手足肩肘胯膝名七拳。外形七拳，以动即名为横，亦为诸式之干也，万法亦皆生于其内也。

十三则

形意拳术，头层明劲，谓之练精化气，为丹道中之武火也；第二层暗劲，谓之练气化神，为丹道中之文火也；三层化劲，谓之练神还虚，为丹道中火候纯也。火候纯而内外一气成矣。再练亦无劲，亦无火，谓之练虚合道。以致行止坐卧，一言一默，无往而不合其道也。拳经云：“拳无拳，意无意，无意之中是真意。”至此无声无臭之德至矣。先人诗曰：“道本自然一气游，空空静静最难求，得来万法皆无用，身形应当似水流。”

十四则

拳意之大道，大概皆是河洛之理，以之取象命名，数理兼该，顺其人之动作之自然，制成法则，而人身体力行之。古人云：天有八风，易有八卦，人有八脉，拳有八式，是以拳术有八卦之变化。八卦者，有圆之象焉。天有九天，星有九野，地有九泉，人有九窍，拳有九宫，故拳术有九宫之方位。九宫者，有方之义焉。古人以九府而作圜法，以九室而作明堂，以九区而作贡赋，以九军而作阵法，以九窍九数（九数者，即九节也。头为梢节，心为中节，丹田为根节；手为梢节，肘为中节，肩为根节；足为梢节，膝为中节，胯为根节。三三共九节也）而作拳术，无非用九，其理亦妙矣。河之图，洛之书，皆出于天地自然之数，禹之范，大挠之历，皆圣人得于天地之心法。余蒙老农先生所授之九宫图，其理亦出于此，而运用之神妙，变化莫测。此图之道，夫妇之愚，可以与知与能，及其至也，虽圣人亦有所不知不能矣。其图之形式，是飞九宫之道，一至九，九还一之理，用竿九根，布之四正四根，四隅四根，当中一根。竿不拘粗细。起初练之，地方要宽大，竿相离要远，大约或一丈之方形，或一丈有余，或两丈，不拘尺寸，练之已熟，渐渐而缩小，缩至两竿相离之远近，仅能容身，穿行往来，形如流水，旋转自如，而不碍所立之竿。绕转之形式用十二形：或如鹞子入林翻身之巧，或如蛇拨草入穴之妙，或如猿猴纵跳之灵活。各形之巧妙，无所不有也。此图之效力，不会拳术者，按法走之可以消食，血脉流通；若练拳术而步法不活动者，走之可以能活动；练拳术身体发拘者，走之身体可以能灵通；练拳术心中固执者，走之可以能灵妙。无论男女老少，皆可行之，可以却病延年，强健身体，等等妙术，不可言宣。拳经云："打拳如走路，看人如蒿草。武艺都道无正经，任意变化是无穷。岂知吾得婴儿玩，打法天下是真形。"三回九转是一式之理，亦皆在其中矣。此图明数学者，能晓此图之理；练八卦拳者，能通此图之道也。此图亦可作为游戏运动。走练之时，舌顶上腭。不会练拳术者，行走之时，两手曲伸，可以随便；要会拳术者，按自己所会之法则运用可也。无论如何运动，左旋右转，两手身体不能动着所立之竿为要。此图不只运动身体已也，而剑术之法亦含藏于其中矣。此九根竿之高矮，总要比人略高。可以九个泥垫，或木垫，将竿插在内，可以移动练。用时可分布九宫，不练时可收在一处。若地基方便，不动亦可；若实在无有竿之时，砖石分布九宫亦可；若无砖石，画九个小圈走亦无不可。总而言之，总是有竿练之为最妙，此法走练，起初按一二三四五六七八九之路，反之九八七六五四三二一。此图外四正四隅八根竿，比喻八卦。当中一根，又共比喻九个门。要练纯熟，无论何门，亦可以起点。要之归原，不能离开中门，即中五宫也。走之按一至二，二至三，至九，返之九至八，八至七，又还于一之数。此图一圈一根竿也。一至九，九返一，即所行之路也。名为飞九宫也，亦名阴八卦也。河图之理藏之于内，洛书之道形之于外也。所以拳术之道体用俱备，数理兼该，性命双修，乾坤相交，合内外而为一者也。走练此图之意，九竿如同九人，如一人敌九，左右旋转，曲伸往来，飞跃变化，闪展腾挪，其中之法则，按着规矩；其中之妙用，亦得要自己悟会耳。其图之道，亦和于乾坤二卦之理。六十四卦之式，皆含在其中矣。在人，贤者识其大者，不贤者识其小者，得之莫不有拳术奥妙之道焉。

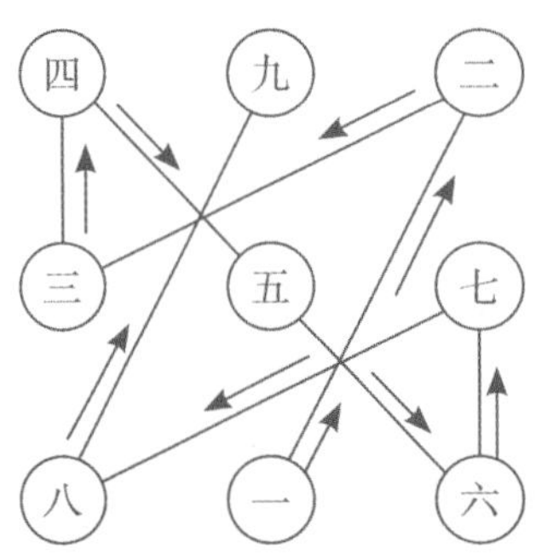

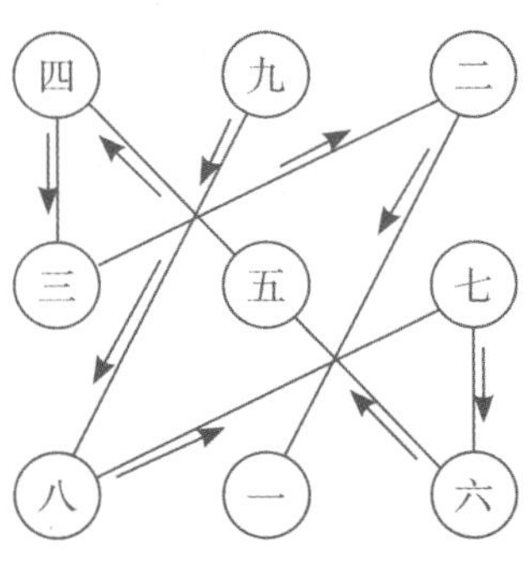

第二节　白西园论形意拳

练形意拳之道，实是却病延年，修道之学也，余自幼年行医，今年近七旬矣。身体动作轻灵，仍似当年强壮之时也，并无服过参茸保养之物。此拳之道，养气修身之理，实有确据，真有如服仙丹之效验也。惟练拳易，得道难；得道易，养道尤难。所以练拳术第一要得真传，将拳内所练之规矩，要知得的确，按次序而练之。第二要真爱惜，第三要有恒心，作为自己终身修养之功课也。除此三者之外，虽然讲练，古人云："心不在焉，视而不见，听而不闻，食而不知其味"，就是终身不能有得也。就是至诚有恒心所练之道理，虽少有得焉，亦不能自骄。所练之形式道理，亦要时常求老师或诸位老先生们看视，古人云："人非圣贤，谁能无过"，若以骄，素日所得之道理，亦时常失去。道理已失，拳术就生出无数之病来（即拳术之病，非人所得、吃药之病也）。若是明显之病，还可容易更改，老师功夫大小、道理深浅可以更正也。若是暗藏错综之病，非得老师道理极深，经验颇富，不能治此病也。错综之病，头上之病不在头，脚上之病不在脚，身内之病不在内，身外之病不在外，此是错综之病也。暗藏之病，若隐若现，若有若无，此病于平常所练之人，亦看不出有病来，自己觉着亦无毛病，心想自己所练的道理亦到纯熟矣，岂不知自己之病入之更深矣。非得洞明其理，深达其道者，不能更改此样病也。若不然，就是昼夜习练，终身不能入于正道矣。此病谓之俗自然劲也。与写字用功入了俗派，始终不能长进之道理相同也。所以，练拳术者，练一身极好之技术，与人相较，亦极其勇敢，倒容易练，十人之中，可以练成七八个矣。若能教育人者，再自己功夫极纯，身体动作极其和顺，析理亦极其明详，令人容易领会，可以作后学之表率，如此人者，十人之中，难得一二人矣。练拳术之道理，神气贯通，形质和顺，刚柔曲折，法度长短，与曾文正公谈书法，言乾坤二卦之理相同也。

第三节　刘奇兰论形意拳

一则

练形意拳者，体用莫分，自己练者为体，行之于彼为用。自己练时，眼不可散乱，或视一极点处，或看自己之手，将神气定住，内外合一，不可移动。要用之于彼，或看彼上之两眼，或看彼之中心，或看彼下之两足。不要站定成式，不可专用成法，或掌或拳，望着就使，起落进退，变化无穷，是用智而取胜于敌也。若用成法，即能胜于人，亦是一时之侥幸耳。所应晓者，须固住自己神气，不使散乱，此谓无敌于天下也。

二则

形意拳经云："养灵根而静心者，修道也；固灵根而动心者，敌将也。"敌将之用者，起如钢锉，落如钩竿。起似伏龙登天，落如霹雷击地。起无形，落无踪，起落好似卷地风，束身而起，长身而落。起如箭，落如风，追风赶月不放松。起如风，落如箭，打倒还嫌慢。打人如走路，看人如蒿草。胆上如风响，起落似箭钻。遇敌要取胜，四梢俱要齐，是内外诚实如一也。进步不胜，必有胆寒之心也。此是固灵根而动心者，敌将所用之法也。

三则

技艺之用者，心中空空洞洞，不勉而中，不思而得，从容中道，而时出之。拳无拳，意无意，无意之中是真意。心无其心，心空也；身无其身，身空也。古人云，“所谓空而不空，不空而空，是谓真空”。虽空，乃至实至诚也。忽然有敌人来击，心中并非有意打他（无意即无火也），随彼意而应之。拳经云，“静为本体，动为作用”，即是寂然不动，感而遂通，无可无不可也。此是养灵根而静心者所用之法也。夫练拳，至无拳无意之境，乃能与太虚同体，故用之奥妙而不可测。然能至是者，鲜矣。

第四节　宋世荣论形意拳

一则

形意拳之道，是先将拳术已成之着法，玩而求之，而有得之于心焉，或吾胸中有千万法可也，或吾胸中浑浑沦沦，无一着法亦可也。无一法者，是一气之合也，以致于应用之时，无可无不可也；有千万法者，是一气之流行也，应敌之时，当刚则刚，当柔则柔，起落进退变化，皆可因敌而用之也。譬如千万法者，是一形一着法也，一着法之中，亦皆能生生不已也。譬如练蛇形，蛇有拔草之精，至于蛇之盘旋曲伸，刚柔灵妙等式，皆伊之性能也。兵法云，“譬如长蛇阵式，击首则尾应，击尾则首应，击其中则首尾皆应”。所以练一形之中，将伊之性能格物到至善处，用之于敌，可以循环无端，变化无穷，故能时措之宜也。一形之能力如此，十二形之能力皆如是也。内中之道理，物之伸者，是吾拳之长劲也；物之曲者，是吾拳之短劲也，亦吾拳之划劲也；物之曲曲弯转者，是吾拳之柔劲也；物之往前直去猛快者，是吾拳之刚劲也。虽然一物之性能刚柔曲直、纵横变化、灵活巧妙，人有所不能及也。所以练形意拳术者，是格渐十二形之性能，而得之于心，是能尽物之性也。亦是尽己之性也。因此练形意拳者，是效法天地化育万物之道也。此理存之于内而为德，用之于外而为道也。又内劲者，内为天德；外法者，外为王道。所以此拳之用，能以无可无不可也。

二则

形意拳术，有道艺、武艺之分，有三体式、单重、双重之别。练武艺者，是双重之姿势，重心在于两腿之间，全身用力，清浊不分，先后天不辨，用后天之意，引呼吸之气，积蓄于丹田之内，其坚如铁石，周身沉重，站立如同泰山一般。若与他人相较，不怕足踢、手击，拳经云，“足打七分手打三，五行四梢要合全。气连心意随时用，硬打硬进无遮拦”，此谓之浊源，所以为敌将之武艺也。若练到至善处，亦可以无敌于天下也。练道艺者，是三体式单重之姿势，前虚后实，重心在于后足，前足亦可虚、亦可实，心中不用力，先要虚其心，意思与丹道相合。丹书云：“静坐要最初还虚，不还虚不能见本性，不见本性，用工皆是浊源，并非先天之真性也。”拳术之理亦然，所以亦要最初还虚，不用后天之心意，亦并非全然不用。要全不用，成为顽空矣。所以用劲者，非用后天之拙力，皆是规矩中之用力耳。还虚者，丹书云：“中者，虚空之性体也。执中者，还虚之功用也。”是故形意拳术起点有无极、太极、三体之式，其理是最初还虚之功用也。丹书云：“道自虚无生一气，便从一气产阴阳，阴阳再合成三体，三体重生万物张”，是此意也。三体者，在身体，外为头、手、足也，内为上、中、下三田也。在拳中形意、八卦、太极三派之一体也。虽分三体之名，统体一阴阳也。阴阳归总一太极也，即一气也，亦即形意拳中起点无形之横拳也。此横拳者，是人本来之真心，空空洞洞，不挂着一毫之拙力，至虚至无，即太极也。所谓无名天地之始，但此虚无太极不是死的，乃是活的，其中有一点生机藏焉，此机名曰“先天真一之气”，为人性命之根，造化之源，生死之本也。此虚无中含此一气，不有不无，非有非无，非色非空，活活泼泼的，又曰“真空”。真空者，空而不空，不空而空，所谓有名万物之母。虚无中，既有一点生机在内，是太极含一气，一自虚无兆质矣。此太极含一气，是丹书所说的静极而动，是虚极静笃时，海底中有一点生机发动也，邵子云：“一阳初发动，万物未生时”也。在拳术中，虚极时，横拳圆满无亏，内中有一点灵机生焉。丹书云：“一气既兆质，不能无动静”，动为阳，静为阴，是动静既生于一气，两仪因此一气开根也。动极而静，静极而动，劈崩钻炮，起钻落翻，精气神，即于此而寓之矣。故此三体式内之一点生机发动，而能至于无穷，所以谓之道艺也。

三则

静坐功夫以呼吸调息，练拳术以手足动作为调息。起落进退，皆合规矩；手足动作，亦俱和顺。内外神形相合，谓之息调。以身体动作旋转，纵横往来，无有停滞。一气流行，循环无端，谓之停息。亦谓之脱胎神化也。虽然一是动中求静，一是静中求动，二者似乎不同，其实内中之道理则一也。

第五节　车毅斋论形意拳

形意拳之道，合于中庸之道也。其道中正广大，至易至简，不偏不倚，和而不流，包罗万象，体物不遗，放之则弥六合，卷之则退藏于密，其味无穷，皆实学也。惟是起初所学，先要学一派，一派之中亦得专一形而学之，学而时习之，习之已熟，然后再学它形。各形纯熟，再贯串统一而习之。习之极熟，全体各形之式，一形如一手之式，一手如一意之动，一意如同自虚空发出。所以练拳学者，自虚无而起，自虚无而还也。到此时，形意也，八卦也，太极也，诸形皆无，万象皆空，混混沦沦，一气浑然，何有太极，何有形意，何有八卦也。所以练拳术不在形式，只在神气圆满无亏而已。神气圆满，形式虽方，而亦能活动无滞。神气不足，就是形式虽圆，动作亦不能灵通也。拳经云：“尚德不尚力”，意在蓄神耳。用神意合丹田，先天真阳之气，运化于周身，无微不至，以至于应用，无处不有，无时不然，所谓物物一太极，物物一阴阳也。《中庸》云：“鬼神之为德，其盛矣乎？视之而弗见，听之而弗闻，体物而不可遗”，亦是此拳之意义也。所以练拳术者，不可守定成规成法而应用之。成法者，是初入门教人之规则，可以变化人之气质，开人之智识，明人之心性，是化除后天之气质，以复其先天之气也。以至虚无之时，无所谓体，无所谓用，拳经云：“静为本体，动为作用”，是体用一源也。体用分言之：以体言，行止坐卧，一言一默，无往而不得其道也；以用言之，无可无不可也。余幼年间，血气盛足，力量正大，法术记的颇多，用的亦熟、亦快。每逢与人相比较之时，观彼之形式，可以用某种手法正合宜，技术浅者，占人一气之先，往往胜人。遇着技术深者，观其身式，用某种手法亦正合宜，一到彼之身边，彼即随式而变矣。自己的旧力未完，新力未生，往往再想变换手法，有来不及处，一时要进退不灵活，就败于彼矣。以后用力之久，而一旦豁然贯通，将体式、法身全都脱去，始悟前者，所练体式，皆是血气；所用之法术，乃是成规。先前用法，中间皆有间断，不能连手变化，皆因是后天用事，不得中和之故也。昔年有一某先生，亦是练拳之人，在余处闲谈。彼凭着血气力足，不明此拳之道理，暗中有不服之意，余此时正洗面，且吾洗面之姿势，皆用骑马式，并未注意于彼，不料彼要取玩笑，起身用脚望着余之后腰用脚踢去。彼足方到予之身边，似挨未挨之时，予并未预料，譬如静坐功夫，丹田之气始动，心中之神意知觉，即速又望北接渡也。此时物到神知，予神形合一，身子一起，觉腰下有物碰出。回观，则彼跌出一丈有余，平身躺在地下。予先何从知彼之来，又无从知以何法应之，此乃拳术无意中抖擞之神力也。至哉信乎。拳经云："拳无拳，意无意，无意之中是真意"也。至此拳术无形无相，无我无他，只有一神之灵光，奥妙不测耳。拳经云："混元一气吾道成，道成莫外五真形，真形内藏真精神，神藏气内丹道成。如问真形须求真，要知真形合真相，真相合来有真诀，真诀合道得彻灵。养灵根而动心者，敌将也；养灵根而静心者，修道也。武艺虽真窍不真，费尽心机枉劳神，祖师留下真妙诀，知者传授要择人。"

第六节　张树德论形意拳

形意拳之道，不言器械。予初练之时，亦只疑无有枪刀剑术之类。予练枪法数十年，访友数省，相遇名家，亦有数十余名，所练门派不同，亦各有所长。余自是而后，昼夜勤习，方得其枪中之奥妙。昔年用枪，总以为自己身手快利，步法活动，用法多巧。然而与人相较，往往被人所制。后始知不乎形式法术，有身如无身，有枪如无枪，运用只在一心耳（心即枪，枪即心也）。枪分三节八楞。用眼视定彼之形式，上中下三路，或梢节，中节，根节，心一动而手足与枪合一，似蛟龙出水一般，直到彼身，彼即败矣。方知手足动作，教练纯熟，不令而行也。予自练形意拳以来，朝夕习练，将道理得之于身心，而又知行合一。故同一长短之枪，昔用之似短，今用之则长。更觉善用者，不在枪之形式长短，全在拳中神意之妙用也。又方知拳术即剑术枪法，剑术枪法即拳术也。拳经云："心为元帅，眼为先锋，手足为五营四哨，以枪为拳，以拳为枪，枪扎如射箭"即此意也。故此始悟形意拳术，不言枪剑，因其道理中和，内外如一，体物而不遗，无往而不得其道也。

第七节　刘晓兰论形意拳

形意拳之道无他，不过变化人之气质，得其中和而已。从一气而分阴阳，从阴阳而分五行，从五行而还一气。十二形之理，亦从一气阴阳五行变化而生也。朱子云："天以阴阳五行化生万物，气以成形，而理即敷焉"，即此意也。余从幼年练八极拳，功夫颇深，拳中应用之法术，如搀肘、定肘、挤肘、挎肘等等之着法，亦极其纯熟，与人相较，往往胜人，其后遇一能手，身躯灵变，或离或合，则吾法无所施，往往拘于成法而不能变，尚疑为自己功夫不纯之过也。其后改练形意拳，习五行生克应用之法则，如劈拳能破崩拳，以金克木；钻拳能破炮拳，以水克火。习至数十年方悟所得之道，知行合一之理，心中极其虚灵，身形亦极其和顺，内外如一。又知五行拳互相生克：金克木，木亦能克金；金生水，水亦能生金。古人云互相递为子孙之意也。以前所用之法则，而时应用，无不随时措之宜也，亦无入而不自得也。因此始知形意拳是个中和之体，万物皆涵育于其中矣。

第八节　李镜斋论形意拳

常有练拳术者，多有体用不合之情形，每见所练之体式，功夫极其纯熟，气力亦极大，然而所用之法则，常有与体式相违者，皆因是所练之体中形式不顺，身心不合，则有悖戾之气也。譬如儒家读书，读得极熟，看理亦极深，惟是所作出之文章，常有不顺，亦是伊所看书之理，则有悖谬之处耶。虽然文武不同道，其理则一也。

第九节　李存义论形意拳

一则

拳经云："静为本体，动为作用，寂然不动，感而遂通"，是化劲练神还虚之用也。明、暗劲之体用，是将周身四肢松开，神气缩回而沉于丹田，内外合成一气，再将两目视定彼之两目或四肢，自己不动，而为体也。若是发动，刚柔曲直，纵横圜研，虚实之劲，起落进退，闪展伸缩，变化之法，此皆为用也。此是与人相较之时，分析体用之意义也。若论形意拳本旨之体用，是自己练蹚子为之体，与人相较之时，按练时而应之为之用也。虚实变化不自专用，因彼之所发之形式而生之也。

二则

余练习拳学，一生不知用奸诈之心，先师亦常云："兵不厌诈"。自己虽不用奸诈，然而不可不防他人。终身未尝有意一次用奸诈之胜人，皆以实在功夫也。若以奸诈胜人，彼未必肯心服也。奸诈心有何益哉。与人相较，总是光明正大，不能暗藏奸心，或是胜人，或是败于人，心中自然明晓，皆能于道理有益也。虽然自己不用奸诈，亦不可不防他人。惟是彼之道理刚柔、虚实、巧拙不可不察也（此六字是道理中之变化也。奸诈者，不在道理之内，用好言语将人暗中稳住，用出其不意打人也）。刚者，有明刚，有暗刚；柔者，有明柔，有暗柔也。明刚者，未与人交手时，周身动作神气皆露于外。若是相较，彼一用力抓住吾手，如同钢钩一般，气力似透于骨，自觉身体如同被人捆住一般。此是明刚中之内劲也。暗刚者，与人相较，动作如平常，起落动作亦极和顺，两手相交，彼之手指软似棉，用意一抓，神气不只透于骨髓，而且牵连心中，如同触电一般，此是暗刚中之内劲也。明柔者，视此人之形式动作，毫无气力，若是知者视之，虽身体柔软无有气力，然而身体动作身轻如羽，内外如一，神气周身并无一毫散乱之处，与彼交手时，抓之似有，再用手或打或撞而又似无。此人又毫不用意于己。此是明柔中之内劲也。暗柔者，视之神气威严，如同泰山；若与人相较，两手相交，其转动如钢球，手方到此人之身似硬，一用力打去则彼身中又极灵活，手如同鳔胶相似，胳膊如同钢丝条一般，能将人粘住或缠住，自己觉着诸方法不能得手，此人又无有一时格外用力，总是一气流行，此是暗柔中之内劲也。此是余与人道艺相交，两人相较之经验也。以后学者若遇此四形式之人，量自己道理深浅，神气之厚薄，而相较量。若是自己不能被彼之神气欺住，可以与彼相较；若是见面先被彼神气罩住，自己先惧一头，就不可与彼较量。若无求道之心则已，若是有求道之心，只可虚心而恭敬之，以求其道也。兵法云："知己知彼，百战百胜"，能如此视人，能如此待人，可以能无敌于天下也。并非人人能胜方为英雄也。虚实巧拙者，是彼此二人一见面数言就要相较，察彼之身形高矮，动作灵活不灵活，又看彼之神气厚薄，一动一静，言谈之中，是内家是外家，先不可骤然取胜于人，先用虚手以探试之，等彼之动作，或虚或实，或巧或拙，一露形迹，胜败可以知其大概矣。被人所败不必言矣。若是胜于人，亦是道理中之胜人也。就是被人所败，亦不能用奸诈之心也。余所以练拳一生，总是以道服人也。诸先师亦常言之，亦是余一生之经验也。以后学者，虽然不用奸诈，不可不防奸诈，莫学余忠厚，时常被人所欺也。

第十节　田静杰论形意拳

形意拳术之理，本是不偏不倚，中正和平，自然一气流行之道也。拳经云："身式不可前栽，不可后仰，不可左斜，不可右歪"，即不偏不倚之意也。其气卷之则退藏于密（即丹田也），放之则弥六合（心与意合，意与气合，气与力合，是内三合也。肩与胯合，肘与膝合，手与足合，是外三合也）。练之发着于十二形之中（十二形为万形之纲也）。身体动作因着形式，有上下大小之分，动静刚柔之判，起落进退之式，伸缩隐现之机也。虽然外体动作有万形之分，而内运用以一贯之也。

第十一节　李奎元论形意拳

一则

形意拳术之道，意者，即人之元性也，在天地则为土，土者，天地之性；性者，人身之土也；在人则为性，在拳则为横。横者，即拳中先天圆满中和之一气也。内包四德，即劈崩钻炮也，亦即真意也。形意者，是人之周身四肢动作，从其规矩，顺其自然，外不乖于形式，内不悖于神气。外面形式之顺，是内中神气之和；外面形式之正，是内中意气之中。是故，见其外，知其内；诚于内，形于外，即内外合而为一者也。先贤云："得其一而万事毕"，此为形意拳术，形意二字大概之意义也。

坐功虽云静极而生动，丹田之动是外来之气动，其实还是意动，群阴剥尽，一阳来复，是阴之静极而生动矣。《丹书·练己篇》云："己者，我之真性，静则为性，动则为意，妙用则为神也。不静则真意不动，真意不动而何有妙用乎。"所以，动者是真意。练拳术到至善处，亦是性至静，真意发动而妙用，即是神也。至于坐功静极而动，采取火候之老嫩，法轮升降之归根，亦不外性静意动，一神之妙用也。

二则

练形意拳术，头层明劲，垂肩坠肘塌腰，与写字之功夫，往下按笔意思相同也。二层练暗劲，松劲往外开劲、缩劲，各处之劲与写字提笔意思相同也。顶头蹬足，是按中有提，提中有按也。三层练化劲，以上之劲，俱有而不觉有，只有神行妙用，与之随意作草书者，意思相同也。其言拳之规则法度，神气结构，转折形质，与曾文正公家书论书字，言乾坤二卦，并礼乐之意者，道理亦相同也。

三则

形意拳术之道，勿拘于形式，亦不可专务于形式，二者皆非正道，先师云：法术规矩在假师传，道理巧妙须自己悟会。”故练拳术者，不可以练偏僻奇异之形式，而身为其所拘。亦不可以练散乱无章之拳，而不能通其道。所以练拳术者，先要求明师，得良友，心思悟会，身体力行，日日习练，不可间断，方能有得也。不如是，混混沌沌一生，茫然无所知也。俗语云：“世上无难事，就怕心不专”，世人皆云拳术道理深远不好求。实则不然。“中庸”云：“道不远人，人之为道而远人”。天地之间，万物之理，皆道之流行分散耳。人为一小天地，亦天地间之一物也。故我身中之阴阳，即天地之阴阳也；万物之理，亦即我身中之理也。大学注云：“心在内，而理周乎物；物在外，而理具于心”，易注云：“远在六合以外，近在一身之中，远取诸物，近取诸身”，天地之大，六合之远，万物之理，莫不在我一身之中。其拳始言一理，即形意拳中之太极三体式之起点也，中散为万事，即阴阳五行十二形，以至各形之理，无微不至也。末复合为一理者，即各形之理，总而言之内外如一也。放之则弥六合者，即身体形式伸展，内中神气放开，圆满无缺也。高者如同极于天也，远者如至六合之外也。卷之则退藏于密者，即神气缩至于丹田，至虚至无之意义也。远取诸物者，譬如蛇之一物，曲屈夭矫，来去如风，吾欲取其意也。近取诸身者，若练蛇形须研究其形，是五行拳中何行、何化而生出此形之劲也。劲者，即内中神气贯通之气也。所以要看此形之行动，头尾身，伸缩盘旋，三节一气，无一毫之勉强也。物之性能，柔中有刚，刚中有柔。柔者，如同丝带相似；刚者，缠住别物之体，如钢丝相似。再将物之形式动作灵活、曲折、刚柔之理，而意会之，再自己身体力行而效之，功久自然得着此物之形式性能，与我之性能合而为一矣。此形之性能，格物通了，再格物他形之性能。十二形之理亦然。以至万形之理，只要一动一静，骤然视见，与我之意相感，忽觉与我身中之道相合，即可仿效此物之动作而运用之。所以练拳术者，宜虚心博问，不可自是。余昔年与人相较枪拳之时，即败于人之手，然而又借他胜我之法术，而得悉我所练之道理也。是故拳术即道理，道理即拳术。天地万物无不可效法也，即世人亦无不可作我之师与友也。所以余幼年练拳术，性情异常刚愎，总觉已高于人，自拜郭云深先生为师，教授形意拳术，得着门径，又得先生循循善诱，自己用功，昼夜不断，又得良友相助，忽然豁然明悟，心阔似海，回思昔日所练所行，诸事皆非，自觉心中愧悔，毛发悚惧，自此而知古人云：“求圣求贤在于己，功名富贵在于命。”练拳术者，关于人之一生祸福，后学者不可不知也。自此以后，不敢言己之长，议人之短，知道理之无穷，俗语云：“强中自有强中手，能人背后有能人”，心中战战兢兢，须臾不敢离此道理，一生亦不敢骄矜于人也。

四则

形意拳之道，练之有无数之曲折层次，亦有无数之魔力混乱，一有不察，拳中无数之弊病出焉。故练者，先以心中虚实为体，以神气相交为用，以腰为主宰，以丹田为根，以三体式为基础，以九要之规模为练拳之具，以五行十二形为拳中之物，故将所发出散乱之气，顺中用逆缩回，归于丹田，用呼吸锻炼，不用口鼻呼吸，要用真息积于丹田。口中之呼吸，舌顶上腭，口似开非开，似吻非吻，还照常呼吸，不可有一毫之勉强，要纯任自然耳。所以要除三害（挺胸、提腹、努气，是练形意拳之大弊病也）。或有练的规矩不合，自己不知，身形亦觉和顺，心中亦觉自如，然而练至数年之久，拳术之内外不觉有进步，以通者观之，是入于俗派自然之魔力也。或有练者，手足动作亦整齐，内外之气亦合的住，以旁人观之，周身之力量，看着亦极大无穷，自觉亦复如是，唯是与人相较，放在人家之身上，不觉有力，知者云：是被拘魔所捆也。因两肩根、两胯里根不舒展，不知内开外合之故也，如此虽练一生，身体不能如羽毛之轻灵也。又有时常每日练习身形亦和顺，心中亦舒畅，忽然一朝，身形练着亦不顺，腹中觉着亦不合，所练之姿势起落进退亦觉不对，而心中时觉郁闷，知者云是到疑团之地也。其实拳术确有进步，此时不可停工，千万不可被疑魔所阻，即速求师说明道理而练去，用力之久，而一旦豁然贯通，则众物之表里精粗之无不到，而吾拳之全体大用无不明矣。至此，诸魔尽去，道理不能有所阻也。邱祖云："经一番魔乱，长一层福力也。"

第十二节　耿诚信论形意拳

幼年练习拳术之时，肝火太盛，血气甚旺，往往与人无故不相和，视同道如仇敌，自己常常自烦自恼，此身为拙劲所拘，不知自己有多大力量。有友人介绍深州刘奇兰先生，拜伊为门下，先生云：此形意拳，是变化气质之道，复还于初，非是求后天血气之力也。自练初步明劲之功夫，四五年之时，自觉周身之气质，腹内之性情，与前大不相同，回思昔年所作之事，对于人所发之性情言语，时时心中甚觉愧悔。自此而后，习练暗劲，又五六年，身中内外之景况，与练明劲之时，又不同矣。每见同道之人，无不相合。遇有技术在我以上者，亦无不称扬之，此时自己心中之技术，还有一点吝啬之心，不肯轻示于人。嗣又迁于化劲，习之又至五六年功夫，由身体内外刚柔相合之劲而渐化至于无此，至此方觉腹内空空洞洞、浑浑沦沦，无形无象，无我无他之境矣。自此方无有彼此之分，门户之见，遇有同道者，无所不爱。或有练习未及于道者，无不怜悯而欲教之。偶遇同道之人相比较者，并无先存一个打人之心在内，所用所发皆是道理，亦无入而不自得矣。此时，方知形意拳是个中和之道理，所以能变化人之气质，而入于道也。

第十三节　周明泰论形意拳

形意拳之道，练体之时，周身要活动，不可拘束，拳经云：十六处练法之中，虽有四就之说（就者，束身也），束身非拘也，是将身缩住，内开外合，虽往回缩，外形之式要舒展，顺中有逆，逆中有顺，是故形意拳之道，内中之神气要中正相交，外形之姿势，要和顺不悖，所以练体之时，周身内外不要拘束也。练体之时，不可拘束，然而所用之时，外形亦不可有散乱之式，内中不可有骄惧之心，就是遇武术至浅之人，或遇不识武术之人，内中不可有骄傲之心存，亦不可以一手法必胜他人。务要先将自己之两手，或虚或实，要灵活不可拘力，两足之进退要便利不可停滞。或一二手，或三五手不拘，将伊之虚实真情引出，再因时而进之，可以能胜他人也。倘若遇武术高超之人，知其功夫极深，亦见其身体动作神形相合，己心中亦赞美伊之功夫，亦不可生恐惧之心，务要将神气贯注，两目视定伊之两眼之顺逆，再视伊之两手两足，或虚实或进退。相交之时，彼进我退，彼退我进，彼刚我柔，彼短我长，彼长我短，亦得量彼之真假灵实而应之，不可拘定一成法而必胜于人也。如此用法，虽然不能胜于彼，亦不能一交手即败于彼也。故练拳术之道，不可自负其能，无敌于天下也。亦不可有恐惧心，不敢与人相较也。所以务要知己知彼。知己不知彼，不能胜人，知彼而不知己，亦不能胜人，故能知己知彼，可以能胜人，而亦能成为大英雄之名也。

第十四节　许占鳌论形意拳

一则

练形意拳之道，万不可有轻忽易视之心。五行十二形，以为七日学一形，或十日学一形，大约少者半年，可以学完，多者一年之功夫足以学完全矣。如此练形意拳，至于终身不能有所得也。所会者，不过拳之形式与皮毛耳。或者又知此拳之道理精微，不易得之于身，而有畏难之心，总疑一形两形，大约三年五年，亦不能得其精微，若于全形之道理，大约终身亦得不完全矣。二者有一，虽然习练，始终不能有成也。二者若是全无，再虚心求老师传授。第一，三害之病不可有；第二，九要之规矩要真切；第三，三体式要多站。九要要整齐，身子外形要中正，心中要虚空，神气呼吸要自然，形式要和顺。不如此，不能开手开步练习也。若是诚意练习，总要勿求速效。一日不和顺，明日再站；一月不和顺，下月再站。因三体式是变化人之气质之始，并非要求血气之力，是去自己之病耳（拙气拙力之病）。所以站三体式者，有迟速不等，因人之气质禀受不同也。至于开手开步练习，一形不顺不能练他形。一月不顺，下月再练；半年不顺，一年练。练至身体和顺，再练他形，非是形式不熟，亦是内中之气质未变化耳。一形通顺，再练他形，自易通顺，而其余各形，皆可一气贯通。拳经云：一通无不通也。所以练形意拳者，勿求速效，勿生厌烦之心。务要有恒，作为自己一生始终修身之功课。不管效验不效验，如此练法，功夫自然而有得也。

二则

形意拳术三体式者，天、地、人三才之象也，即人身中之头、手、足也。亦即形意、八卦、太极拳三派合一之体也。此式是自虚无而生一气，是自静而动也。太极两仪至于三体式，是由动而静也。再致虚极静笃时还于本性。此性是先天之性，不是后天之性，此是形意拳术之本体也。此三体式，非是后天拙力血气所为，乃是拳中之规矩传受而致也。此是拳术最初还虚之道也。此理与静坐之工相合也。静坐要最初还虚，俟虚极静笃时，海底而生知觉，要动而后觉，是先天动，不可知而后动，知后而动，是后天妄想而生动也。俟一阳动时，即速回光返照，凝神入于气穴，神气相交，二气合成一气，再有传授文武火候老嫩，呼吸得法，能以锻炼进退升降，亦可以次而行功也。因此是最初还虚，血气不能加于其内，心中空空洞洞，即是明心见性矣。前者自虚无至三体式，是由静而动，动而复静，是拳中起钻落翻之未发，谓之中也。中者，是未发之和也。三体式重生万物张者，是静极而再动，此是起钻落翻已发也。已发，是拳之横拳起也。内中之五行拳十二形拳，以致万形，皆由此而生也。中庸云："天命之谓性，率性之谓道"，不动是未发之中也。动作能循环三体式之本体，是已发之和也。和者是已发之中也。将所练之拳术，无过犹不及之气质，俯而就，仰而止，教人改变气质复归于中，是之谓教也。故形意拳之内劲是由此中和而生也。俗语云：拳中之内劲是鼓小腹硬如坚石，非也。所以形意拳之内劲是人之元神元气相合，不偏不倚，和而不流，无过不及，自无而有，自微而著，自小而大，由一气之动而发于周身，活活泼泼，无物不有，无时不然。《中庸》云：“放之则弥六合，卷之则退藏于密”，其味无穷，皆是拳之内劲也。善练者，玩索而有得焉，则终身用之，有不能尽者矣。三体式无论变更何形，非礼不动（礼即拳中之规矩姿势也），所以修身也。故一动一静，一言一默，行止坐卧皆有规矩，所以此道动作，是纯任自然，非勉强而作也。古人云：内为天德，外为王道，并非霸术所行。亦是此拳之意义也。

第五章　八卦拳

程廷华论八卦拳

练八卦拳之道，先得明师传授，晓拳中之意义，并先后之次序。其实八卦，本是一气变化之分（一气者，即太极也），一气仍是八卦、四象、两仪之合。是故太极之外无八卦，八卦两仪四象之外亦无太极也。所以一气八卦为其体，六十四变，以及七十二暗足互为其用。体亦谓之用，用亦谓之体，体用一源，动静一道。远在六合以外，近在一合身中。一动一静，一言一默，莫不有卦象焉，莫不有体用焉，亦莫不有八卦之道焉。其道至大而无不包，其用至神而无不存。若是言练，先晓伸缩旋转圜研之理。先以伸缩而言之。缩者，是由高而缩于矮，由前而缩于后。从高而缩于矮之情形，身子如同缩至于深渊，从前而缩于后之意思，身体如同缩至于深窟。若是论身体伸长而言之，伸者自身体缩至极矮极微处，再往上伸去，如同手扪于天，往远伸去又同手探于海角，此是拳中开合抽长之精意，古人云：“其大无外，其小无内，放之则弥六合，卷之则退藏于密”。所以八卦拳之道无内外也。研者身转如同几微的螺丝细轴一般，身体有研转之形，而内中之轴无离此地之意也。旋转者，是放开步法，迈足望着圆圈一旋转，如身体转九万里之地球一圈之意也。至于身体刚柔，如玲珑透体，活活泼泼，流行无滞，又内中规矩的的确确不易。胳膊百练之纯钢，化为绕指之柔；两足动作，皆勾股三角；两手之运用，又合弧切八线。所以数不离理，理不离数，理数兼该，乃得万全也。将此道得之于身心，可以独善其身，亦可以兼善天下。身之所行，是孝悌忠信，无事口中可以常念阿弥陀佛，行动不离圣贤之道。心中亦不离仙佛之门。非知此，不足以言练八卦拳术也；亦非如此，不能得着八卦拳之妙道也。

第六章　太极拳

郝为桢（真）论太极拳

练太极拳有三层之意思。初层练习，身体如在水中，两足踏地，周身与手足动作如有水之阻力。第二层练习，身体手足动作如在水中而两足已浮起不着地，如长泅者浮游其间，皆自如也。第三层练习，身体愈轻灵，两足如在水面上行，到此时之景况，心中战战兢兢，如临深渊，如履薄冰，心中不敢有一毫放肆之意。神气稍为一散乱，即恐身体沉下也。拳经云：“神气四肢，总要完整，一有不整，身必散乱，必至偏倚，而不能有灵活之妙用”，即此意也。又云：知己功夫，在练十三式；若欲知人，须有伴侣。二人每日打四手（即掤捋挤按也），工久即可知人之虚实、轻重，随时而能用矣。倘若无人与自己打手，与一不动之物，当为人，用两手，或身体，与此物相较，视定物之中心，或粘或走或靠，手足总要相合，或如粘住他的意思，或如似挨未挨他的意思，身子内外总要虚空灵活，工久身体亦可以能灵活矣。或是自己与一个能活动之物，物之动去，我可以随着物之来去，以两手接随之，身体曲伸往来，上下相随，内外一气，如同与人相较一般。仍是求不即不离，不丢不顶之意也。如此，心思会悟，身体力行，工久引进落空之法，亦可以随心所欲而用之也。此是自己用工，无有伴侣之法则也。郝为桢先生与陈秀峰先生所练之架子不同，而应用之法术同者极多，所不同者，各有心得之处或不一也。

陈秀峰论太极拳

太极八卦与六十四卦，即手足四干四枝共六十四卦也（其理《八卦拳学》言之详矣）。与程廷华先生言游身八卦，并（共）六十四卦，两派之形式用法不同，其理则一也。陈秀峰所用太极八卦，或粘或走，或刚或柔，并散手之用，总是在不即不离内求玄妙，不丢不顶中讨消息，以至引进落空，四两拨千斤动作，所发之神气，如长江大海滔滔不绝也。程廷华先生所用之游身八卦，或粘或走，或开或合，或离或即，或顶或丢，忽隐忽现，或忽然一离，相去一丈余远，忽然而回，即在目前，或用全体之力，或用一手，或二指，或一指之一节，忽虚忽实，忽刚忽柔，无有定形，变化不测。形意、八卦、太极三家，诸位先生所练之形式不同，其理皆合，其应用亦各有所当也。

第七章　形意拳谱摘要

拳经云：形意拳之道有七拳、八字、二总、三毒、五恶、六猛、六方、八要、十目、十三格、十四打法、十六练法、九十一拳、一百零三枪之论。恐后来学者未见过拳经，不知有此，故述之以明其义。

七拳：头、肩、肘、手、胯、膝、足共七拳也。

八字：斩（劈拳也），截（钻拳也），裹（横拳也），跨（崩拳也），挑（践拳也，即燕形也），顶（炮拳也），云（鼍形拳也），领（蛇形拳也）。

二总：三拳三棍为二总。三拳是天、地、人，生法无穷。三棍是天、地、人，生生不已。

三毒：三拳、三棍精熟即为三毒。

五恶：得其五精，即为五恶。

六猛：六合练成，即为六猛。

六方：内外合一家，为六方。

八要：心定神宁，神宁心安，心安清净。清净无物，无物气行、气行绝象，绝象觉明。觉明则神气相通，万气归根矣。

十目：即十目所视之意。

十三格：自七拳格起，至士、农、工、商为十三格。

十四打法：手、肘、肩、胯、膝、足左右共十二拳，头为一拳，臀为一拳，共十四拳。名为七拳故有十四处打法，此十四处打法变之则为万法，合之则为五行两仪而仍归一气也。

十六练法：一寸、二践、三钻、四就、五夹、六合、七齐、八正、九胫、十惊、十一起落、十二进退、十三阴阳、十四五行、十五动静、十六虚实。

寸，足步也。践，腿也。钻，身也。就，束身也。夹，如夹剪之夹也。合，内外六合，心与意合，意与气合，气与力合，是为内三合；肩与胯合，肘与膝合，手与足合，是为外三合。齐，疾毒也、内外如一。正，直也，看正却是斜，看斜却是正。胫，手摩内五行也。惊，惊起四梢也，火机一发物必落。摩胫摩胫，意气响连声。起落，起是去也，落是打也，起亦打，落亦打，起落如水之翻浪才成起落。进退，进是步低，退是步高，进退不是枉学艺。阴阳，看阴而却有阳，看阳而却有阴，天地阴阳相合能以下雨，拳术阴阳相合才能打人，成其一块皆为阴阳之气也。五行，内五行要动，外五行要随。动静，静为本体，动为作用，若言其静，未露其机，若言其动，未见其迹，动静是发而未发之间，谓之动静也。虚实，虚是精也，实是灵也，精灵皆有成其虚实。拳经歌曰：精养灵根气养神，养功养道见天真，丹田养就长命宝，万两黄金不与人。

九十一拳：三拳分为二十一拳，五行生克是十拳，分为七十拳，共九十一拳。一拳分为七拳是前打、后打、左打、右打、不打、打打、不打打打。

一百零三枪：天、地、人三枪，各分四柱，是三四一十二枪，五行五枪，是五七三十五枪。八卦八枪，是七八五十六枪，共一百零三枪也。

头打落意随足走，起而未起占中央；脚踏中门抢地位，就是神仙也难防。

肩打一阴反一阳，两手只在洞中藏；左右全凭盖他意，舒展二字一命亡。

肘打去意占胸膛，起手好似虎扑羊；或在里拨一旁走，后手只在肋下藏。

拳打三节不见形，如见形影不为能。能在一思进，莫在一思存；能在一气先，莫在一气后。

胯打中节并相连，阴阳相合得之难；外胯好似鱼打挺，里胯藏步变势难。

膝打几处人不明，好似猛虎出木笼；和身转着不停势，左右明拨任意行。

脚打踩意不落空，消息全凭后脚蹬。与人较勇无虚备，去意好似卷地风。

臀尾打起落不见形，好似猛虎坐卧出洞中。

拳经云：混元一气吾道成，道成莫外五真形，真形内藏真精神，神藏气内丹道成。如问真形须求真，要知真形和真象，真象合来有真诀，真诀合道得彻灵。养灵根而动心者，敌将也，养灵根而静心者，修道也。

赤肚子胎息诀云：气血之间，昔人名之曰生门死户，又谓之天地之根。凝神于此，久之元气自充，元神日旺。神旺则气畅，气畅则血融，血融则骨强，骨强则髓满，髓满则腹盈，腹盈则下实，下实则行步轻健，动作不疲，四体康健，颜色如桃李，去仙不远矣。此亦是拳术内劲之意义也。

第八章　练拳经验及三派之精意

余自幼练拳以来，闻诸先生之言，云：拳即是道。余闻之怀疑。至练暗劲，刚柔合一，动作灵妙，一任心之自然，与同道人研究，彼此各有所会。惟练化劲之后，内中消息与同道人言之，知者多不肯言，不知者茫然莫解，故笔之于书，以示同道。倘有经此情况者，可以互相研究，以归至善。余练化劲所经者，每日练一形之式，到停式时，立正，心中神气一定，每觉下部海底处（即阴桥穴处）如有物萌动。初不甚着意。每日练之有动之时，亦有不动之时，日久亦有动之甚久之时，亦有不动之时，渐渐练于停式，心中一定，如欲泄漏者。想丹书坐功，有真阳发动之语，可以采取。彼是静中动，练静坐者，知者亦颇多，乃彼是静中求动也。此是拳术动中求静，不知能消化否，又想拳经亦有“处处行持不可移”之言，每日功夫总不间断。以后练至一停式，周身就有发空之景象，真阳亦发动而欲泄。此情形似柳华阳先生所云：复觉真元之意思也。自觉身子一毫亦不敢动，动即要泄矣。心想仍用拳术之法以化之。内中之意，虚灵下沉，注于丹田，下边用虚灵之意，提住谷道，内外之意思仍如练拳趟子。一般意注于丹田片时，阳即收缩，萌动者上移于丹田矣。此时周身融和，绵绵不断。当时尚不知采取转法轮之理，而丹田内如同两物相争之状况，四五小时方渐渐安静，心想不动之理，是余练拳术之时，呼吸二息仍在丹田之中，至于不练之时，虽言谈呼吸，并不妨碍内中之真息，并非有意存照，是无时不然也。庄子云：“真人之呼吸以踵”，大约即此意也。因有不息而息之火，将此动物消化，畅达于周身也。以后又如前运用，仍提在丹田，仍是练拳趟子，内外总是一气，缓缓悠悠练之，不敢有一毫之不平稳处，动作练时，内中四肢融融，绵绵虚空，与前站着之景况无异。亦有练一趟而不动者，亦有练两趟而不动者，嗣后亦有动时，仍是提至丹田，而动练拳之内呼吸，转法轮用意主之于丹田，以神转息而转之。从尾闾至夹脊，至玉枕，至天顶而下，与静坐功夫相同，下至丹田。亦有二三转而不动者，亦有三四转而不动者，所转者与所练趟子消化之意相同。以后有不练之时，或坐立，或行动，内中仍以用练拳之呼吸，身子行路亦可以消化矣。以后甚至于睡熟，内中忽动，动而即醒，仍以用练拳之呼吸而消化之，以后睡熟而内中不动，内外周身四肢，忽然似空，周身融融和和，如沐如浴之景况。睡时亦有如此情形，而梦中亦能用神意呼吸而化之。因醒后，已知梦中之情形而化之也。以后练拳术睡熟时，内中即不动矣。后只有睡熟时，内外忽然有虚空之时，白天行止坐卧，四肢亦有发空之时，身中之情意，异常舒畅。每逢晚上练过拳术，夜间睡熟时，身中发虚空之时多；晚上要不练拳术，睡时发虚空之时较少。以后知丹道有气消之弊病。自己体察内外之情形，人道缩至甚小，消除百病，精神有增无减，以后静坐亦如此，练拳亦如此，到此方知拳术与丹道是一理也。以上是余练拳术，自己身体内外之所经验也，故书之以告同志。

拳术至练虚合道，是将真意化到至虚至无之境，不动之时，内中寂然，空虚无一动其心，至于忽然有不测之事，虽不见不闻而能觉而避之。中庸云：“至诚之道，可以前知”，是此意也。能到至诚之道者，三派拳术中，余知有四人而已。形意拳李洛能先生，八卦拳董海川先生，太极拳杨露禅先生、武禹襄先生，四位先生皆有不见不闻之知觉。其余诸先生皆是见闻之知觉而已。如外有不测之事，只要眼见耳闻，无论来者如何疾快，俱能躲闪。因其功夫入于虚境而未到于至虚，不能有不见不闻之知觉也。其练他派拳术者，亦常闻有此境界，未能详其姓氏，故未录之。

附录三

详论形意八卦太极之原理

孙禄堂

拳术之荦荦大者，约分三派，一少林，二武当，三峨眉。其余门类繁多，大半不出此范围。少林始于达摩之易筋、洗髓两经。至有宋岳武穆，始有形意拳之名，即易筋之作用也，谓之形意。形即形式，意即心意，由心所发，而以手足形容也。其拳有五纲十二目。五纲者，金、木、水、火、土，五行也。而拳中有劈、崩、钻、炮、横之五拳。十二目者，即十二形也，有龙、虎、猴、马、鼍、鸡、鹞、燕、蛇、鲐、鹰、熊是也。其取此十二形者，即取此性能，而又能包括一切，所谓尽人之性，则能尽物之性。何以知其然也？劈拳属金，在人属肺；崩拳属木，在人属肝；钻拳属水，在人属肾；炮拳属火，在人属心；横拳属土，在人属脾。练之既久，可以去五脏之病，此谓居人之性也。至若龙有搜骨之法，虎有扑食之猛，猴有纵山之灵，熊有浮水之性，推之其他八形，各有其妙，所谓居物之性也。人、物之性既居，起落进退、变化无穷，是其智也。得中和、体物不遗，是其仁也。心与意合、意与气合、气与力合，为内三合。肩与胯合、肘与膝合、手与足合，为外三合。内外如一，成为六合，是其勇也。三者既备，动作运用，手足相顾，至大至刚，养吾浩然之气。与儒家诚中形外之理，一以贯之。此形意拳之大概也。

八卦拳始于有清咸同之季。直隶文安董海川先生，漫游南省，于皖属渝花山得异人之传。谓之八卦者，由无极而太极，太极生两仪，两仪生四象，四象生八卦，参互错综。拳，即运用八卦之理。何以言之？今腹为无极，脐为太极，肾为两仪，两臂膊与腿为四象，其生八卦者，两臂与腿曲之为八节。共生八八六十四卦者，两手十指每指三节，惟大拇指系两节，八指共二十四节，加两拇指四节，为二十八节，加两足二十八节，为五十六节，又加两臂两腿之八节，为六十四节。故六十四卦为拳之体，体为三百六十四爻，则互为其用也。每爻有每爻之意，阳极而阴，阴极而阳，逆中行顺，顺中用逆，求其中和，气归丹田。含有静极而动，动极而静之意。上下相通是为内呼吸。此拳与道家功夫相表里。不特此也。乾坤坎离等卦，或为龙，或为马，或为牛，皆取象于物。心在内，而理周于物，物在外，而理具于心。近取诸身，远取诸物，奇正变化，运用不穷。而又刚柔相济，虚实兼到。空而不空，不空而空。此八卦拳之妙用也。

太极拳发明于张三丰祖师，尽人知之。惟练此拳之起点，当先求一个不偏不倚、不上不下、至简至易之道。拳经云：抱元守一而虚中。虚空而念化。实其腹而道心生，即此意也。太极从无极而生，为无极之后天，万极之先天，承上启下。能与天地合德，日月合明，四时合序。与鬼神合其凶吉。练到至善处，以和为体，和之中智勇生焉。极未动时，为未发之和，极已动时，为已发之中。所以拳术一道，首重中和。中和之外，无元妙也。故太极拳要纯任自然，不尚血气。以蓄神为主。周身轻灵，不即不离，勿妄勿助，内天德而外王道，将起点之极，逐渐推之，贯于周身，无微不至。易曰：黄中通理，正位居体。即此意也。昔年曾闻之云：此起点之极；与丹道中之元关相同。鄙人研究数十年，不敢云确有心得，然考其本源，实与形意八卦其理相通。不过名称与形式之动作不同耳。至若善养气练神，则初无少异。比之，形意地也，八卦天也，太极人也。天地人三才合为一体，浑然一气，实无区分。练之久，而动静自如，头头是道。又何形意、八卦、太极之有哉！至峨眉派，传之梅花八式。志公禅师亦重养气之功。兹不必更赘也。

附录四

论拳术内外家之别

孙禄堂

今之谈拳术者，每云有内家外家之分，或称少林为外家，武当为内家；或以在释为外家，在道为内家。其实皆皮相之见也。名则有少林武当之分，实则无内家外家之别。少林，寺也；武当，山也。拳以地名，并无轩轾。至竞言少林而不言武当者亦自有故。按少林派之拳，门类甚多，名目亦广，辗转相传，耳熟能详。武当派则不然，练者既少，社会上且有不知武当属于何省者，非余之过言也。浙之张松溪非武当派之嫡传乎？至今浙人士承张之绪者，何以未之前闻也？！近十年来，人始稍稍知武当之可贵矣。少林武当之一隐一现者其故在此，安得遽分内外耶？或谓拳术既无内外之分，何以形势有刚之判？不知一则自柔练而致刚，一则自刚练而致柔，刚柔虽分，成功则一。夫武术以和为用，和之中智勇备焉。

余练拳术亦数十年矣。初亦蒙世俗之见，每日积气于丹田，小腹坚硬如石，鼓动腹内之气，能仆人于寻丈外，行止坐卧，无时不然。自谓积气下沉，庶几得拳中之内劲矣。彼不能沉气于丹田小腹者，皆外家也。一日，山西宋世荣辈，以函来约，余因袱被往晋。寒暄之后，询及拳理，因问内外之判，宋先生曰："呼吸有内外之分，拳术无内外之别，善养气者即内家，不善养气者即外家。故善养浩然之气一语，实道破内家之奥义。拳术之功用，以动而求静；坐功之作用，由静而求动。其实动中静、静中动，本系一体，不可歧而二之。由是言之，所谓静极而动，动极而静。动静既系相生，若以为有内外之分，岂不失之毫厘，差之千里？我所云呼吸有内外者，先求其通而已。通与不通，于何分之？彼未知练拳与初练拳者，其呼吸往往至中部而止，行返回，气浮于上，是谓之呼吸不通。极其弊则血气用事，好勇斗狠，实火气太刚过燥之故也。若呼吸练至下行，直达丹田，久而久之，心肾相交，水火既济，火气不至炎上，呼吸可以自然，不至中部而返。如此方谓之内外相通，上下相通，气自和顺，故呼吸能达下部。气本一也，误以为两个，其弊亦与不通等。子舆氏曰：求其放心，放心收而后道心生，亦即道家收视返听之理。"余曰："然则鄙人可谓得拳术中之内劲乎？盖气已下沉，小腹亦坚硬如石矣。"宋先生曰："否！否！汝虽气通小腹，若不化坚，终必为累，非上乘也。"余又问何以化之？先生曰："有若无，实若虚，腹之坚，非真道也。孟子言'由仁义行，非仁义也'。《中庸》极论'中和'之功用。须知古人所言皆有体用。拳术中亦重中和，亦重仁义。若不明此理，即练至捷如飞鸟，力举千钧，不过匹夫之勇，总不离乎外家。若练至中和，善讲仁义，动作以礼，见义必为，其人虽无百斤之力，即可谓之内家。迨养气功深，贯内外，评有无，至大至刚，直养无害，无处不有，无时不然。卷之放之，用广体微，昔人云：‘物物一太极，物物一阴阳’。吾人本具天地中和之气，非一太极乎。《易经》云：近取诸身，远取诸物，心在内而理周乎物，物在外而理具于心，内外一理而已矣。”余敬聆之下，始知拳道即天道，天道即人道。又知拳之形势名称虽异，而理则一。向之以为有内外之分者，实所见之不透，认理之未明也。由是推之，言语要和平，动作要自然。吾人立身涉世，处处皆是诚中形外，拳术何独不然。试观古来名将，如关壮缪、岳忠武等，皆以识春秋大义，说礼乐而敦诗书，故千秋后使人生敬扬崇拜之心。若田开疆、古冶子辈，不过得一勇士之名而已。盖一则内外一致，表里精粗无不到，一则客气乘之，自丧其所守，良可慨也。宋先生又云：“拳术可以变化人之气质。”余自审尚未能见身体力行，有负前辈之教训。今值江苏省国术馆有十八年度年刊之发行，余服务馆中，亦即两载，才识浅陋，尸位贻讥，故以闻之前人者略一言之，以志吾愧。

附录五

孙氏拳传承谱系（仅详列刘树春一枝）

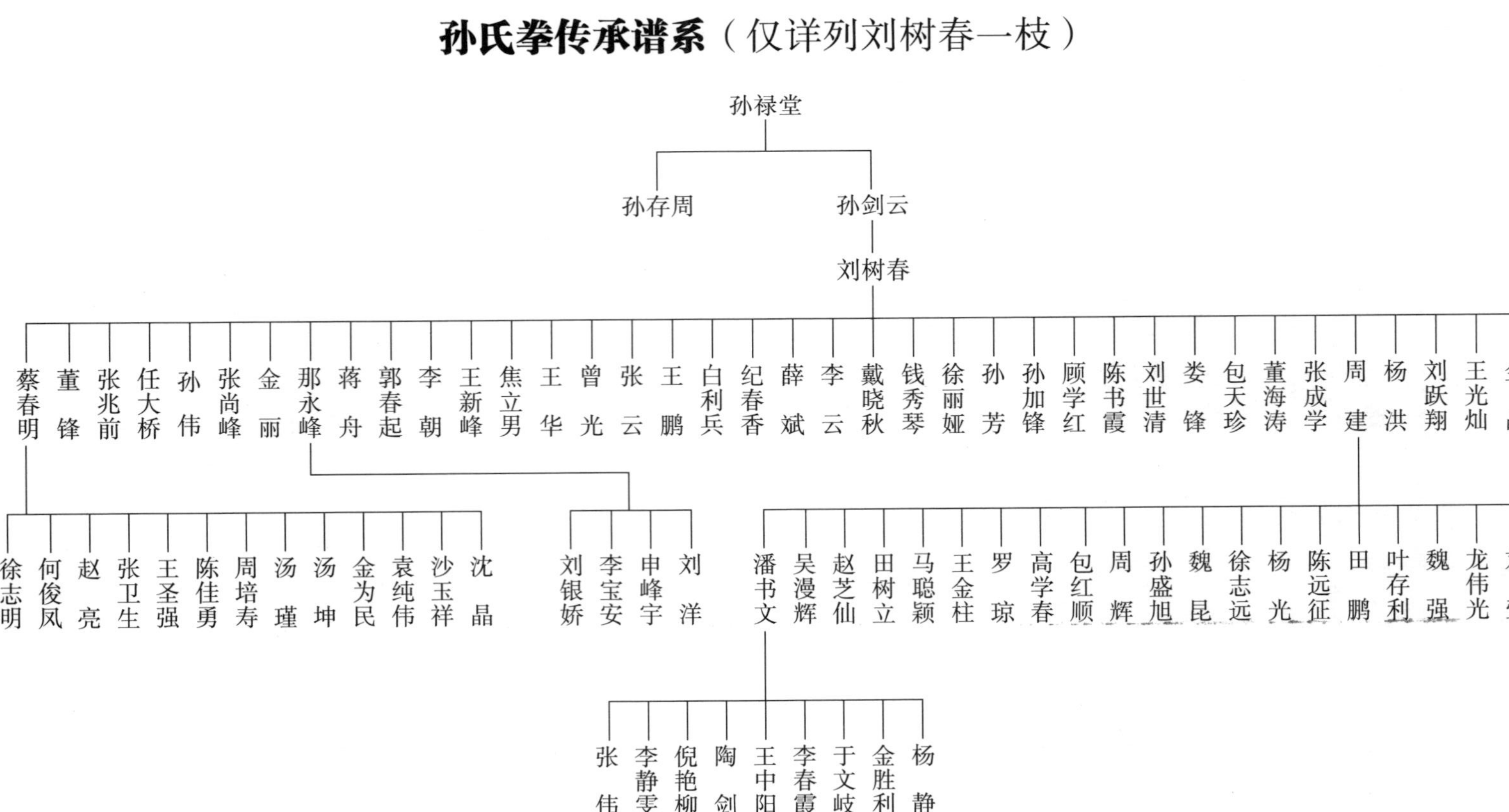